公路工程施工技术与
项目管理探究

杨小平　崔长泉　孙海玲　**主　编**
冯　虎　乔忠臣　曲　竞　**副主编**

吉林科学技术出版社

图书在版编目（CIP）数据

公路工程施工技术与项目管理探究 / 杨小平，崔长泉，孙海玲主编． — 长春：吉林科学技术出版社，2024.3

ISBN 978-7-5744-1238-5

Ⅰ．①公… Ⅱ．①杨… ②崔… ③孙… Ⅲ．①道路施工－工程技术②道路施工－项目管理 Ⅳ．①U415

中国国家版本馆CIP数据核字（2024）第069125号

公路工程施工技术与项目管理探究

主　　编　杨小平　崔长泉　孙海玲
出 版 人　宛　霞
责任编辑　程　程
封面设计　树人教育
制　　版　树人教育
幅面尺寸　185mm×260mm
开　　本　16
字　　数　360 千字
印　　张　13.875
印　　数　1~1500 册
版　　次　2024 年 3 月第 1 版
印　　次　2024 年 12 月第 1 次印刷

出　　版　吉林科学技术出版社
发　　行　吉林科学技术出版社
地　　址　长春市福祉大路5788 号出版大厦A 座
邮　　编　130118
发行部电话/传真　0431-81629529 81629530 81629531
　　　　　　　　　 81629532 81629533 81629534
储运部电话　0431-86059116
编辑部电话　0431-81629510
印　　刷　廊坊市印艺阁数字科技有限公司

书　　号　ISBN 978-7-5744-1238-5
定　　价　98.00元

前　言

　　进入 21 世纪以来，我国的经济发展较快，交通运输业迅猛发展。由于我国大力支持互联网技术和科技创新，在这一政策的推动下，运输业的规模庞大，现有的交通网络已不能适应，所以公路建设不断增加，随着公路建设技术的日趋成熟，公路建设的质量也得到了较大完善，理论结合实践使我国公路施工技术取得较大的发展成果。

　　公路工程施工项目属于一次性工程，其特点是规模大、变动因素多、施工单位流动性强、行业竞争激烈，这些特性要求必须加大项目的管理工作。使公路施工企业按照项目管理要求设置施工组织机构，组建施工队伍，对工程项目实施过程组织。同时，要保证工程进度、质量、劳动、机械、材料、成本、安全、环境、资料、竣工验收等方面能相互协调，并得到很好的控制，以保证项目顺利完成。

　　同时，新技术、新工艺、新设备、新材料的不断涌现，对公路工程人员的要求越来越高。公路工程基层施工组织中的技术人员的业务水平和管理能力的高低，已经成为公路工程建设项目能否有序、高效、高质量完成的关键。

　　本书在编写过程中参考了目前国内的最新研究成果，在此向相关作者一并表示感谢。由于公路工程管理新方法、新技术发展迅速，加之作者水平有限，书中难免存在不妥之处，敬请广大读者批评指正。

目 录

第一章 公路工程概述

第一节 公路基本建设程序

一、基本建设及其内容构成

基本建设是指国民经济中建造新的固定资产，从而扩大生产能力或工程效益的过程，在西方国家相当于国家"资本投资"。例如，为了增加社会生产能力，新建工厂、学校、公路、桥梁、码头、矿井、电站、水坝、铁路等；为了扩大生产和提高效益而扩建生产车间、提高路面等级、修建永久性桥梁；为了提高生产效率，改进产品质量，对原有设备及工艺进行整体性技术改造，原有公路的全面改建等，都属于基本建设的范畴。由此可见，凡是固定资产扩大再生产的新建、改建、扩建、恢复工程的建筑、添置、安装等活动及其与之连带的工作称为基本建设。

在我国，基本建设是发展国民经济，增强综合国力，迅速实现社会主义现代化，提高人民物质文化生活水平和加强国防实力的重要手段。因此，党和国家历来十分重视基本建设事业，并制定、颁布了一系列政策、法规。通过十个五年计划，全国范围的大规模基本建设，初步形成了比较完整的工业、交通运输体系和国民经济体系，使历史悠久的中华大地发生了天翻地覆的变化，为我国的改革开放事业和构建社会主义的和谐社会提供了坚实的物质基础。

基本建设工作应包括以下内容。

1. 建筑工程

建筑工程指消耗建筑材料，使用工程机械，通过施工活动而建成的工程实体，如路基路面、桥梁、隧道、厂房、水坝等构筑物。

2. 安装工程

安装工程指基本建设项目需用的各种机械和设备的安设、装配、调试等工作，如工业生产设备公路及大型桥梁所需的各种机械、设备、仪器的安装及调试等，包括生产设备和生活设施。

3. 机器、设备及器具的购置

机器、设备及器具的购置指属于固定资产的机器、设备、器具等用品的购置，如渡口设备、隧道照明、消防、通风的动力设备；高等级公路的收费监控通信、供电设备，路面养护用的沥青混合料拌和设备，摊铺机械和工具等。

4. 勘查、设计及相关工作

勘查、设计及相关工作指编制建筑安装工程施工依据的勘查设计文件所进行的工作，如公路工程的可行性研究、初步设计、施工图设计等，以及勘查、设计过程中必须进行的地质调查、钻探、材料试验和技术研究工作、评价、评估、咨询、招标、投标、造价编制、试验研究工作等。

5. 其他基本建设工作

其他基本建设工作指为确保基本建设工程的顺利实施和正常运行而进行的基础工作，如土地征用、拆迁安置、人员培训工程质量监督、监理、工程定额测定、施工机构迁移工作等。

二、基本建设项目的划分

基本建设工程规模有大小之分，但无论大小都有其自身的复杂性，要进行若干项技术的、经济的和物质形态的工作。为了加强对基本建设工作的管理，便于编制设计文件、概预算文件和施工组织设计文件，便于工程招投标工作和施工管理，必须对基本建设项目进行科学的分解和合理的划分。基本建设工程可以划分为建设项目、单项工程、单位工程、分部工程和分项工程。

1. 建设项目

建设项目也称基本建设项目，是指经批准在一个设计任务书范围内按同一总体设计进行建设的全部工程。建设项目由一个或几个单项工程所组成，经济上实行统一核算，行政上实行统一管理，一般以一个企业（或联合企业）、事业单位或独立工程作为一个建设项目。公路工程以单独设计的公路路线、独立桥梁作为基本建设项目。

2. 单项工程

单项工程也称工程项目，是指建设项目中独立的设计文件，建成后可独立发挥生产能力或使用效益的工程。如工业建筑中的生产车间、办公楼、仓库，民用建筑中的教学楼、图书馆、实验室、住宅，公路工程中独立合同段的路线、大桥、隧道等，都属于单项工程。

3. 单位工程

单位工程是单项工程的组成部分，是指在单项工程中具有单独设计文件和独立施工条件，而又单独作为一个施工对象的工程。如生产车间的厂房修建、设备安装，公路工程中同一合同段内的路基、路面、桥梁、互通式立交、交通安全设施等，都属于单位工程。由此可见，单位工程一般不能独立发挥生产能力和使用效益。

4. 分部工程

分部工程是按工程结构、构造或施工方法不同所作的分类，它是单位工程的组成部分。如房屋的基础、地面、墙体、门窗，公路路基的土石方、排水、涵洞、大型挡土墙，桥梁的上、下部构造、引道等，均属于分部工程。

5. 分项工程

分项工程是指通过较为简单的施工过程就能生产出来，并且可以用适当计量单位计算的"假定"的建筑或安装产品。如 10 ㎡ 块石基础、100 ㎡ 水泥混凝土路面，一台某型号龙门吊的安装等。必须指出，分项工程只是建筑或安装工程的一种基本构成因素，是为了确定施工资源消耗和计算工程费用而划分的一种假定产品，以便作为分部工程的组成部分。因此，分项工程的独立存在是没有意义的，它不像上述项目那样是完整的产品。

三、公路基本建设程序

基本建设程序，是指基本建设全过程中各项工作必须遵循的先后顺序。这个顺序是由固定资产的建设过程，即基本建设发展进程的客观规律所决定的。科学的基本建设程序能正确地处理基本建设工作中，制订建设规划、确定建设项目、勘察设计、组织施工、竣工验收等各阶段、各环节之间的关系，指导基本建设工作有计划、按步骤地进行。

公路基本建设程序，是指公路基本建设项目从规划立项到竣工验收的整个建设过程中各项工作的先后顺序。公路基本建设涉及面广，既受地质、气候、水文等自然条件的制约，又受物资供应、技术水平等物质技术条件的影响，同时需要建设单位与设计、施工、监理、质量监督等单位和部门的协作配合。因此，公路基本建设项目必须严格按照规定的程序实施，依次进行各个方面的工作，才能达到预期的效果，否则将可能给国家造成严重的经济损失或使工程产生无法弥补的缺陷。

根据原交通部颁布的《公路建设监督管理办法》的规定，我国公路建设应当按照国家规定的建设程序和有关规定执行。政府投资公路建设项目实行审批制，企业投资公路建设项目实行核准制。

1. 政府投资公路建设项目的实施，按照下列程序进行

（1）根据国民经济长远规划及公路网建设规划进行预可行性研究，编制项目建议书。

（2）根据批准的项目建议书进行工程可行性研究，编制可行性研究报告。

（3）根据可行性研究报告和可行性研究报告批复编制项目设计招标文件。

（4）根据批准的项目设计招标文件、资格预审结果和公路建设计划，组织项目设计招标、投标。

（5）根据可行性研究报告和可行性研究报告批复编制初步设计文件。

（6）根据批准的初步设计文件，编制施工图设计文件。

（7）根据批准的施工图设计文件，编制项目施工招标文件。

（8）根据批准的项目施工招标文件、资格预审结果和公路建设计划投标。

（9）根据国家有关规定，进行征地拆迁等施工前的准备工作，编制项目开工报告，并向交通主管部门申报施工许可。

（10）根据批准的项目开工报告，组织项目实施。

（11）项目完工后，编制竣工图表、工程决算和竣工财务决算，办理项目交工验收、竣工验收和财产移交手续。

（12）竣工验收合格营运一段时间后，组织项目后评价。

2. 投资公路建设项目的建设程序有所不同

（1）根据规划，编制工程可行性研究报告。

（2）组织投资人招标工作，依法确定投资人。

（3）投资人编制项目申请报告，按规定报项目审批部门核准。

（4）根据核准的项目申请报告编制项目设计招标文件、组织项目设计招标、设标编制初步设计文件，其中涉及公共利益、公众安全、工程建设强制性标准的内容应当按项目隶属关系报交通主管部门审查。

（5）根据初步设计文件，编制施工图设计文件。

（6）根据批准的施工图设计文件，编制项目招标文件。

（7）根据批准的项目招标文件、资格预审结果和公路建设计划，组织项目施工招标投标。

（8）根据国家有关规定，进行征地拆迁等施工前准备工作，并向交通主管部门申报施工许可。

（9）根据批准的项目施工许可，组织项目实施。

（10）项目完工后，编制竣工图表、工程决算和竣工财务决算，办理项目交工验收和竣工验收。

（11）竣工验收合格后，组织项目后评价。

为加强公路基本建设项目管理，公路建设还应当按照国家和交通运输部的有关规定实行项目法人制度、招标投标制度、工程监理制度和合同管理制度（通常称为"四项制度"）。现将公路基本建设程序各阶段的主要内容分别叙述如下。

3. 前期阶段

（1）项目建议书阶段

项目建议书是建设单位（业主）向国家提出的要求建设某一项目的建议文件，是对建设项目的轮廓构想。这种构想可来自国家、部门和地方的发展规划与计划安排，或来自市场调查研究，或来自某种资源发现。项目建议书应对拟建项目的社会需求进行分析研究，明确为满足此需求所要达到的建设目标，包括经济目标、社会目标和环境目标，并考虑可能承担的风险。

（2）可行性研究阶段

项目建议书批准后，由政府交通主管部门组织项目的可行性研究。可行性研究是对拟建项目在技术上和经济上是否"可行"进行科学分析和论证工作，为项目决策（该项目是继续实施还是放弃）提供依据。可行性研究的主要任务是通过多方案比较，提出评价意见，推荐最佳方案。

按可行性研究的工作深度，划分为预可行性研究和工程可行性研究两个阶段。预可行性研究应重点阐明建设项目的必要性，通过踏勘和调查研究，提出建设项目的规模、技术标准，进行简要的经济效益分析。工程可行性研究应通过必要的测量（高速公路、一级公路必须做）、地质勘探（大桥、隧道及不良地质地段等），在认真调查研究、占有必要资料的基础上，对不同建设方案从技术上和经济上进行综合论证，提出推荐方案。可行性研究报告的文件应符合《公路建设项目可行性研究报告编制办法》的规定。

可行性研究报告经审查批准后，项目才能正式"立项"。大中型项目和限额以上项目的可行性研究报告经批准后，可根据实际需要组成筹建机构，即组建项目法人。一般改建、扩建项目不单独设置机构，仍由原企业负责筹建。

4.设计阶段

（1）设计招投标及任务书阶段

根据可行性研究报告及可行性研究报告批复编制项目设计招标文件，进行项目设计招标，选择确定项目设计单位。

设计任务书是项目确定建设方案的决策性文件，是编制设计文件的主要依据。设计任务书可由建设单位自行提出，也可由工程咨询公司代为拟定，或由建设单位与设计单位协商确定。

设计任务书的内容包括：建设依据和建设规模；路线走向和主要控制点，独立大桥桥址和主要特点；地理位置、自然条件和社会经济现状；工程技术标准和主要技术指标；设计阶段及完成时间；环境保护、城市规划、抗震、防洪、防空、文物保护等要求和采取的措施方案；投资估算和资金筹措；经济效益和社会效益；建设期限和实施方案。

（2）公路设计阶段划分

公路基本建设项目一般采用两阶段设计，即初步设计和施工图设计。对于技术简单、方案明确的小型建设项目，也可采用一阶段设计，即一阶段施工图设计。对于技术上复杂、基础资料缺乏和不足的建设项目，或建设项目中的特大桥、互通式立交枢纽、地质复杂的长大隧道、高速公路和一级公路的交通工程及沿线设施中的机电设备等，必要时采用三阶段设计，即初步设计、技术设计和施工图设计。

（3）各阶段的设计依据

初步设计应根据批复的可行性研究报告、测设合同及勘测资料进行编制。一阶段施工图设计应根据批复的可行性研究报告、测设合同及定测、详勘资料进行编制。两阶段设计时，施工图设计应根据批复的初步设计、测设合同和定测、详勘资料（含补充资料）

进行编制。三阶段设计时，技术设计应根据批复的初步设计、测设合同和定测、详勘资料进行编制；施工图设计应根据批复的技术设计、测设合同和补充定测、详勘资料进行编制。

（4）施工图设计文件组成

不论按几个阶段设计，其中的施工图设计文件都由以下十三篇及附件组成：总说明书；总体设计；路线；路基、路面及排水；桥梁、涵洞；隧道；路线交叉；交通工程及沿线设施；环境保护；渡口码头及其他工程；筑路材料；施工组织计划；施工图预算；附件。其中第二篇总体设计只用于高速公路和一级公路，附件内容为补充地质勘探、水文调查及计算等基础资料。

5. 施工阶段

项目在开工建设之前，要做好以下前期准备工作。

（1）预备项目

初步设计已经批准的项目可列为预备项目。国家的预备项目计划是对列入部门、地方编报的年度建设预备项目计划中的大中型项目和限额以上项目，经过对建设总规模、生产力布局、资源优化配置及外部协作条件等方面进行综合平衡后安排和下达的。

（2）建设准备的内容

建设准备的内容有：征地、拆迁和安置；完成施工用水、电、路工程；设备、材料订货；准备施工图纸；监理、施工招标投标。

（3）申报项目施工许可

完成了规定的建设准备和具有了开工条件以后，应申报项目施工许可。年度大中型项目和限额以上项目须经国务院批准，国家发展和改革委员会下达项目计划，其他项目可由部门和地方政府批准。

建设项目开工报告一经批准，项目便进入了建设施工阶段。本阶段是项目决策的实施、建成投入使用、发挥效益的关键，因此建设单位、施工企业、监理单位都应认真做好各自的工作。

公路项目建设以开始进行土石方施工的日期作为正式开工日期。分期建设的项目，分别按各期工程开工的日期计算。施工活动应严格按照设计要求、技术规程、合同条款、预算投资、施工程序和顺序、施工组织设计，在保证质量、工期、成本等计划目标的前提下进行，达到竣工标准要求，经验收后移交使用。

6. 竣（交）工验收及后评价阶段

（1）竣（交）工验收交付使用阶段

竣（交）工验收是建设全过程的最后一道程序，是投资成果转入使用的标志，是建设单位、设计单位和施工单位向国家汇报建设项目的生产能力或效益、质量、造价等全面情况及交付新增固定资产的过程。验收工作在建设项目按施工合同文件的规定内容全部完成后进行。

公路项目验收分为单项工程交工验收和整体项目竣工验收两个阶段。竣工验收由建设主管部门主持，依据国家有关规定组成验收委员会，按照原交通部《公路工程竣（交）工验收办法》（2004 年 3 月 31 日交通部令第 3 号）的要求组织验收。在工程验收前，建设单位要做好以下准备工作：组织设计、施工等单位进行工程初验，并向主管部门提出验收报告；整理技术资料，包括各种文件；绘制竣工图，必须准确、完整、符合档案管理的要求；编制竣工决算。

验收合格的工程，应移交使用，并按有关规定办理交接手续。

（2）项目后评价阶段

公路建设项目正常运营一段时间后，再对项目的立项决策、设计施工、竣工验收、生产运营等全过程进行系统评价的技术经济活动称为项目后评价。它是固定资产投资管理的最后一个环节。通过后评价可以肯定成绩、总结经验、探讨问题、汲取教训，并提出建议，作为今后改进投资规划、评估和管理工作的参考。

项目后评价应经过建设单位自评和投资方评价两个阶段，包括以下内容：评估项目的实际成效，确定项目是否达到了预期目标和设计要求；检查设计、施工各个环节的实际质量；重新计算实际财务效益和国民经济效益。

第二节　公路施工项目管理过程

施工企业通过投标承揽施工任务后，公路施工项目管理要依次经历施工准备阶段、施工阶段、竣（交）工验收阶段、用后服务阶段等，按工程施工承包合同的要求完成施工任务。对于不同规模、不同性质的具体工程项目，施工过程各阶段的具体工作内容不尽相同。

一、投标与签订合同阶段

在社会主义市场经济条件下，施工企业通过投标竞争，中标后与建设单位签订工程承包合同，承揽施工任务。在工程承包合同中，建设单位为发包人，称为业主；施工企业称为承包人。

建设单位的拟建工程项目具备了招标条件后，便发布招标广告（或邀请函），施工企业见到招标广告（或收到邀请函）后，从做出投标决策至中标签约的过程，实质上是在进行施工项目管理第一阶段的工作。

1. 投标决策

公路施工企业获得工程项目施工招标信息后，从本企业经营战略的高度结合当前的施工任务情况，由企业决策层做出是否投标争取承包该项目的决策。

2.收集信息

如果决定投标，就要力争中标。因此，应从当前工程市场形势、施工项目现场状况、竞争对手的实力、招标单位情况，以及企业目前的自身力量等几方面大量收集信息，为投标书的编制提供可靠资料。

3.编制投标书

按照招标文件的规定和要求，充分发挥本企业自身的优势，编制既能盈利，又有竞争力，有望中标的投标书。

4.签订工程施工承包合同

如果中标，则在规定期限内与业主单位进行谈判，依法签订工程施工承包合同。

二、施工准备阶段

工程施工承包合同正式生效后，施工企业便组建项目经理部，然后以项目经理部为主，与企业经营层和管理层配合，进行施工准备，使工程具备开工作业和连续施工的条件。

1.成立项目经理部

施工企业按照工程施工承包合同规定的基本条件确定施工项目经理，成立项目经理部，根据施工项目的规模大小和施工管理工作的实际需要建立管理机构，配备管理人员。

2.制订施工项目管理实施规划

施工项目管理实施规划由施工项目经理负责组织编制。施工项目管理实施规划是整个工程施工管理的执行计划，在施工项目中它还要进一步分解，由施工项目经理、经理部各部门、各工程小组、分包人等在项目施工的各个阶段中执行。

3.进行施工现场准备

施工现场准备包括组织准备、技术准备、物资准备等项工作，主要有：熟悉和核对设计文件，补充调查资料，编制施工组织设计，建立临时生产与生活设施，施工测量、放样，劳务人员培训，材料试验、备料等。通过施工现场准备，使现场具备施工条件，有利于文明施工和场容管理。

4.编写和提交开工报告

各项施工准备工作完成，并具备连续施工作业的条件后，按照施工承包合同规定的期限向监理工程师提交工程开工报告。开工报告的主要内容应包括：施工机构的建立，质量检测体系、安全体系的建立和劳动力安排，材料、机械及检测仪器设备进场情况，水电供应，临时设施的修建，施工方案和总体施工组织设计等。

监理工程师对开工报告进行审查后，将在投标书附录规定的期限内发布开工令。

三、施工阶段

这是一个从工程开工至竣（交）工验收的实施过程。在这一过程中，具体负责施工项目现场管理工作的项目经理部既是决策机构，又是责任机构。企业管理层、建设单位、监理单位在这一阶段中的作用是支持、服务、监督与协调。这一阶段的目标是完成工程施工承包合同规定的全部施工任务，达到竣（交）工验收的要求。

1. 组织施工

收到监理工程师发布的工程开工令之后，施工项目应在投标书附录中规定的开工期内开工。根据工程设计图纸，按照施工项目管理实施规划的安排，精心组织施工和管理，使整个施工活动连续、均衡、协调地进行，直到施工项目竣工。

2. 对施工活动实施动态控制

实现施工项目的质量、进度、成本、安全等目标，是施工项目管理的根本目的，在施工项目的目标控制过程中，经常会受到各种客观因素的干扰，各种风险因素也可能随时发生，为确保按计划实现施工项目的阶段性目标和最终目标，对施工项目的各项目标都必须实施动态控制。

3. 管理好施工现场

良好的施工现场是实现施工项目的目标以及安全生产和文明施工的保障条件之一。管理好施工现场，使场容清新美观、材料放置有序、机械设备整洁、施工有条不紊，为施工项目提供一个能使相关各方都满意的作业环境。

4. 严格履行施工承包合同

开工后的整个施工过程中，项目经理部应严格履行施工承包合同，并认真做好工程分包、合同变更、费用索赔、工程延期等工作。为顺利履行合同，还应协调和处理好内部与外部的各种关系。

5. 做好施工记录

施工记录包括施工原始记录、工序检查记录、隐蔽工程验收记录、材料试验与施工测量记录等。同时应做好根据施工记录进行的协调、检查、整理、分析等工作，并按时编写和提交各项施工报告。

四、竣（交）工验收阶段

本阶段与建设项目的竣（交）工验收阶段协调、同步进行。目标是对施工项目的最终成果进行检查、总结、评价。公路工程验收分为交工验收和竣工验收两个阶段，小型工程或简易工程项目，经主持竣工验收单位批准后可合并为一次竣工验收。

1. 工程收尾与自验

工程施工承包合同规定的施工任务基本完成后，施工项目应及时进行工程收尾，并为施工项目验收时应提交的资料做好准备，项目经理首先要安排好竣工自验工作。竣工自验又叫初验，是在施工项目按照承包合同的要求建成后，由项目经理组织各有关施工人员，按照正式验收的标准和要求进行的内部检验。对检查出的缺陷或不符合要求的部分，必须采取措施，定期修竣。全部问题处理完毕之后，由项目经理提请上级主管部门（如公司）进行复验，彻底解决所有遗留问题，为交工验收做好准备。

2. 交工验收

交工验收由建设单位主持，主要是检查施工承包合同的执行情况和监理工作情况，提出工程质量等级建议。

承包人在全面完成所承包的工程并经监理工程师同意后，向建设单位提出交工验收申请。建设单位组织设计、监理、施工、质量监督、接管养护、造价管理等单位的代表组成交工验收组，对工程项目进行全面验收。交工验收的施工单位要提交验收项目的竣工图表、施工资料、工程施工情况报告等文件供交工验收组审议。交工验收组提出交工验收报告，由建设单位报上级交通主管部门核定。

交工验收不合格或有缺陷的工程以及未完工程，由原承包人限期修复、补救、完成。交工验收合格的工程，监理工程师应及时向承包人签发交工证书，同时办理工程的移交管养工作。

3. 竣工验收

按照建设项目的大小，竣工验收由交通运输部或地方交通主管部门主持，主要是全面考核建设成果，总结经验，综合评价建设项目，确定工程质量等级。

经过交工验收各标段均达到合格以上的工程，由建设单位向竣工验收主持单位提出竣工验收申请。竣工验收委员会由验收主持单位、建设单位、交工验收组代表、质量监督、接管养护、造价管理、环境保护、有关银行等单位的代表组成。施工单位要向竣工验收委员会提交关于工程施工情况的报告。

竣工验收委员会将对工程建设、设计、施工、监理等单位进行综合评分，并评定工程质量等级和建设项目等级。竣工验收委员会对合格以上的建设项目签发公路工程竣工验收鉴定书，项目所在地的公路工程质量监督部门签发各标段的工程质量鉴定书。

4. 竣工结算与总结

工程经竣工验收合格后，业主与承包人之间根据监理工程师签发的最终支付证书办理竣工结算。

施工项目总结包括技术总结和经济总结两部分。技术总结的内容：施工中采用的新技术、新工艺和重大革新项目，以及在合同管理、施工组织、技术管理、工程质量、安全生产等方面采取的措施、取得的成绩和存在的问题。经济总结主要是进行成本分析和经济核算，计算各种经济指标，通过与企业和同类施工项目的有关数据对比，总结经验教训，以利进一步提高施工项目的管理水平。

五、用后服务阶段

这是施工项目管理的最后一个阶段，主要包括施工项目在缺陷责任期和保修期的工作。其目的是保证使用单位正常使用，发挥效益。

交工验收合格的工程，在合同规定的期限内移交业主，施工项目即进入缺陷责任期。在缺陷责任期内，应尽快完成在交工证书中写明的未完成工作，对本工程存在的缺陷、病害或其他不合格之处按监理工程师的指令进行修补、重建及复建。

缺陷责任期终止后，施工项目即进入保修期。在保修期内承包人应对由于施工质量原因造成的损坏进行自费修复；还应进行工程回访，听取使用单位意见，观察项目的使用情况，开展必要的技术咨询和服务活动。

第三节 公路施工项目管理的方法与内容

一、施工项目管理及其特点

施工项目是指由建筑企业从施工投标开始到工程保修期满为止的施工全过程中完成的项目。施工项目的任务范围由施工合同界定，可以是一个建设项目的施工活动，也可以是一个单项工程或单位工程的施工活动。

施工项目管理是建筑企业管理的组成部分，是建筑企业运用系统工程的概念、理论和方法对施工项目通过计划、组织、指挥、控制、监督、协调、核算、信息反馈等一系列活动进行的全过程的全面管理。施工项目管理有以下特点。

1.施工项目管理的主体是建筑企业

施工项目管理由建筑施工企业独立实施。建设单位和监理单位在工程施工阶段对施工项目进行的管理（如征地、进度和质量控制、验收等）属于建设项目管理的范围，不能算作施工项目管理。设计单位不进行施工项目管理。

2.施工项目管理的对象是施工项目

施工项目管理工作针对特定的施工项目开展，管理工作的周期从工程投标开始到项目保修期结束时止。施工项目管理的特殊性主要表现在：生产活动与市场交易活动同时进行；先有交易活动，后有产品（竣工项目）；交易双方都要进行生产管理，生产活动和交易活动很难分开。

3.施工项目管理的内容是按阶段变化的

从施工投标开始到工程保修期满为止的各个阶段，施工项目管理的内容差异很大，因此必须针对不同阶段的具体情况进行动态管理，优化组合施工资源，提高施工效率和效益。

4.施工项目管理要求强化组织协调工作

公路施工项目是必须一次完成的单件性土木产出物，一旦发生工程质量不合格、影响环境或其他问题，则难以补救，将产生严重后果。另外，施工项目工期长、大量的野外露天作业、施工人员流动性大、需要巨额资金和种类繁多的资源，加之施工活动还涉及复杂的经济、技术、法律、行政和人际等关系，因此，施工项目管理中的组织协调工作十分重要。

施工项目管理与建设项目管理是两种平等的工程项目管理的分支。建设项目管理是站在投资主体（建设单位）的立场对建设项目从可行性研究开始，经过勘察、设计、施工等阶段的全部建设过程进行的综合性管理；而施工项目管理是由建筑企业在项目的施工阶段对项目的施工活动进行的管理，两者之间各自独立而又密切联系。从工程项目的招标、投标至竣（交）工验收这一阶段（建设项目的施工阶段），建设项目管理和施工项目管理同步平行进行，彼此交叉，相互依存和制约。

施工项目管理也不同于建筑企业管理。建筑企业管理的对象是整个企业，自然包括对施工项目的监督和指导，而施工项目管理以施工承包合同确定的内容为最终管理目标，由施工企业的法定代表人授权的项目经理负责的项目经理部为管理主体，对施工项目实施管理。

二、施工项目管理的基本方法

施工项目管理的基本方法是目标管理法。目标管理法是现代科学管理方法之一，广泛应用于经济领域和管理领域。为了实现各项具体目标，还有其他适用的专业方法，如在施工项目管理中，控制进度目标用网络计划方法；控制质量目标用全面质量管理方法；控制成本目标用可控责任成本方法；控制安全目标用安全责任制。

1.目标管理法

目标管理法以被管理活动的目标为中心，将经济活动和管理活动的任务转换成具体的目标，运用现代管理技术和行为科学，借助人们的事业心、能力、自信、自尊等，实行自我控制，促成目标实现，从而完成经济活动的任务。目标管理的全体成员要亲自参加工作目标的制定，并用目标指导行动，因此，目标管理法是面向未来的管理方法，是主动的、系统性的整体管理法，是特别重视人的主观能动性、参与性和自主性的管理方法。

2.网络计划方法

网络计划方法是控制施工项目进度最有效的方法，尤其是对复杂的大型项目的进度控制，更显其不可替代的优越性。随着计算机在网络计划技术中的应用日益普及，网络计划方法将在项目管理的进度控制中发挥越来越大的作用。

应用网络计划方法应注意以下几点：认真执行网络计划的有关标准，使网络计划规范化、进度管理集约化；遵循网络计划应用的一般程序，即准备、绘制网络图、时间参数计算与确定关键线路、优化并正式编制网络计划、实施与调整网络计划、总结与分析；采用先进的网络计划应用软件，对施工项目进度进行快速、准确、有效的控制；不断总结和积累应用网络计划的经验，提高进度控制的水平，处理好网络计划技术与流水作业计划的关系，应根据项目的具体情况选用适合的进度控制方法。

3. 全面质量管理方法

全面质量管理方法自 20 世纪 60 年代诞生以来，对实现质量管理科学化和促进产品质量水平的提高都发挥了重大作用，至今仍然是控制施工项目质量最有效的方法。简单地说，全面质量管理是"全员参与施工项目全过程和全部要素的质量管理"，通过各种层面的 PDCA（计划—执行—检查—处理）循环，在全员范围开展"QC 小组"活动，最终确保实现质量目标。

用全面质量管理方法控制施工项目质量应注意以下几点：全面质量管理是全企业的管理，企业和项目都应按照全面质量管理方法进行管理；数理统计方法是全面质量管理的工具，要充分利用这个工具为全面质量管理决策服务；处理好与 1SO9000-2000 族标准的关系，全面质量管理是方法，ISO9000 是标准，两者是统一的，不可相互替代；工序控制和质量检验是重点，是有效提高施工项目质量水平的关键。

4. 可控责任成本管理方法

成本是施工项目中各种消耗的综合价值体现，也是施工项目管理效果的重要指标，因此，施工项目管理必须进行成本控制。可控责任成本方法是成本控制的主要方法。施工项目的操作者和管理者都有控制成本的责任，可控责任成本是指责任者可以控制住的那部分成本。可控责任成本方法是通过明确每个责任者的可控责任成本目标而达到对每个生产要素进行成本控制，最终实现有效控制施工项目总成本的方法。该方法的本质是成本控制责任制，也是"目标管理法"责任目标落实的方法。

可控责任成本方法的关键是责任制，因此，要建立和落实每个责任者（操作者和管理者）、各部门和各层次的成本责任制，项目经理部全体成员概莫能外。在实施过程中要加强各级各类成本核算，确保可控责任成本取得实效。

5. 安全责任制

安全责任制是通过制度规定每个施工项目管理成员的安全责任，是施工项目安全控制的主要方法。安全责任制是岗位责任制的组成内容，项目经理、管理部门的成员、作业人员都要承担相应岗位的安全责任。安全责任制中还包含承担安全责任的保证制度，即进行安全教育，加强安全监督、检查与考核等。

三、施工项目管理的主要内容

施工项目管理由以项目经理为首的项目经理部负责实施，管理的客体是具体工程项目的施工活动及其相关的生产要素。国家标准《建设工程项目管理规范》（GB/T 50326—2001）规定了施工项目管理的基本内容。

（一）建立施工项目管理机构

1.选聘称职的施工项目经理

施工项目经理是经承包人的法定代表人授权对工程项目施工过程全面负责的项目管理者，是承包人在施工项目上的委托代理人施工项目经理由企业采用适当的方式选聘或任命。

2.建立施工项目经理部

根据施工项目管理的组织原则，结合工程规模和特点，选择合适的组织形式，建立施工项目经理部，并明确各部门、各岗位的责任、权限和利益。项目经理部是项目经理领导下的施工项目管理机构，负责对施工项目全过程的施工生产经营活动的管理。

3.制定管理制度

在符合企业规章制度的前提下，根据施工项目管理的需求，制定施工项目经理部管理制度。

（二）编制施工项目管理规划

1.工程投标前编制施工项目管理规划大纲

在工程投标前，由企业管理层按招标文件要求编制施工项目管理规划大纲，对施工项目管理自投标到保修期满进行全面的纲领性规划。

2.工程开工前编制施工项目管理实施规划

在工程开工前，由项目经理负责组织编制施工项目管理实施规划，作为施工项目从开工到竣（交）工验收整个工程施工管理的执行计划。

（三）施工项目的目标控制

在施工项目管理的全过程中，必须对项目的质量、进度、成本和安全目标进行控制，确保实现整个施工项目的管理目标。控制的基本过程有三个。

（1）确定各项目标的控制标准。

（2）在实施过程中，通过检查、对比，分析目标的完成情况。

（3）将分析结果与控制标准进行比较，若有偏差，找出原因，采取措施以保证目标的实现。

（四）施工项目生产要素管理

施工项目生产要素管理是指对施工中使用的人工、材料、机械设备、技术和资金等施工资源进行的计划、供应、使用、检查和改进等管理过程,目的是降低消耗、减少支出、节约物化劳动和活劳动。

1. 人力资源管理

人力资源不是简单的劳动力,而是指能够推动经济和社会发展的劳动者的能力,是关系到企业生存和发展的一种重要战略资源。作为施工项目的人力资源管理,主要是指对体力劳动者进行的劳务管理。对脑力劳动者的管理,则被纳入项目经理部的管理范围。

人力资源管理是一个动态管理过程。项目经理部对施工现场的劳动力管理应做到:按施工进展进行劳动力跟踪平衡,根据需要进行补充或减员,向企业劳动管理部门提出申请计划,实行有计划地作业,向作业班组下达施工任务书,根据执行结果进行考核、支付费用和奖励;加强对劳务人员的教育、培训、思想管理工作,对作业效率和质量进行检查。

2. 材料管理

材料管理对节约现场费用、降低工程成本具有重要意义。材料管理应满足以下要求:编制材料需用量计划;按计划供应材料,优选临时仓库地址;严把材料进场关,保证计量设备质量,材料的试验、检验必须符合质量要求;做好材料库存管理;建立限额领料制度和材料使用台账、实施材料使用监督制度、退料和回收制度。

3. 机械设备管理

机械设备的使用是管理工作的重点,而使用的关键是提高效率,要提高效率就必须提高机械设备的完好率和利用率。机械设备管理的职责是:编制机械设备使用计划,并报企业管理层审批;对进场的机械进行安装、调试、验收;做好机械设备的维护和管理;采用技术、经济、组织、合同等手段保证机械设备合理使用。

4. 技术管理

技术管理包括:图纸审查与会审;工程变更洽商;编制施工方案,技术交底;对分包人的技术管理进行服务和监督;参加施工预验收、隐蔽工程验收、分部分项工程验收、结构验收、交工验收和竣工验收;实施技术措施计划;技术资料管理。

5. 资金管理

项目经理部通过对资金的使用管理,实现保证收入、减少支出、防范风险、提高经济效益的目的。资金管理工作有:编制资金收支计划,并上报审批,配合企业财务部门及时进行资金计划;控制资金使用;做好资金分析。

(五)合同管理

合同管理的内容包括与施工项目有关的施工合同、分包合同、买卖合同、租赁合同和借款合同等的订立、履行、变更、终止,以及解决合同争议。项目经理作为承包人在施工项目上的委托代理人,应按照施工合同认真完成所承接的施工任务,承担合同约定的义务,并行使相应的权利。项目经理部合同管理的主要任务是实施和履行施工合同。

项目经理部应向各职能部门的管理人员进行合同交底，落实合同目标，用合同指导工程施工和项目管理工作，按规定进行合同变更、索赔、转让和终止。

（六）信息管理

对工程施工过程中发生的信息进行收集、整理、分析、处理、储存、传递、应用的过程称为施工项目的信息管理，是现代项目管理的一大支柱。信息管理必须适应施工项目管理的需要，建立信息管理系统，及时收集和准确、完整地传递信息，并配置信息管理人员。

施工项目应建立以项目经理为中心的信息管理系统。信息管理系统要满足项目经理部全部管理工作的需要，应做到目录完整，层次清晰、结构严密，信息齐全，表格自动生成，方便输入、处理、修改、储存、发布，与建设准备阶段和各有关专业有良好的接口，相关单位、部门和管理人员能够信息共享。

（七）现场管理

施工项目的各项施工作业活动和相关管理工作，是以施工现场为平台进行联系和实施的，因此，施工现场管理不仅直接关系到施工作业任务的完成，而且对文明施工、安全生产、环境保护等都具有极其重要的意义。施工现场管理的依据是国家颁布的有关法律、法规、规定和项目经理部编制的施工平面图。

施工现场管理的总体要求：文明施工、安全有序、整洁卫生、不扰民、不损害公众利益；现场入口处设立有关公示牌；项目经理部应经常巡视施工现场，发现问题及时整改；用施工平面图规范场容管理；按规定做好环境保护、防火保安、卫生防疫等工作；进行施工现场的综合考评。

（八）组织协调

施工项目的组织协调，就是按一定的组织形式、方法和手段，疏通项目管理中的各方关系，排除施工过程中产生的各种干扰的过程。组织协调的内容包括人际关系、组织机构之间的关系、供求关系和协作配合关系等。

施工中需要协调的关系有三种：企业内部关系，属于行政关系；近外层关系，是由合同确定的关系，如承包人与业主、监理单位之间的关系；远外层关系，是由法律和社会公德确立的关系，如企业与政府监督部门、地方行政管理部门等之间的关系。

第四节 公路工程施工监理

一、施工监理的作用

工程监理制度是原交通部规定的公路建设管理四项制度之一，它是随着我国经济体制改革的深化和社会主义市场经济的形成，自 20 世纪 80 年代中期以来在工程建设中逐步实施的一种与国际接轨的工程建设管理的新体制和新模式。工程监理通过对工程建设参与者的行为进行监控、督导和评价，并采取相应的管理措施，保证工程建设行为符合国家法律、法规和有关政策，制止建设行为的随意性和盲目性，促使工程建设费用、进度、质量按计划（合同）实现，确保工程建设行为的合法性、科学性、合理性和经济性。根据原交通部的规定，公路工程的监理目前在公路施工阶段实施，因此也称为"施工监理"。

公路工程施工监理制度，是以国际通用 FIDIC 土木工程施工合同条件为基础，形成建设单位、施工单位、监理单位三方相互制约，以监理单位为核心的管理模式。实行施工监理制度，使建设各方的权利、义务和责任更为合理、明确，有利于克服随意性，增强合同意识，提高管理水平；突破了建设单位事无巨细统揽一切的小生产管理方式的局限性，有利于积累经验，促进建设项目管理向专业化、社会化方式转变；突出了监理单位的管理作用，有利于预防和减少建设单位与施工单位双方发生的纠纷，促使建设活动顺利进行。

由于公路工程与国民经济的发展和人民生活的关系十分密切，公路建设又受到各种条件的限制，施工难度是很大的。为了保证公路工程的质量，控制工期和工程费用，提高投资效益及工程管理水平，凡被列入基本建设计划的公路工程项目，都应实行"政府监督、社会监理、企业自检"的质量保证体系。政府监督指承包人（施工单位）和施工人员、监理单位及监理人员、业主（建设单位）的项目管理人员等均应接受政府交通主管部门和公路工程质量监督部门的管理、监督与检查。社会监理，是指建设单位委托监理单位对施工项目实施全面的监督管理，监理单位和监理人员应按照"严格监理、热情服务、秉公办事、一丝不苟"的原则认真做好监理工作。企业自检，即施工企业在公路施工过程中应加强管理，自行把好质量关。

二、监理工作的组织过程

（一）选择监理单位

监理单位是在工程施工招标之前由业主（建设单位）确定的。业主对监理单位的选择，可通过招标、聘请、委托等方式进行。承担公路工程施工监理业务的单位，必须是经交通运输部审批，取得公路工程施工监理资格等级证书，具有法人资格的社会监理单位，并按批准的资格等级承担相应的施工监理业务。

（二）签订监理服务合同

监理单位确定之后，业主与监理单位双方必须签订监理服务合同，即用书面形式确定双方的责任和权利。监理服务合同是一个对业主和监理单位双方都具有法律约束力的文件。

监理合同文件由合同协议书、合同通用条件、合同专用条件和附件组成。主要内容应包括：委托监理工程的概况；监理服务的形式、范围与内容；监理单位的职责；建设单位的职责；监理服务的费用与支付办法；违约责任及赔偿等。

（三）组建现场监理机构

监理单位承接监理任务后应考虑项目组成、工程规模、难易程度、合同工期、地理位置、现场条件等因素，根据不同情况组建现场监理机构，对公路工程施工的监理工作实行统一管理。

现场监理机构一般按工程施工招标合同设置基层监理机构，可视工程的具体情况分别设置一级或二级或三级监理机构。一级监理机构设置总监理工程师办公室，适用于特大桥、隧道等集中工程项目或小型公路工程项目；二级监理机构设置总监理工程师办公室和高级驻地监理工程师办公室，适用于一般大中型公路工程项目；三级监理机构是当建设项目为两个以上独立工程项目或跨省、自治区、直辖市时，在上述二级监理机构中间再设置项目监理部。

（四）确定监理人员

监理人员由以下三部分构成。

（1）监理工程师，包括总监理工程师、总监理工程师代表、高级驻地监理工程师、专业监理工程师。

（2）监理员，包括测量、试验人员和现场旁站人员。

（3）其他人员，包括文秘、翻译、行政、后勤人员。

各级监理机构中的人员构成及数量，根据被监理工程的类别、规模、技术复杂程度，以能够对工程实施有效监理为原则进行配备。

（五）实施工程监理

监理的主要依据：国家有关公路工程建设的法律、法规和政策，政府批准的建设计划、规划、设计文件，以及公路工程的有关技术标准、规范、规程等；业主和承包人签订的施工合同文件，监理单位与业主签订的监理服务合同文件；公路施工过程中，监理工程师与承包人围绕工程实施的有关会议记录、纪要、函电和其他文字记载，以及经监理工程师批准的图纸、签发的指令等。监理工作贯穿公路工程施工的各个阶段，各监理阶段的划分及相应的监理任务如下。

1. 施工准备阶段的监理

监理合同签订后，即进入施工准备阶段监理。在这一阶段，监理工程师应熟悉合同文件；制定监理程序，了解现场用地占有权和使用权的解决情况；核查设计图纸，复核定线数据；审查承包人的自检系统，以及工程总进度计划、现金流动估算、临时用地计划，准备第一次工地会议；发布工程开工令等。

2. 施工阶段的监理

工程开工后，监理工程师应集中力量，严格按照合同要求对工程施工的质量、进度和费用实施监理，做好合同管理和信息管理等工作。

3. 竣（交）工及缺陷责任期阶段的监理

在工程竣（交）工或部分（单位工程、分部工程）交工后签发交接证书，对未完成的工程和工程缺陷的修补、修复及重建进行监理。应视本阶段同施工阶段监理一样，认真做好各项监理工作。

（六）提交监理报告

在工程施工期间要做好监理记录和工程监理月报。在工程结束后，监理工程师应提交监理工作报告，报送建设单位和上级主管部门。

工程监理报告的内容一般为：工程概况，监理组织机构及工作起、止时间；关于工程质量、进度、费用的监理及合同管理的执行情况，分项、分部、单位工程质量评估；工程费用分析；对工程建设中存在问题的处理意见和建议；监理过程中的照片或录像等。

监理工程师与业主、承包人或指定分包人之间有关工程质量、进度和费用的一切往来函电和报表，以及监理工作的各种文件、记录、报告、图纸、资料等，都应分类整理、编号，建立档案，按规定保存。

三、施工监理的内容

公路工程施工监理的主要内容，可分为工程质量监理、工程进度监理、工程费用监理、合同管理、信息管理、组织协调。通常称为"三监理、两管理、一协调"。

（一）工程质量监理

工程项目的质量控制分为业主的质量控制、承包人的质量控制和政府的质量控制。业主的质量控制是通过合同形式委托社会监理单位而实施的监理工程师质量目标管理，即工程质量监理。承包人的质量控制，靠承包人的质量自检体系来实现。政府的质量控制，通过行政主管部门及各级质量监督站来实现。因此，工程质量不是单一的技术管理，而是技术、经济与法律在公路工程质量上的统一体现。

质量监理的依据是合同条件、合同图纸、技术规范和质量标准。监理人员应对施工全过程进行检查、监督和管理，制止影响工程质量的各种不利因素、使承包人提交的工程项目符合合同图纸、技术规范、使用要求和验收标准。

监理工程师应建立完整的质量监理组织体系，以保证对所有施工环节进行有效的控制。质量监理组织体系中应根据工程规模的大小和复杂程度，设置材料、试验、测量、计量及各工程项目的专业技术岗位，并明确其名称和职责。

从开工报告到工序质量检查，都要按规定程序进行控制。对现场质量的控制、质量缺陷与质量事故的处理，都是质量监理的工作内容。

（二）工程进度监理

每个工程项目，一般情况下在合同文件中对工期都做了明确的规定。承包人应根据合同规定的工期进行计划安排，制订出切实可行的工程施工进度计划。监理工程师的主要任务是审批承包人编制的施工进度计划并对已批准的施工进度计划的执行情况进行监督。从全局出发，掌握影响施工进度计划所有条件的变化情况，对施工进度计划的执行进行控制。当可能发生工期延误时，监理工程师应及时要求承包人采取加强施工计划管理和技术管理的措施，重新修订或调整施工进度计划，增加施工机械或人力，以确保在竣工期限内完成工程施工任务。

（三）工程费用监理

工程费用包括合同文件中工程量清单内所列以及因施工单位索赔或建设单位未履行义务而涉及的一切费用。监理工程师应在质量符合标准、工期遵照合同要求的基础上对工程费用进行监理。

费用监理工作中，应尽可能合理地减少工程量清单中所列费用以外的附加支出，达到控制费用的最佳效果。因此，要求监理工程师必须熟悉技术规范、工程量清单及工程量清单说明的内容，掌握工程具体项目的工作范围和内容、计量方式和方法等。

（四）合同管理

公路工程施工涉及建设单位、设计单位、材料设备供应单位、施工单位、工程监理单位等。为使建设项目各有关单位之间建立起有机的联系，相互协调、默契配合、共同实现工程项目的进度、质量、费用三大管理目标，一个重要的措施就是通过合同，利用经济与法律相结合的方法，将各单位在平等互利的原则上建立起密切的权利和义务关系。

公路工程施工监理必须熟悉合同，掌握合同，利用合同对工程施工过程的进度、质量、费用实施有效的管理。合同管理的主要内容包括工程分包、工程变更、工程延期、费用索赔、工程计量与支付、工程保险、业主违约、承包人违约等。理解和熟悉合同的主要内容，对监理工程师、建设单位代表和施工人员都是十分必要的。

（五）信息管理

公路工程监理的实施过程中，在工程费用控制、质量控制、进度控制、合同管理等方面，以及在试验、环境、监理工作有关各方之间都将产生大量的信息。信息管理包括信息的收集、传递、处理、存储、发布等内容。

由于公路工程投资巨大、建设期长、质量要求高、涉及各种合同，同时使用的机械、设备多，材料消耗数量大，因此，信息管理采取人工决策与计算机辅助管理相结合的手段，达到工程监理的高效、迅速、准确。信息管理的基本方法是建立信息的编码系统，明确信息流程，制定信息采集制度，利用高效的信息处理手段分析和处理信息，从而科学地为监理工程师的决策提供准确可靠的依据。

（六）组织协调

监理处于建设单位和施工单位之间的第三方，又处于工程建设过程中实施监督和管理的核心地位，因而具有组织协调工程建设参与各方的能力，这也是公路工程施工监理的一项主要内容。

第二章 公路土方工程施工技术

第一节 基坑挡土支护技术

一、浅基坑（槽）支撑

当开挖基坑（槽）的土体因含水量大而不稳定，或基坑较深，或受到周围场地的限制而需要较陡的边坡或直立开挖土质较差时，应采用临时性支撑加固，基坑、基槽底部每边的宽度应为基础宽加 100~150mm 用地设置支撑加固结构。

当开挖较窄的沟槽时，常采用横撑式土壁支撑。横撑式上壁支撑根据挡板土的不同可分为以下几种形式。

（一）间断式水平支撑

间断式水平支撑，是指两侧挡土板水平旋转，用工具或木横撑借木楔顶紧，挖一层土，支顶一层。这种方式适用于保持立壁的干土或天然温度的勃土类土。要求地下水很少、深度 2m 以内。

（二）断续式水平支撑

断续式水平支撑，是指挡土板水平，并有间隔，拌土板内侧竖向木方，用横撑顶紧。这种方式适用条件同上，深度在 3m 以内。

（三）连续式水平支撑

连续式水平支撑，是指挡土板水平，无间隔，立竖木方用横撑加木楔顶紧。这种方式适用于松散的干土或天然温度的勃土类土，要求地下水很少，深度在 3~5m。

（四）连续式或间断式垂直支撑

连续式或间断式垂直支撑，是指挡土板垂直，连续或间隔，设水平木方用横撑顶紧。这种方法适用于较松散或温度很高的土，地下水较少、深度不限。

二、深基坑挡土支护结构

（一）深基坑挡土支护结构分类及适用范围

1. 支护结构分类

支护结构主要可分为以下几类：

（1）放坡开挖及简易支护结构；

（2）悬臂式支护结构；

（3）重力式支护结构：

（4）内撑式支护结构；

（5）拉锚式支护结构：

（6）土钉墙式支护结构；

（7）其他支护结构。

2. 支护结构适用范围

（1）悬臂式支护结构适用基坑侧壁安全等级一、二、三级；悬臂式结构在软土场地中不宜大于5m；当地下水位高于基坑底面时，宜采用降水、排桩加截水帐幕或地下连续墙。

（2）水泥土重力式结构基坑侧壁安全等级宜为二、三级；水泥土桩施工范围内地基土承载力不宜大于150kPa；基坑深度不宜大于6m。

（3）内撑式支护结构适用范围广，适用于各种土层和基坑深度。

（4）拉锚式支护结构较适用于沙土。

（5）土钉墙支护结构基坑侧壁安全等级宜为二、三级的非软土场地；基坑深度不宜大于12m；当地下水位高于基坑底面时，应采用降水或截水措施。

（二）挡土桩

1. 挡土桩的布置

悬臂挡土的钢筋混凝土灌注桩，常用桩径为500~1000mm，由计算确定。形式上可以是单排桩，顶部浇筑钢筋混凝土圈梁。双排桩悬臂挡墙是一种新型支护结构形式。它是由两排平行的钢筋混凝土桩以及在桩顶的帽梁连接砌成。它虽为悬臂式结构形式，但其结构组成又有别于单排的悬臂式结构，与其他支护结构相比，具有施工方便，不用设置横向支点，挡土结构受力条件较好等优点。

钢筋混凝土灌注桩作为支护桩的类型可有冲（钻）孔灌注桩、沉管灌注桩、人工挖孔灌注桩等。布桩间距视有无防水要求而定。如已采取降水措施，支护桩无防水要求时，灌注桩可一字排列；如土质较好，可利用桩侧"土拱"作用，间距可为2.5倍桩径。如对支护桩有防水要求时，灌注桩之间可留有100~200mm间隙。间隙之间再设止水桩。

止水桩可采用树根桩。有时将灌注桩与深层搅拌水泥土桩组合应用，前者抗弯，后者作防水帐幕起挡水作用。

圆形截面钢筋混凝土桩的配筋形式有两种，一种是将钢筋集中放在受压及受拉区，另一种是将钢筋均匀放在四周。

2.挡土桩施工

钢筋混凝土灌注桩作为支护结构，它们的施工与工程桩施工相同。

（三）土层锚杆施工

1.锚杆的构造

基坑围护使用的锚杆大多是土层锚杆。基坑周围土层以主动滑动面为界，可分为稳定区与不稳定区。每根锚杆位于稳定区部分的为锚固段，位于不稳定区部分的为自由段。土层锚一般由锚头、拉杆与锚固体组成。

2.锚杆施工

土层锚杆施工包括钻孔、拉杆制作与安装、灌浆、张拉锁定等工序。施工前需做必要的准备工作。

（1）钻孔

①钻机的选择。旋转式钻机、冲击式钻机和旋转冲击式钻机均可用于土层锚杆的钻孔。具体选择何种钻机应根据钻孔孔径、孔深、土质及地下水情况而定。

国内目前使用的土层锚杆钻孔机具，一部分是土锚专用钻机，另一部分是经适当改装的常规地质钻机和工程钻机。专用锚杆钻机可用于各种土层，非专用钻机若不能带套管钻进则只能用于不易塌孔的土层。

钻孔机具选定之后再根据土质条件选择造孔方法。常用的土锚造孔方法有以下两种。

一是螺旋钻孔作业法。由钻机的回转机构带动螺旋钻杆，在一定钻压和钻削下，将切削下的松动土体顺螺杆排出孔外。这种造孔方法宜用于地下水位以上的勃土、粉质勃土、沙土等土层。

二是压水钻进成孔法。土层锚杆施工多用压水钻进成孔法。其优点是，把钻孔过程中的钻进、出渣、固壁、清孔等工序一次完成，可防止塌孔，不留残土，软、硬土都适用。

应当注意，土层锚杆钻孔要求孔壁平直，不得坍塌松动，不得使用膨润土循环泥浆护壁，以免在孔壁形成泥皮，降低土体对锚固体的摩擦力。

在沙性土地层，孔位处于地下水位以下钻孔时，由于静水压力较大，水和沙会从外套管与预留孔之间的空隙向外涌出，一方面造成继续钻进困难；另一方面，水、沙石流失过多会造成地面沉降，从而造成危害。为此，必须采取防止涌水、涌沙措施。一般采用孔口上水装置，并采用快速钻进，快速接管，入岩后再冲洗。这样既保证成孔质量，又能解决钻进过程中涌水、涌沙问题。同样在注浆时，也可采用高压稳压注浆法，用较稳定的高压水泥浆压住流沙和地下水，并在水泥浆中掺外加剂，使之速凝止水。拔外套管到最后两节时，可把压浆设备从高压快速挡改成低压慢速挡，并在浆液中改变外加剂，增大水泥浆稠度，待水泥浆把外套管与预留孔之间空隙封死，并使水泥浆呈初凝状态后，再拔出外套管。

②钻孔的允许偏差。目前，国内对土层锚杆的钻孔允许偏差尚未做出统一规定。因此，可以将英国对土层锚杆的有关规定作为参考：孔位允许误差 ±75mm 之内；孔径可以大于但不得小于规定的直径；钻孔倾角允许误差 ±2.5° 之内；孔长允许误差小于孔长的1/30；下倾斜孔允许超钻 0.3~0.7m。

③扩孔方法。为了提高锚杆的抗拔能力，往往采用扩孔方法扩大钻孔端头。扩孔有四种方法：机械扩孔、爆炸扩孔、水力扩孔以及压浆扩孔。目前国内多采用爆炸扩孔法与压浆扩孔法。扩孔锚杆的钻孔直径一般为 90~130mm，扩孔段直径一般为钻孔直径的3~5 倍。扩孔锚杆主要用于松软地层。

（2）拉杆制作及其安装。国内土层锚杆用的拉杆，承载力较小的多用粗钢筋，承载力较大的多用钢绞线。

①拉杆的防腐处理。土层锚杆用的钢拉杆，加工前应首先消除铁锈与油脂。在锚固段内的钢拉杆，靠孔内灌水泥浆或水泥砂浆，并留有足够厚度的保护层来防腐。在无腐蚀性物质环境中，这种保护层厚度不小于 25mm；在有腐蚀性物质环境中，保护层厚度不小于 30mm。非锚固段内的钢拉杆，应根据不同情况采取相应的防腐措施：在无腐蚀性土层中，使用期 6 个月以内的临时性锚杆，可不必做防腐处理，一次灌浆即可；使用期在 6 个月以上 2 年以内的，须经一般简单的防腐处理，如除锈后刷 2~3 道富锌漆或铅底漆等耐湿、耐久的防锈漆；对使用 2 年以上的锚杆，则须做认真的防腐处理，如除锈后涂防锈油膏，并套聚乙烯管，两端封闭，在锚固段与非锚固段交界处大约 20cm 范围内浇注热沥青，外包沥青纸以隔水。

②拉杆制作。钢筋拉杆由一根或数根粗钢筋组合而成，如果为数根粗钢筋，则应绑扎或电焊连成一体。钢拉杆长度为设计长度加上张拉长度。为了将拉杆安置在钻孔中心，并防止入孔时搅动孔壁，沿拉杆体全长隔 1.5~2.5m 布设一个定位器。粗钢筋拉杆若过长，为了安装方便可分段制作，并采用套筒机械连接法或双面搭接焊法连接。若采用双面搭接焊，则焊接长度不应小于 8d（d 为钢筋直径）。

（3）注浆。铺孔砂浆是土层锚杆施工的重要工序之一。注浆的目的是形成锚固段，并防止钢拉杆腐蚀。此外，压力注浆还能改善锚杆周围土体的力学性能，使锚杆具有更大的承载能力。

锚杆注浆用水泥砂浆，宜用强度等级不低于 42.5MPa 的普通硅酸盐水泥，其细骨料、含泥量、有害物质含量等均应符合相应规范的要求。注浆常用水灰比 0.40~0.45 的水泥浆，或灰沙比 1：1~1：1.2；水灰比 0.38~0.45 的水泥砂浆，必要时可加入一定量的外加剂或掺和料，以改善其施工性能以及与土体的黏接。锚杆注浆用水、水泥及其添加剂应注意氯化物与硫酸盐的含量，以防止对钢拉杆的腐蚀。注浆方法有一次注浆法和两次注浆法两种。一次注浆法：用泥浆泵通过一根注浆管自孔底起开始注浆，待浆液流出孔口时，将孔口封堵，继续以 0.4~0.6MPa 压力注浆，并稳压数分钟，注浆结束。两次注浆法：锚孔内同时注入两根注浆管。注浆管可以用直径 20mm 镀锌铁管制成。两根注浆管分别用于一次注浆与二次注浆。一次注浆管的管底出口用黑胶布封住，以防沉放时管口进土。开始注浆时管底孔直径 50cm 左右，随一次浆注入，一次注浆管可逐步拔出，待一次浆量注完即予以回收。二次注浆用注浆管，管底出口封堵严密，从管端起向上沿锚固段全长每隔 1~2m 作一段花管，花管孔眼 φ6~φ8，花管段用黑胶布封口。花管段长度及孔眼间距需要专门设计。待一次注浆可注水泥浆或水泥砂浆，注浆压力 0.3~0.5MPa。待一次浆初凝后，即可进行二次注浆。二次注浆压力 2MPa 左右，要稳压 2min. 二次注浆实为壁裂注浆。二次浆液冲破一次注浆体，沿锚固体与土的界面，向土体挤压壁裂扩散，使锚固体直径加大，径向压力也增大，周围一定范围内土体密度及抗压强度均有不同程度增加。因此，二次注浆可显著提高土锚的承载能力。

（4）张拉和锁定。土层锚杆灌浆后，预应力锚杆还需张拉锁定。张拉锁定作业在铺固体及台座的混凝土强度达 15MPa 以上时进行。在正式张拉前，应取设计拉力值的 0.1~0.2 倍预拉一次，使其各部位接触紧密，杆体完全平直。对永久性锚杆，钢拉杆的张拉控制应力不应超过拉杆材料强度标准值的 0.6 倍；对临时性锚杆，不应超过 0.65 倍。钢拉杆张拉至设计拉力的 1.1~1.2 倍，并维持 10min（在沙土中）或者 15min（在黏土中），然后卸载至锁定荷载子以锁定。

在土层锚杆工程中，试验是必不可少的。因为决定土层锚杆承载能力的因素有很多，诸如土层性状、材料性质、施工因素等，而目前的理论还不能全面考虑这些因素，因此，无法精确计算土层锚杆的承载力。试验的主要目的是确定在土体中的抗拔能力，以此验证土层锚杆设计及施工工艺的合理性，或检查土层锚杆的质量。

第二节　降水与排水技术

降水与排水常用方法有明沟排水法和人工降低地下水位法，现分述如下。

一、明沟排水法

（一）明沟排水法

明沟排水法，系在开挖基坑的一侧、两侧或四侧，或在基坑中部设置排水明（边）沟，在四角或每隔 20~30m 设一集水井，使地下水流汇集于集水井内，再用水泵将地下水排出基坑外。

排水沟、集水井应在挖至地下水位以前设置。排水沟、集水井应设在基础轮廓线以外，排水沟边缘应离开坡角不小于 0.3m。排水沟深度应始终保持比挖土面低 0.4~0.5m；集水井应比排水沟低 0.5~1.0m，或深于抽水泵的进水阀的高度，并随基坑的挖深而加深，保持水流畅通，地下水位低于开挖基坑底 0.5m。一侧设排水沟，应设在地下水的上游。一般小面积基坑排水沟深 0.3~0.6m，底宽应不小于 0.2~0.3m，水沟的边坡为 1.1~1.5m，沟底设有 0.2%~0.5% 的纵坡，使水流不致阻塞。较大面积基坑排水。集水井截面为 0.6m×0.6m~0.8m×0.8m. 井壁用竹笼、钢筋笼或木方、木板支撑加固。至基底以下井底应填充 20cm 厚碎石或卵石，水泵抽水龙头应包以滤网，防止泥沙进入水泵，抽水应连续进行，直至基础施工完毕，回填土后才停止。如为渗水性强的土层. 水泵出水管口应远离基坑，以防抽出的水再渗回坑内；同时抽水时可能使邻近基坑的水位相应降低，可利用这一条件，同时安排数个基坑一起施工。

本法施工方便，设备简单，管理维护较易，应用最为广泛，通用于土质情况较好，地下水不很旺，一般基础及中等面积基础群和建（构）筑物基坑（槽、沟）的排水。

（二）基坑排水计算

1. 基坑涌水量计算

地下水渗入基坑的涌水量与土的种类、渗透系数、水头大小、坑底面积等有关，可通过抽水试验确定或实践经验估算，或按大井法计算。

流入基坑的涌水量 Q（m/d³）为从四周坑壁和坑底流入的水量之和，一般按下式计算：

$$\frac{Q=1.366K_s(2H-s)}{\lg R - \lg ro} + \frac{6.28K_{sro}}{1.57+\frac{r_a}{m\varphi}(1+1.185g\frac{R}{4m\varphi})}$$

其中，K 为土的渗透系数（m/d）。

当含水层为非均质土层时，应采用各分层土壤渗透系数加权平均值，公式为

$$K = \frac{\sum K_i H_i}{\sum H_i}$$

其中，K_i、H_i 为各土层的渗透系数（m/d）与厚度（m），s 为抽水时坑内水位下降值（m），H 为抽水前坑底以上的水位高度（m），R 为抽水影响半径（m），r_o 为假想半径（m）。矩形基坑按其长、短边的比值不大于 10，可视为一个圆形大井，其假想半径可按下式估算

$$r_o = \eta \frac{a+b}{4}$$

其 a,b 为矩形基坑的边长（m），η 为系数，r_o 为从坑底到下卧不透水层的距离（m）。在选择水泵考虑水泵流量时，因最初涌水量较稳定，且涌水量大，按上式计算出的洒水量应增加 10%~12%。

2. 水泵功率计算

水泵所需功率 N（kW）按下式计算

$$N = \frac{K_1 QH}{75\eta_1\eta_2}$$

其中，K 为安全系数，一般取 2；Q 为基坑的涌水量（m³/d）；H 为包括扬水、吸水及出各种阻力所造成的水头损失在内的总高度（m）；η 为水泵效率，一般取 0.4~0.5；η 为动力机械效率，取 0.75~0.85。求得 N 即可选择水泵类型。需用水泵流景也可通过试验求得，在一般的集水井设置口径 75~100mm 的水泵即可。

二、轻型井点降水施工法

深基础或深的构筑物施工，在地下水位以下含水丰富的土层开挖大面积基础时，采用一般的明沟方法排水，常会遇到大量地下涌水，难以排干。当遇粉、细沙层时，还会出现严重的翻浆、冒泥、流沙现象，使基坑无法挖深，而且会造成大量水土流失，使边坡失稳或附近地面出现塌陷，严重影响邻近建筑物的安全。遇有此种情况出现，一般应采用人工降低地下水位方法施工。人工降低地下水位常用的方法为各种井点排水法，它是在基坑开挖前，沿开挖基坑的四周，或一侧、两侧，两侧埋设一定数量深于坑底的井点滤水管或管井，以总管连接或直接与抽水设备连接从中抽水，使地尸水位降落到基坑底 0.5~1.0m，以便在无水干燥的条件下开挖土方和进行基础施工。

（一）主要机具设备

轻型井点系统主要机具设备由井点管、连接管、集水总管及抽水设备等组成。

1. 井点管

用直径 38~55mm 的钢管（或镀锌钢管），长度 5~7m，管下端配有滤管和管尖。滤管直径常与井点管相同。长度不小于含水层厚度的 2/3，一般为 0.9~1.7m。管壁上呈梅花形钻直径为 10~18mm 的孔，管壁外包两层滤网，内层为细滤网，采用网眼 30~50 孔 / cm² 的黄铜丝布、生丝布或尼龙丝布；外层为粗滤网，采用网眼 3~10 孔 /cm² 的铁丝布或尼龙丝布或棕皮。为避免滤孔淤塞，在管壁与滤网间用铁丝绕成螺旋状隔开，漏网外面再围一层 8 号粗铁丝保护层。滤管下端放一个锥形的铸铁头。井点管的上端用弯管与总管相连。

2. 连接管与集水总管

连接管用塑料透明管、胶皮管或钢管制成，直径为 38~55mm，每个连接管均宜装设阀门，以便检修井点。集水总管一般用直径为 75~100mm 的钢管分节连接，每节长 4m，一般每隔 0.8~1.6m 设一个连接井点管的接头。

3. 抽水设备

轻型井点根据抽水机组类型不同，分为真空泵轻型井点、射流泵轻型井点和隔膜泵轻型井点三种，真空泵轻型井点设备由真空泵一分、离心式水泵两台（一台备用）和气水分离器一台组成一套抽水机组。这种设备形成真空度高(67~80kPa)，带井点数多(60~70根)，降水深度较大（5.5~6.0m）；但设备较复杂，易出故障，维修管理困难，耗电量大，适用于重要的较大规模工程降水。射流泵轻型井点设备由离心水泵、射流器（射流泵）、水箱等组成，系由高压水泵供给工作用水，经射流泵后产生真空，引射地下水流；设备构造简单，易于加工制造，效率较高，降水深度较大（可达9m），操作维修方便，经久耐用，耗能少，费用低，应用广，是一种有发展前途的降水设备。隔膜泵轻型井点分真空型、压力型和真空压力型三种。前两者由真空泵、隔膜泵、气液分离器等组成；真空压力型隔膜泵则兼有前两种特性，可一机代二机，设备也比较简单，易于操作维修，耗能较少，费用较低，但形成真空度低（56~64kPa），所带井点较少（20~30根），降水深度为4.7~5.1m，适用于降水深度不大的一般性工程。

（二）轻型井点施工

1. 井点布置

井点布置根据基坑平面形状与大小、地质和水文情况、工程性质等而定。当基坑（槽）宽度小于6m，且降水深度不超过6m时，可采用单排井点，布置在地下水上游一侧；当基坑（槽）宽度大于6m或土质不良，渗水系数较大时，宜采用双排井点，布置在基坑（槽）的两侧；当基坑面积较大时，宜采用环形井点；挖土运输设备出入道可封闭，间距可达4m，一般留在地下水下游方向。井点管距坑壁不应小于1.0~1.5m，距离太小，易漏气. 大大增加了井点数量。间距一般为0.8~1.6m，最大可达2.0m，集水总管标高宜尽量接近地下水位线，并沿抽水水流方向有0.25%~0.5%的上仰坡度，水泵轴心与总管齐平。井点管的入土深度应根据降水深度及含水层所在位置决定，但必须将滤水管埋入含水层内，并且比挖基坑（槽、沟）底深0.9~1.2m，可按下式计算

$$H > H1 + h + iL + l$$

其中，为井点管的埋置深度（m）；区为井点管理设面至基坑底面的距离（m）；h 为基坑中央最深挖掘面至降水曲线最高点的安全距离（m），一般为0.5~1.0m，人工开挖应取下限，机械开挖取上限；L 为井点管中心至基坑中心的短边距离（m）；i 为降水曲线坡度与土层渗透系数、地下水流量等因素有关，根据扬水试验和工程实测经验确定，环状式双排井点可取1/15~1/10；单排线状井点可取1/4；环状降水可取1/10~1/8；L 为滤管长度（m）。计算出后，为了安全，一般再增加1/2滤管长度。井点管的滤水管不宜埋入渗透系数极小的土层。在特殊情况下，当基坑底面处在渗透系数很小的土层时，水位可降到基坑底面以上标高最低的一层，渗透系数较大土层底面。井点管露出地面高度，一般取0.2~0.3m。

一套抽水设备的总管长度一般不大于 120m。当主管过长时，可采用多套抽水设备。井点系统可以分段，各段长度应大致相等，宜在拐角处分段，以减少弯头数量，提高抽吸能力；分段宜设阀门，以免管内水流紊乱，影响降水效果。

真空泵连接井点造成的真空度，理论上为 760m 水银柱（101.3kPa），相当于 10.3m 水头高度，但由于管道接头漏气、土层漏气等原因，真空度只能维持在 53.3~66.6kPa（400~500mmHg），相应的吸程高度为 5.5~6.5m。当所需水位降低值越过 6m 时，一级轻型井点不能满足降水深度要求，一般应采用明沟排水与井点相结合的方法，将总管安装在原有地下水位线以下，或采用二级轻型井点排水（降水深度可达 7~10m），即先挖去第一级井点排干的土，至二级井点标高处。然后在坑内布置埋设第二级井点，以增加降水深度，再挖土至施工要求的标高抽水设备宜布置在地下水的上游，并设在总管的中部。

2. 井点施工工艺程序

放线定位—铺设总管—冲孔—安装井点管、填沙砾滤料、上部填黏土密封—用弯联管将井点管与总管接通—安装抽水设备与总管连通—安装集水箱和排水管—开动真空泵排气，再开动离心水泵抽水—测量观测井中地下水变化。

3. 井点管埋设

井点管埋设方法，可根据土质情况、场地和施工条件，选择适用的成孔机具和方法。其工艺方法基本都是用高压水枪冲刷土体，用冲管扰动土糜助冲，将土层冲成圆孔后埋设井点管，只是冲管构造有所不同。

所有井点管在地面以下 0.5~1.0m 的深度，用黏土填实，以防止漏气。井点管埋设完毕，应接通总管与抽水设备连通，接头更严密，并进行试抽水，检查有无漏气、淤塞等情况，出水是否正常，如有异常情况，则检修后方可使用。

4. 井点管使用

使用井点管时，应保持连续不断地抽水，并备有双电源，以防断电。一般在抽水 3~5d 后水位降落，漏斗基本趋于稳定。正常出水规律是"先大后小，先浑后清"：如不上水，或水一直较浑，或出现清后又浑等情况，应立即检查纠正。真空度是判断井点系统良好与否的尺度，应经常观测，一般应不低于 55.3~66.7kPa，如真空度不够，通常是由于管路漏气引起，应及时修好。井点管淤塞，可通过听管内水流声，手扶管壁感到振动，夏冬期手摸管子冷热、潮干等简便方法进行检查。

如井点管淤塞太多，严重影响降水效果时，应逐个用高压水枪反复冲洗井点管或拔出重新埋设。

地下构筑物竣工并回填土后。方可拆除井点系统，拔出可借助于倒链成杠杆式起重机，所留孔洞用沙或土堵塞，对地基有防渗要求时，地面下 2m 应用黏土填实。井点水位降低时，应对水位降低区域内的建筑物进行沉陷观测，发现沉陷或水平位移过大时，应及时采取防护技术措施。

第三章　地基处理与桩基础施工技术

第一节　特殊土地基的处理技术

一、特殊土地基的工程性质及处理原则

（一）饱和淤泥土

工程上将淤泥和淤泥质土称为软土。软土是以黏粒为主的土，是在静水或非常缓慢的流水环境中沉积而成。软土含水量大，压缩性高，透水性小，承载力低，呈软塑、流塑状态，多分布在我国东南沿海、沿江和湖泊地区。软土中分布量大、面广的是淤泥类土，它属于低强度、高压缩性的有机土，是事故多发、难以处理的地基土。其工程性质如下。

（1）压缩性高，沉降量大。据对建在淤泥类土上的砖石结构统计，二层民用房屋沉降幅度为15~30cm，四层为25~60cm，五层以上多超过60cm，以福州、中山、宁波、新港、温州等地沉降最大。这些地区四层房屋下沉超过50cm，有的高达60cm以上。沉降大的原因：一是孔隙比大，压缩性高；二是淤泥土层厚。因此淤泥土地区，上部结构存在高差、平面形状复杂的房屋，因沉降差异造成房屋开裂的甚多。

（2）由黏粒、粉粒构成，黏粒含量最高，且含有有机质，渗透性低，使土的固结时间很长，房屋沉降稳定历时达数年至数十年。在正常的施工速度情况下，超过两层的房屋，施工期间沉降占总沉降的20%~30%，其余的沉降可延长20年以上。在新开发区修筑道路时，可发现道路填土过多造成路基不均与下沉现象。由于不均匀下沉造成人行道路面脱空开裂，虽经修复但仍难以复原，其原因在于填土引起的沉降需要较长的时间才能稳定。

（3）快速加荷可引起大量下沉、倾斜及倾倒。饱和淤泥类土的承载力与加荷排水条件关系甚大。加荷速率过快，土中水不能排出，将引起土中孔隙水压增强，当外荷超过允许承载力50%时，地基中出现塑性变形，大量土处于流塑状态，向外挤出，引起基础下沉，严重者地基失稳。加拿大特朗斯康谷仓交付使用后不久倾倒，下沉880cm，就是著名的例子。地理作用属瞬间周期性水平荷载，它直接增加了地基中的剪应力。在瞬

间加荷情况下，土中水立即出现高孔隙水压，随即产生土的塑性挤出。其地基工作状态与快速增加垂直静载完全相同。例如，唐山大地震期间，新港、汉沽等高烈度地区出现了大量建筑物震沉现象。二层住宅平均下沉 18cm；四层住宅平均下沉 25.1cm，均伴有倾斜。

（4）土的抗剪强度很低，易滑坡。饱和扰动的淤泥强度接近于零。饱和结构性淤泥土的强度决定于黏聚力值，在 10~20kPa。所以地基的允许承载力最高为 100kPa，低者 30~40kPa 软土边坡的稳定坡度值很低，只有 1∶5(坡高与坡长之比)，地震时为 1∶10，降水后有所提高，但预压后，地基承载力可提高 1 倍。

（二）杂填土地基

杂填土系由堆积物组成。堆积物一般为含有建筑垃圾、工业废料、生活垃圾、弃土等杂物的填土。杂填土下多为形状不规则的池塘、洼地。堆积物的成分、堆积时间、地点等极无规律，且有些堆积物与水、塘泥混杂。发现杂填土也很不容易，有些在勘察阶段发现 .有些在开挖基坑时发现，也有些则在事故出现后才发现。

杂填土堆积时未经人工控制和处理，成分复杂，均匀性差；堆积时间各异；粗骨料较多，经过多年堆积及雨淋渗流作用，有的较密实，有的含有不规则空洞；渗透系数一般较大，动力夯击一般不会出现橡皮土现象。因此，杂填土是压缩性极不均匀，强度差异很大，部分为高压缩性的软弱地基土，但不能和软土混为一谈。杂填土未经处理，不得做地基，必须慎重对待。

（三）湿陷性黄土

湿陷性黄土是一种特殊的黏性土，浸水便会产生湿陷，使地基出现大面积或局部下沉，造成房屋损坏。它广泛分布于我国的河南、河北、山东、山西、陕西、北部边缘六大地区。其工程性质如下。

（1）具有大孔结构，孔隙比 L 孔隙率为 45%，粉粒含量占 60% 以上。

（2）天然含水量接近塑限。

（3）含有大量可溶性盐类。可溶性盐类遇水浸湿后溶解，土粒结构破坏，迅速产生沉陷，土体强度大幅度降低，在自重压力或附加压力作用下，产生压密下沉，故称为湿陷性黄土。

（四）膨胀土

膨胀土是一种黏粒成分，主要由亲水性矿物组成，具有较大胀缩的高塑性黏土。它强度较高，压缩性很差，具有吸水膨胀、失水收缩和反复胀缩变形的特点，性质极不稳定，故称为胀缩性土。膨胀土主要分布于我国湖北、广西、云南、安徽、河南等地。膨胀土的工程特性主要表现在以下几点。

（1）膨胀土在天然状态下呈坚硬或硬塑状态，裂隙中多充填有灰绿、灰白色黏土，裂面有蜡样光泽，可观察到土体相对移动的擦痕，自然坡度平缓，浅层滑坡发育，基坑坑壁在旱季易出现干裂，遇雨则崩塌。

（2）土质极不均匀，常伴有非膨胀土。主要黏粒矿物为具有很强吸附能力的蒙脱石。由于蒙脱石含量有差别，所以它吸水膨胀的能力也有较大差别。同时，膨胀土具有结构性、不透水性，在长期浸泡下，表层20cm以上浸水软化，形成不透水层。沿着裂隙流动的水，常滞留在基岩岩面形成软弱层面。当岩面倾斜时，土体顺岩面滑动，造成罕见的平坦地形上土体水平位移的现象。

（3）膨胀土上的低层房屋常成群开裂，这是因重量轻，基础浅埋，易受胀缩影响所致。随着层数增加开裂现象减少，四层以上基本完好。裂缝以倒八字为主，其次为交叉裂缝、水平裂缝。外墙多下沉外倾，内墙斜裂缝比较普遍，随着季节性循环，裂缝加宽、加多，直至破坏。

（4）地坪鼓裂脱空，散水滑移比较普遍。有热源处地面下沉，未经处理的道路路面常出现纵向裂缝。

（5）膨胀土地区的地下水多为上层滞水和裂隙水，因而随季节性气候变化，土中水分发生剧烈变化所引起地基不均匀胀开或闭合。这样，土的胀缩使底层或上升或下降，在循环升降过程中，房屋易损坏。

二、特殊土地基的处理方法

在特殊土地基上建造建（构）筑物，这类地基土强度低，压缩性高，易引起上部结构开裂或倾斜。一般都需经过地基处理，因为（构）筑物不均匀沉降，造成地基处理就是按照上部结构对地基的要求，对地基进行必要的加固或改良，提高地基土的承载力，保证地基稳定，减少房屋沉降或不均匀沉降，消除湿陷性黄土湿陷现象等。地基处理的方法甚多，仍在不断地涌现和完善。现介绍几种常见的处理方法。

（一）灰土垫层

灰土垫层是采用石灰和黏性土拌和均匀后，分层夯实而成。石灰与土的配合比一般采用体积比，比例为2∶8或3∶7，其承载能力可达到300kPa，适合于地下水位较低、基槽经常处于较干状态下的一般黏性土地基的加固。本施工方法简便，取材容易，费用较低。

1.材料要求

灰土中的土料可采用基坑中挖出的原土，或用有机质含量不大的黏性土，表面耕植土不宜采用。土粒应先过筛，粒径不宜大于15mm。灰土中的生石灰必须在使用前一天用清水充分粉化并过筛，其粒径不得大于5mm，不得掺有未熟化的生石灰，也不得含有过多水分。

2.施工要点

（1）施工前应验槽，将积水、淤泥清净，夯实两遍，待其干燥后方可铺灰土。

（2）灰土施工时，应适当控制其含水量：以用手紧握土料成团，指轻捏能碎为宜，如土料水分过多或不足时可以晾干或洒水润湿。应拌和均匀，颜色一致，拌好后及时铺好夯实。厚度内槽（坑）铺土应分层进行，壁上预设标志控制。

（3）每层灰土的夯打遍数，应根据设计要求的干密度在现场试验确定。一般夯打（或碾压）不少于四遍。

（4）灰土分段施工时，不得在墙角、柱墩及承重窗间墙下接缝，上下相邻两层灰土的接缝间距不得小于 0.5m，接缝处的灰土应充分夯实。当灰土垫层地基高度不同时，应做成阶梯形，每阶宽度不少于 0.5m。

（5）在地下水位以下的基槽、坑内施工时，应采取排水措施，在无水状态下施工。入槽的灰土，不得隔口夯打。夯实后的灰土两天内不得受水浸泡。

（6）灰土打完后，应及时进行基础施工，并及时回填土，否则就要做相对遮盖，防止日晒雨淋。刚打完毕或尚未夯实的灰土，如遭受雨淋浸泡，则应将积水及松软灰土除去并补填夯实；受浸泡的灰土，应在晾干后再使用。

（7）冬季施工时，不得采用冻土或拌有冻土的土料，并应采取有效的防冻措施。

（二）沙垫层和沙石垫层

当地基土较软时，常将基础下面一定厚度软弱土层挖除。用沙或沙石垫层来代替，以起到提高基础土地基承载力，减少沉降，加速软土层排水固结作用。一般用于具有一定透水性的黏土地基加固，但不用于湿陷性黄土地基和不透水的黏性土地基的加固，以免引起地基大量下沉，降低其承载力。

1. 材料要求

沙垫层、沙石垫层宜用颗粒级配良好、质地坚硬的中粗沙、砾沙、卵石和碎石；也可以采用细沙，但宜掺入一定数量的卵石或碎石，其掺入量按设计规定（含石量不超50%）。此外，如石屑、工业废料，经过试验合格后亦可作为垫层的材料。兼起排水固结作用的垫层材料含泥量不宜超过 3%，碎石或卵石粒径不宜大于 50mm。

2. 施工要点

（1）施工前应验槽，先将浮土清除，基槽(坑)的边坡必须稳定,槽底和两侧如有孔洞、沟、井和墓穴等，应在未做垫层前加以处理。

（2）人工级配的沙、石材料，应按级配拌和均匀，再行铺填捣实。

（3）沙垫层和沙石垫层的地面宜铺设在同一标高上，如深度不同时，施工应按先深后浅的程序进行。上面应挖成台阶或斜坡搭接，搭接处应注意捣实。

（4）分段施工时，接头应做成斜坡，每层错开 0.5~1.0m，并要充分捣实。

（5）采用沙石垫层时，为防止基坑底面的表层软土发生局部破坏，应在基坑底部及四侧先铺一层沙，然后再铺一层碎石垫层。

（6）垫层应分层铺设，分层夯（压）实，分层厚度可用样桩控制。捣实沙垫层应注意不要扰动基坑底部和四侧的土，以免影响和降低地基强度。每铺好一层垫层，经密实度检验合格后方可进行上一层施工。

（7）冬季施工时，不得采用夹有冰块的沙石做垫层，并应采取措施防止沙石内水分冻结。

3. 质量检查

在捣实后的沙垫层中，用容积不小于 200cm² 的环刀取样，测定其干密度，以不小于通过试验所确定的该沙料在中密状态时的干密度数值为合格。如系沙石垫层，可在垫层中设置纯沙检查点，在同样施工条件下取样检查。中沙在中密状态的干密度，一般为 1.55~1.60g/cm³。

（三）碎砖二合土垫层

碎砖二合土垫层是用石灰、沙、碎砖（石）和水搅拌均匀后，分层铺设夯实而成。配合比应按设计规定，一般用 1：2：4 或 1：3：6（消石灰：沙或黏性土：碎砖：体积比）。碎砖粒径为 20~60mm，不得含有杂质；沙黏性土中不得含有草根、贝壳等有机物；石灰用未粉化的生石灰块，使用时临时加水化开。施工时，按体积量好材料，倒在拌和板上浇水拌匀，然后用铁锹铲入基槽中。

（四）强夯法

强夯法适用于处理碎石土、沙土、低饱和度的黏性土、粉土以及混陷性黄土等地基的深层加固。地基经强夯加固后，承载能力提高 2~5 倍，压缩性可降低 200%~1000%，其影响深度在 10m 以上，且这种施工方法具有施工简单、速度快、节省材料、效果好等特点。因而受到工程界的广泛重视，但强夯所产生的振动和噪声很大。对周围建筑物和其他设施有影响，在城市中心不宜采用，必要时应采取挖防施沟等防震措施。

1. 机具设备

机械设备主要包括夯锤、起重机、脱钩装置等。

夯锤重 8~40t，用铸钢或铸铁制作，亦可采用钢板外壳内浇筑钢筋混凝土制作。夯锤底面有方形和圆形，圆形锤印易重合，采用较多。锤的底面积大小取决于表面土质，沙土一般为 2~4m，黏性土为 3~4m，淤泥质土为 4~6m。夯锤中宜设置若干个上下贯通的气孔，以减少夯击时的空气阻力。起重机一般采用自行式起重机，起重能力取大于 1.5 倍锤重，并需设安全装置，防止夯击时臂杆后仰，吊钩宜采用自动脱钩装置。

2. 技术参数

通常根据要求加固土层的深度 H（m），按下列经验公式选定强夯法所用锤重 Q（t）和落距 h（m）：$H = K \cdot \sqrt{Q \cdot h}$

式中，K 是经验系数，一般取 0.4~0.70。

夯击点的布置一般采用正方形或梅花形网格排列，间距 5~15m。分击遍数常为 2~5 遍，前两遍为"间夯"，最后一遍为低能量的"满夯"。每个夯击点的夯击数一般为 3~10 击。

最后一遍只夯 1~2 击。两遍之间的时间间隔一般为 1~4 周。

若地下水位在 5m 以下，地质条件较好时，可隔一两天或连续进行夯击。对重要工程的加固范围，应比设计的地基长、宽各加一个加固深度；对一般建筑物，在离地基轴线以外 3m 处布置一圈夯击点即可。

3. 质量检查

应检查施工记录及各项技术参数，并应在夯击过的场地选点检验。一般可采用标准贯入、静力触探或轻便触探地等方法，符合试验确定的指标时即为合格。检查点数，每个建筑物的地基不少于 3 处，检测深度和位置按设计要求确定。

（五）灰土挤密桩

灰土挤密桩是以振动或冲击的方法成孔，然后在孔中填以 2：8 或 3：7 灰土并夯实而成。适用于处理松软沙类土、素填土、杂填土、湿陷性黄土等，将土挤密或消除湿陷性，其效果是显著的，处理后地基承载力可以提高一倍以上，同时具有节省大量土方，降低造价 70%~80%，施工简便等优点。

1. 材料及构造要求

桩身直径一般为 300~450mm；深度为 4~10m；平面多呈等边三角形布置。桩距（D）按有效挤密范围，一般取 2.5~3.0 倍桩直径；地基的挤密面积应每边超出基础宽 0.2 倍，桩顶一般设 0.5~0.8m 厚的灰土垫层，石灰应充分熟化并过筛，土应采用基底原状土，并粉碎过筛，拌和时，比例要控制准确，湿度适宜，拌和均匀。

2. 施工要点

（1）施工前应在现场进行成孔、夯填工艺和挤密效果试验，以确定分层填料厚度、夯击次数和夯实后干密度等要求。

（2）灰土的土料和石灰质量要求及配制工艺要求同灰土垫层。填料的含水量超出或低于最佳值 3% 时，宜进行晾干或洒水润湿。

（3）桩施工一般采取先将基坑挖好，预留 20~30cm 土层。然后在坑内施工灰土桩，基础施工前再将已搅动的土层挖去。

（4）桩的施工顺序应先外排后里排。同排内应间隔一两个孔，以免因振动挤压造成相邻孔产生缩孔或坍孔。成孔达到要求深度后，应立即夯填灰土，填孔前应先清底夯实、夯平。夯击次数不少于 8 次。

（5）桩孔内灰土应分层回填夯实，每层厚 350~400mm，夯实可用人工或简易机械进行，桩顶应高出设计标高约 150mm，挖土时将高出部分铲除。

（6）如孔底出现饱和软弱土层时，可采取加大成孔间距，以防由于振动而造成已打好的桩孔内挤塞；当孔底有地下水流入时，可采用井点抽水后再回填灰土或可向桩孔内填入一定数量的干砖渣和石灰，经夯实后再分层填入灰土。

（六）沙桩

1.材料和构造要求

沙可用天然级配的中、粗沙或其他有良好渗水性的代用材料，粒径以 0.3~3mm 为宜，含泥量不大于 5%。构造上要求沙桩直径一般为 220~320mm，最大可达 700mm，间距宜为 1.8~4.0 倍桩径，桩深度应达到压缩层下限处。如在压缩层范围内有密实的下层，则只加固软土层部分。沙桩布置宜呈梅花形。桩的平面尺寸，在宽度及长度方向最外排沙桩桩轴线至基础边缘距离应不小于 1.5 倍沙桩直径或 1/10 沙桩有效长度，以防止基土塑性变形及冻胀的影响。在加固饱和软土地基时，桩顶一般设一层厚度不小于 200mm 的沙垫层，布满整个基底，以起扩散应力和排水的作用。

2.施工要点

（1）打沙桩时地基表面会产生松动或隆起，在系底标高以上宜预留 0.5~1.0m 的土层，待打完桩后再将预留土层挖至设计标高，若仍不够密实，可再辅以人工夯实或机械压实。

（2）沙桩的施工顺序，应从外围或两侧向中间进行。如沙桩间距较大，亦可逐排进行。

（3）打沙桩通常用振动沉桩机将带活瓣桩尖与沙桩同直径的钢桩管沉下、灌沙、振动拔管即成。振动力以 30~70kN 为宜，不要过大，避免过分扰动软土。拔管速度应控制在 1~1.5m/min 范围，以免形成中断、颈缩，造成事故。对特别软弱土层亦可二次沉管灌沙，形成扩大沙桩。

（4）灌沙时沙的含水量应加以控制，对饱和水的土层，沙可采用饱和状态，亦可用水冲法灌沙；对非饱和水的土、杂填土或能形成直立的桩孔孔壁的土层，含水量可采用 7%~9%。

（5）沙桩的灌沙量应按桩孔的体积和沙在中密状态时的干土密度计算（一般取 2 倍桩管入土体积），其实际灌沙（不包括水重）不得少于计算的 95%，如发现沙量不够或沙桩中断等情况，可在原位进行复打灌沙。

（七）沙垫层

桩顶铺设沙垫层。先在沙垫层上分期加荷预压。使土中孔隙水不断通过沙井上升至沙垫层，排出地表，从而在建筑物施工之前，地基土大部分先期排水固结，减少了建筑物沉降，提高了地基的稳定性。这种方法具有固结速度快、施工工艺简单、效果好等特点，应用最广。适用于处理深厚软土和冲填土地基，多用于处理机场跑道、水工结构、道路、路堤、码头、岸坡等工程地基，泥炭等有机质沉积地基则不适用。

1.材料和构造要求

沙宜用中、粗沙，含泥量不宜大于 3%；沙垫层上部反滤层用 5~20mm 粒径卵石。沙井的直径一般为 300~500mm，间距 7~8 倍沙井直径，袋装沙井直径一般为 70~120m，间距 1.2~1.5m；沙井在整个建筑场地上按梅花形均匀布置，最外排沙井轴线到基础外边的距离应不小于 1.5d（d 为沙井直径）或沙井深的 10%。沙井深度视土层具体情况而定，当土层较浅时，则沙井贯穿整个软土层较好；当压缩层范围有粉沙火层或含沙量较大的土层时，在满足变形条件的情况下，沙井深度取到该类火层即可。当压缩层范围内有黏土类火层时，该土层本身也需要沙层排水固结，故沙井深度也宜达到该火层。沙垫层的评价范围与沙井范围相同。为了使沙垫层在沉降后不致被切断，沙垫层的厚度应比预计基础沉降量大 0.3~0.5m，一般为 0.4~0.6m。沙垫层宜做成反向过滤式，周围设排水管井，以便排水。

2. 施工要点

（1）沙井，施工机具、方法与打沙桩相同。当采用袋装沙井时，沙袋应选用透水性好、韧性强的麻布、聚丙烯编织布制作。在桩管沉到预定深度后插入袋子，把袋子的上口固定到装沙用的漏斗上，通过振动将沙子填入袋中并密实；待沙装满后，卸下沙袋扎紧袋口，拧紧套管上盖，提出套管，此时袋口应高出孔口 500mm，以便埋入地基中。如果沙袋没有露出那么多，说明袋中还没有装满沙子，那就要拔出重新施工。反之，如果沙袋露出过多，说明沙袋已被套管带起来，也应重新施工。

（2）沙井预压加荷物一般采用土、沙、石或水。加荷方式有两种：一是在建筑物正式施工前，在建筑物范围内堆载，待沉降基本完成后再把堆载卸走，再进行上部结构施工；二是利用建筑物自身的重量，更加直接、简便、经济，不用卸载，每平方米所加荷量已接近设计荷载。亦可用设计标准荷载的 120% 为预压荷载，以加速排水固结。

（3）地基预压前，应设置垂直沉降观测点、水平位移观测桩、测斜仪及孔隙水压计。

（4）预压加载应分期、分级进行。加荷时应严格控制加荷速度。控制方法是每天测定边桩的水平位移与垂直升降和孔隙水压力等。地面沉降速率不宜超过 10mm/d 边桩水平位移宜控制在 3~5mm/d；边桩垂直上升不宜超过 2mm/d 若超过上述规定数值，应停止加荷或减荷，待稳定后再加荷或减荷。

（5）加荷预压时间内设计规定，一般为 6 个月，但不宜少于 3 个月。同时，待地基平均沉降速率减小到不大于 2mm/d，方可开始分期、分级卸荷，但应继续观测地基沉降和回弹情况。

（八）振冲地基

1. 施工机具设备

机具设备主要有振冲器、起重机械、水泵及供水管道、加料设备和控制设备等。振冲器为类似插入式混凝土振捣器的设备。

起重设备采用 80~150kN 履带式起重机或自制起重机具，水泵要求流量 20~30mm/h，水压 0.6~0.8N/mm²。控制设备包括控制电流操作台、150A 电流表、500V 电压表以及供水管道、加料设备等。

2. 施工要点

（1）施工前应先进行振冲试验，以确定其成孔施工合适的水压、水量、成孔速度及填料方法，达到土体密实度时的密实电流值和留振时间等。

（2）振冲施工，先按图定位，然后振冲器对准孔点以 1~2m/min 的速度沉入土中。每沉入 0.5~1.0m，宜在该段高度悬留振冲 5~10s，进行扩孔，待孔内泥浆溢出时再继续沉入，使之形成 0.8~1.2m 的孔洞。当下沉达到设计深度时，留振并减小射水压力，一般保持 0.1N/mm²，以便排除泥浆进行清孔。亦可将振冲器以 1~2m/min 的均速沉至设计深度以上 300~500mm，然后以 3~5m/min 的均速提出孔口，同时沉至孔底，如此反复一两次，达到扩孔目的。

（3）成孔后应立即往孔内加料，把振冲器沉入孔内的填料中进行振密，至密实电流值达到规定值为止。如此提出振冲器、加料、沉入振冲器振密，反复进行直至桩顶，每次加料的高度为 0.5~0.8m。在沙性土中制桩时，亦可采用边振边加料的方法。

（4）在振密过程中以小水量喷水补给，以降低孔内泥浆密度，有利于填料下沉，便于振捣密实。

3. 质量控制

（1）每根桩的填料总量和密实度必须符合设计要求或施工规范规定：直径达 0.8m 以上时，一般每米桩体所需碎石量为 0.6~0.7m³。

（2）桩顶中心位移不得大于 d/5（d 为桩径）。

（3）待桩完成半月（沙土）或一月（黏性土）后，方可进行荷载试验，用标准贯入、静力触探及土工试验等方法来检验桩的承载力，以不小于设计要求的数值为合格。

（九）深层搅拌法

1. 机具及材料要求

机具设备包括深层搅拌机、水泥制配系统、起重机、导向设备及提升速度控制设备等。

深层搅拌法加固软土的水泥用量一般为固体重的 7%~15%，每加固 1m，土体渗入水泥 110~160kg；如用水泥砂浆做固化剂，其配合比为 1：1 ~ 1：2（水泥：沙）。为增强流动性，可掺入水泥质量 0.2~0.5 倍的冰质素磺酸钙、1% 的硫酸钠和 2% 的石膏，水灰比为 0.43~0.50。

2. 施工要点

（1）深层搅拌法的施工工艺施工过程：深层搅拌机定位—预搅下沉—制配水泥浆—提升并浆搅拌—重复上、下搅拌清洗—移至下一根桩位。重复以上工序。

（2）施工时，先将深层搅拌机用钢丝绳吊挂在起重机上，用输浆胶管将贮料罐、砂浆泵同深层搅拌机接通，开动电机，搅拌机叶片相向而转，借设备自重，以 0.38~0.75m/min 的速度沉至要求加固深度；再以 0.3~0.75m/min 的均匀速度提升搅拌机，与此同时开动砂浆泵，将砂浆搅拌机中心管不断压入土中。由搅拌机叶片将水泥浆与深层处的软土搅拌，边搅拌边喷浆，直至提至地面，即完成一次搅拌过程。用同法再一次重复搅拌下沉和重复搅拌喷浆上升，即完成一根柱状加固体；外形"8"字形，一根接一根搭接，即成壁状加固体。几个壁状加固体连成一片即成块体。

（3）施工中要控制搅拌机提升速度，使之连续匀速，以控制注浆量，保证搅拌均匀。

（4）应用管道，每天加固以备再用，完毕应用水清洗贮料罐、砂浆泵、深层搅拌机及相关设备。

三、桩基础工程施工技术

桩基础是一种常用的深基础形式，它由桩和桩基承台组成。当天然地基上的浅基础沉降量过大或地基的承载力不能满足设计要求时，往往采用桩基础。

第二节　桩基础工程施工技术

一、钢筋混凝土预制桩施工

钢筋混凝土预制桩能承受较大荷载，坚固耐久，施工速度快，但对周围环境影响较大，是我国广泛应用的桩型之一。常用的为钢筋混凝土方形实心断面桩和圆柱体空心断面桩，预应力混凝土桩正在推广应用。钢筋混凝土方桩的断面尺寸多为 250~550mm，单根桩或多节桩的单节长度，应根据桩架高度、制作场地、道路运输和装卸能力而定。多节桩如用电焊或法兰接桩时，节点的竖向位置应避开土层中的硬夹层。如在工厂预制，长度不宜超过 12m；如在现场预制，长度不宜超过 30m。混凝土强度等级不宜低于 C30，桩身配筋率不宜小于 0.8%，压入桩不宜小于 0.5%，纵向钢筋直径不宜小于 14mm。桩身宽度或直径大于或等于 350mm，纵向钢筋不宜少于 8 根，桩的接头不宜超过 2 个。

（一）钢筋混凝土预制桩的制作、起吊、运输和堆放

钢筋混凝土预制桩多数在打桩现场或附近就地制作，为节省场地现场预制桩多为叠浇法施工，重登层数不宜超过四层。桩与桩间应做好隔离层，上层桩或邻桩的浇筑必须在下层桩或邻桩的混凝土达到设计湿度的 30% 以后方可进行。预制场地应平整、坚实，并防止浸水沉陷，以确保桩身平直。钢筋骨架的主筋连接宜用对焊。同一根钢筋的接头距离应大于 30d，并不小于 500mm。同一截面内的接头数不得超过 50%。钢筋骨架及桩身尺寸的允许偏差不得超出规定，否则桩易打坏。

预制桩的混凝土常用 C30~C40 混凝土应由桩顶向桩尖连续浇筑捣实，一次完成。制作完后，应洒水养护不少于 7d。混凝土粗骨料尺寸宜为 5~40mm。桩的混凝土达到设计强度的 70% 方可起吊，达到 100% 方可运输和打桩。桩在起吊和搬运时，吊点应符合设计规定。

起吊时应平稳提升，吊点同时离地。如要长距离运输，可采用平板拖车或轻轨平板车运输。

桩堆放时，地面必须平整、坚实，垫木间距应根据吊点确定，各层垫木应位于同一垂直线上，最下层垫木应适当加宽，堆放层数不宜超过四层，不同规格的桩应分别堆放。

（二）钢筋混凝土预制桩的沉桩

钢筋混凝土预制桩的沉桩方法有锤击法、静力压桩法、振动法和水冲法等。

1. 锤击法

锤击法是利用桩锤的冲击能克服土对桩的阻力，使桩沉到预定深度或达到持力层。该法施工速度快，机械化程度高，适用范围广，但施工时有振动、挤土、噪声和污染现象，不宜在市中心和夜间施工。

打桩设备包括桩锤、桩架和动力装置，桩锤是对桩施加冲击力，将桩打入土中的主要机具。桩架是支持桩身和桩锤，将桩吊到打桩位置，并在打桩过程中引导桩的方向，保证桩沿着所要求方向冲击的打桩设备。动力装置取决于所选的桩锤。当选用蒸汽锤时，则需配备蒸汽锅炉和卷扬机。

（1）桩锤。桩锤主要有落锤、柴油锤、蒸汽锤和液压锤。目前柴油锤应用最多。

①落锤：构造简中，使用方便．能随意调整其落锤高度，适合在普通黏土和含砾石较多的土层中打桩，一般用卷扬机拉升施打，但落锤生产效率低，对桩的损伤较大。落锤重一般为 0.5~1.5t，重型锤可达几吨。

②柴油锤：利用燃油推动活塞往复运动进行锤击打桩。柴油锤分导杆式和筒式两种，锤重 0.6~6.0t。设备轻便，打桩迅速，每分钟锤击 40~80 次，可用于打大型混凝土桩和钢管桩等，是目前应用较广的一种桩锤。

③蒸汽锤：利用蒸汽的动力进行锤击。根据其工作情况又可分为单动式汽锤与双动式汽锤。单动式汽锤冲击力较大，可以打各种桩，常用锤重 3.0~10t，每分钟锤击次数为 25~30 次。双动式汽锤打桩速度快，冲击频率高，每分钟达 100~120 次，适合打各种桩，并能用于打钢板桩、水下桩、斜桩和拔桩。锤重 0.6~6t。

④液压锤：是一种新型打桩设备，它的冲击缸体是通过液压油来进行提升与降落，冲击缸体下部充满氮气。当冲击缸体下落时，首先是冲击头对桩施加压力，接着是通过可压缩的氮气对桩施加压力，使冲击缸体对桩施加压力的过程延长，因此每一击能获得更大的贯入度。液压锤不排出任何废气，无噪声，冲击频率高，并适合水下打桩，是理想的冲击式打桩设备，但构造复杂，造价高，国内尚未生产。

（2）桩架：常用的桩架有两种基本形式，一种是沿轨道行驶的多功能桩架，另一种是装在履带底盘上的打桩架。

①多功能桩架：由立柱、斜撑、回转工作台、底盘及传动机构组成。它的机动性和适应性很强，在水平方向可作360°回转，立柱可前后倾斜，底盘下装有铁轮，可在轨

道上行走。这种桩架可适应各种预制桩及灌注桩施工，缺点是机构较庞大，现场组装和拆迁较麻烦。

②履带式桩架：以履带式起重机为底盘，增加导杆和斜撑组成用以打桩。移动方便，较多功能机架灵活，可适应各种预制桩、灌注桩施工。

2. 打桩

打桩前应做好下列工作：清除妨碍施工的地下、地上的障碍物；平整施工场地；定位放线；设置供水、供电系统；安装打桩机等。桩基轴线的定位点，应设置在不受打桩影响的地点，打桩地区附近需设置不少于 2 个水准点。在施工过程中可据此检查桩位的偏差以及桩的入土深度。打桩时应注意下列一些问题。

（1）打桩顺序。打桩顺序合理与否，影响打桩速度和打桩质量，尤其对周围的影响更大。当桩的中心距小于 4 倍桩径时，打桩顺序尤为重要。由于桩对土体的挤密作用，先打入的桩水平推挤而造成偏移和变化，或被垂直桩挤造成浮桩；而后打入的桩难以达到设计标高或入土深度，造成土体挤压和隆起。打桩时可选用下列打桩顺序：由中间向两侧对称施打；由中间向四周施打；由一侧向单一方向进行，并逐排改变方向，大面积的桩群多分成几个区域，由多台打桩机采用合理的顺序同时进行打桩。

（2）打桩方法。桩架就位后，先将桩锤和桩帽吊起来，后吊桩并送至导杆内，垂直对准桩位缓缓插入土中，垂直度偏差不得超过 0.5%，然后固定桩帽和桩锤，使桩、桩帽、桩锤在同一垂线上，确保桩能垂直下沉，再放下桩锤轻轻压住桩帽，桩在自重作用下，向土中沉入一定深度而达到稳定位置。这时再校一次桩的垂直度即可进行打桩。为了防止击碎桩顶，在桩锤与桩帽、桩帽与桩之间应加弹性衬垫，桩帽和桩顶四周应有 5~10mm 间隙。

打桩时宜用"重锤低击""低提重打"，可取得良好效果。开始打桩时，锤的落距宜较小，待桩入土一定深度并稳定后，再按要求的落距锤击。单动汽锤的落距以 0.6m 左右为宜，柴油锤以不越过 1.5m，落锤以不超过 1mm 为宜。

（3）质量控制。打桩的质量视打入的偏差是否在允许范围之内，最后贯入度与沉桩标高是否满足设计要求，桩顶、桩身是否打坏以及对周围环境有无造成严重危害而定。

打桩的控制，对桩尖为坚硬、硬朗的黏性土、碎石土、中密以上的沙或风化岩等土层时，以贯入度控制为主，桩尖进入持力层深度或桩尖标高可作参考。如贯入度已达到而桩尖标高未达到时，应继续锤击 3 阵，每阵 10 击的平均贯入度不应大于规定的数值。桩尖位于其他软土层时，应以桩尖设计标高控制为主，贯入度可作参考。如控制指标已符合要求，而其他指标与要求相差较大时，应会同有关单位研究解决。当遇到贯入度剧变，桩身突然发生倾斜、移位或有严重回弹，桩顶或桩身出现严重裂缝、破碎等情况时应暂停打桩，并分析原因，采取相应补救措施。

桩的垂直偏差应控制在 1% 之内，按标高控制的预制桩，桩顶标高允许偏差为—50~100mm。

3．静力压桩

静力压桩是利用无振动、无噪声的静压力将桩压入土中，用于软弱土层和邻近怕振动的建筑物地基的处理。静力压桩可以消除由于打桩而产生的振动和噪声。

静力压桩过去是利用桩架的自重和压重，通过滑轮组成液压将桩压入土中。近年来多用液压的静力压桩机，压力可达400t。压桩一般分节压入，逐段接长，为此需要桩分节预制。当第一节桩压入土中，其上端距地面2m左右时，将第二节桩接上，继续压入。压同一根桩，各工序应连续施工。如初压时桩身发生较大位移、倾斜，压入过程中如桩身突然下沉或倾斜，桩顶混凝土破坏或压桩阻力剧变时，都应暂停压桩，及时研究处理。

接桩的方法目前有三种：焊接法、法兰接法和浆锚法。前两种接桩方法适用于各类土层，后者只适用于软弱土层。其中焊接法应用最多。接桩时，必须对准下节桩并垂直无误后，用点焊将拼接角钢连接固定，再次检查位置，若正确方可进行焊接。施焊时，应两人同时在对角对称地进行，以防止节点变形不均匀而引起桩身歪斜。焊缝要连续、饱满。接桩时上、下节桩的中心线偏差不得大于10mm，节点弯曲矢高不得大于0.1%桩长。

二、混凝土灌注桩施工

混凝土灌注桩是直接在桩位上就地成孔，然后在孔内灌注混凝土或安装钢筋笼再灌注混凝土而成。根据成孔工艺不同，分为干作业成孔灌注桩、泥浆护壁成孔灌注桩、锤击汽管灌注桩和人工挖孔灌注桩等。

（一）干作业成孔灌注桩

干作业成孔灌注桩通常用于地下水位较低、在成孔深度内无地下水的土质，无须护壁可直接取土成孔。目前常用螺旋钻机成孔。螺旋钻机利用动力旋转钻杆，钻杆带动钻头上的叶片旋转来切削土层，削下的土屑靠与土壁的摩擦力沿叶片上升排出孔外。在软塑土层含水量大时，可用疏纹叶片钻杆，以便较快地钻进。

（二）泥浆护壁成孔灌注桩

泥浆护壁成孔是用泥浆保护孔壁，防止塌孔和排出土渣成孔，对不论地下水位高或低的土层都适用。

1．测定桩位

根据建筑的轴线控制桩定出桩基础的每个桩位，可用小木桩标记。桩位放线允许偏差20mm。正式灌注桩之前，应对桩基轴线和桩位复查一次，以免木桩标记变动而影响施工。

2．埋设护筒

护筒是用4~8mm厚钢板制成的圆筒，其内径应大于钻头直径100mm。其上部宜开设1~2个溢浆孔。埋设护筒时先挖去桩孔处表土，将护筒埋入土中。护筒中心与桩位中心的偏差不得大于 50mm。护筒与坑壁之间用黏土填实，以防漏水。护筒埋深在黏土中不小于 1.0m；在沙土中不宜小于 1.5m。护筒顶面应高于地面 0.4~0.6m，并应保持孔内泥浆面高出地下水位 1m 以上。护筒的作用是固定桩孔位置、防止塌孔和成孔时引导钻头方向。

3. 制备泥浆

制备泥浆的方法应根据土质条件确定：在熟性土中成孔时可在孔中注入清水，钻机旋转时，切削土屑与水拌和，用原土造浆，泥浆相对密度应控制在 1.1~1.2；在其他土中成孔时，泥浆制备应选用高塑性黏土或膨胀土；在沙土和较厚的火沙层中成孔时，泥浆相对密度应控制在 1.1~1.3；在穿过夹沙卵石层或容易塌孔的土层中成孔时泥浆相对密度应控制在 1.3~1.5。施工中应经常测定泥浆相对密度，并定期测定黏度、含沙率和胶体率等指标。废弃的泥浆、泥渣应妥善处理。

4. 成孔

成孔机械有回转钻机、潜水钻机、冲击钻等，其中以回转钻机应用最多。

（1）回转钻机成孔。

回转钻机是由动力装置带动钻机回转装置转动，由其带动带有钻头的钻杆转动，由钻头切削土壤。根据泥浆循环方式的不同，分为正循环回转钻机和反循环回转钻机。

正循环回转钻机成孔的工艺。由空心钻杆内部通入泥浆或高压水，从钻杆底部喷出，携带钻下的土渣沿孔壁向上流动，将土渣从孔口带出流入泥浆沉淀池。

反循环回转钻机成孔的工艺。泥浆或清水由钻杆与孔壁间的环状间隙流入钻孔，然后由吸泥泵等在钻杆内形成真空，使之携带钻下的土渣由钻杆内腔返回地面流向泥浆池。反循环工艺的泥浆上流的速度较高，能携带较大的土渣。

（2）潜水钻机成孔。

潜水钻机是一种旋转式机械，其动力、变速机构和钻头连在一起，可以下放至孔中地下水中成孔，用正循环工艺将土渣排出孔外。

（3）冲击钻成孔

冲击钻主要用于在岩土层中成孔，成孔时将冲锥式钻头提升一定高度后以自由下落的冲击力来破碎岩层，然后用掏渣筒来掏取孔内的渣浆。

5. 清孔

当钻孔达到设计要求深度后，即应进行验孔和清孔，清除孔底沉渣、淤泥，以减少桩基的沉降量，提高承载能力。对不易塌孔的桩孔，可用空气吸泥机清孔，气压为 0.5MPa，使管内形成强大高压气流向上涌，被搅动的泥渣随着高压气流上涌，从喷口排出，直至孔口喷出清水为止；对稳定性差的孔壁应用泥浆（正、反）循环法或掏渣筒排渣。孔底沉渣厚度对于端承桩 W50mm，对于摩擦桩 W300mm。清孔满足要求后，应立即吊放钢筋笼并灌注混凝土。

6. 浇筑水下混凝土

在无水或水少的浅桩孔中灌注混凝土时，应分层浇筑夯实，分层高度一般为0.5~0.6m，不得大于1.5m。混凝土坍落度在一般黏性土中宜为50~70mm；沙类土中为70~90mm；黄土中为60~90mm；水下宜为100~220min。水泥用量不少于360kg/m³含沙率为40%~45%，并宜选用中粗沙，为改善和易性及缓凝性，宜掺外加剂。

水下混凝土浇筑常用导管法。其方法是利用导管输送混凝土并使之与环境水隔离，依靠管中混凝土的自重，压管口周围的混凝土在已浇筑的混凝土内部流动、扩散，以完成混凝土的浇筑工作。

套管成孔灌注桩是利用锤击打桩法或振动打桩法，将带有钢筋混凝土桩靴或带有活瓣式桩靴的钢套管沉入土中，然后灌注混凝土并拔管而成。若配有钢筋时，则在规定标高处吊放钢筋骨架。

（三）锤击沉管灌注桩

1. 锤击沉管灌注桩

锤击沉管灌注桩施工时，用桩架吊起钢套管，对准预先设在校位处的预制钢筋混凝土桩靴。套管与桩靴连接处要垫以麻、单绳，以防止地下水渗入管内。然后缓缓放下套管，套入桩靴压进土中。套管上端扣上桩帽，检查套管与桩锤是否在同一垂直线上。套管偏斜 ≤0.5% 时，即可用锤击打桩套管。先用低锤轻击，观察后如无偏移才正常锤打，直至符合设计要求的贯入度或沉入标高，并检查管内有无泥浆或水进入，若无即可灌筑混凝土。套管内混凝土应尽量灌满，然后开始拔管。拔管要均匀，第一次拔管高度控制在能容纳第二次所需的混凝土灌注量为限，不宜过高，应保证管内保持不少于2m高度的混凝土。拔管时应保持连续不停密锤低击，并控制拔管速度。对一般土层，以不大于1m/min 为宜，在软弱土层及软硬土层交界处，应控制在 0.8m/min 以内。桩冲击频率视锤的类型而定：单动汽锤采用倒打拔管，频率不低于 70 次/min；自由落锤轻击不得少于 50次/min。在管底未拨到桩顶设计标高之前，倒打或轻击不得中断。拔管时还要经常探测混凝土落下的扩散情况，注意保持管内的混凝土略高于地面，这样一直到全管拔出为止。桩的中心距在 5 倍桩管径以内或小于 2m 时，均应跳打，中间空出的桩须待邻桩混凝土达到设计强度的 50% 以后，方可施工。

锤击灌注桩宜用于一般黏性土、淤泥土、沙土和人工填土地基。

2. 振动沉管灌注桩

施工时，先安装好桩机，将桩套管下端活瓣合起来，对准桩位，徐徐放下套管，压入土中，勿使偏斜，即可开动激振器沉管。当桩管沉到设计标高，且最后30s 的电流值、电压值符合设计要求时，停止振动，用吊斗将混凝土灌入桩管内，然后再开动激扼器、卷扬机拔出钢管，边振边拔，从而振实桩的混凝土。

沉管时必须严格控制最后 4min 的灌入进度，其值按设计要求，或根据试桩和当地长期的施工经验确定。振动灌注桩可采用单打法、反插法或复打法施工。

3. 夯压成型沉管灌注桩

夯压成型沉管灌注桩（简称夯压桩）是在锤击沉管灌注桩的基础上发展起来的。它是利用打桩锤将内外钢管沉入土层中，由内夯管夯扩端部混凝土，使桩端形成扩大头，再灌注桩身混凝土，用内夯管和桩锤顶压在管内混凝土面形成桩身混凝土。夯压桩直径一般为 400~500mm，扩大头直径一般可达 450~700mm，桩长可达 20m，适用于中低压缩性黏土、粉土、沙土、碎石土、强风化岩等土层。

夯压桩的机械设备同锤击沉管桩，常用 D1~D25 型柴油锤，外管底部采用开口，内夯管底部可采用闭口平底或闭口锤底，内外钢管底部间隙不宜过大，通常内管底部比外管内径小 20~30mm，以防沉管过程中土挤入管内。内外管高低差一般为 80~100mm（内管较短）。

在沉管过程中，不用桩尖，外管封底采用干硬件混凝土或无水混凝土，经夯击形成柔性阻水、阻泥管塞。在不出现由内、外管间隙涌水、涌泥时，不用上述封底措施；当地下水较大，出现涌水、涌泥现象严重时，也可在底部加一块镀锌铁皮或预制混凝土桩尖，以更好地达到止水目的。

夯压桩成孔深度控制同锤击沉管桩。当持力层为沙土、碎石土、残积土时，桩端达到设计贯入度后，宜再锤击 2 阵，把持力层击实，以利于扩头和提高地基土的承载力。桩端夯扩头平均直径可按下式估算

一次夯扩
$$D_1 = d_0 \cdot \sqrt{\frac{H_1 + h_1 - C}{h_1}}$$

二次夯扩
$$D_2 = d_0 \cdot \sqrt{\frac{H_1 + H_2 + h_1 - C_1 - C_2}{h_2}}$$

注：①在地表桩位上放 4~6 铁铲与桩身混凝土强度等级相同的干混凝土。

②在外管内放入内夯管，对准桩位。

③锤击外管、内夯管沉管入土至设计深度。

④内夯管从外管内提升至外管上空，提升高度以能灌注混凝土即可，卸去外管上端的加劲圈。

⑤灌入夯扩头设计所需混凝土量。

⑥外管上拔设计规定高度 A（m）。

⑦放下内夯管进入外管内，锤击内夯管先把外管内混凝土夯出管外。

⑧外管内混凝土夯出后，在锤击作用下，外管、内夯管同步下沉到设计规定深度（h—C）（m）。

⑨拔出内夯管，提升至外管上空。

⑩在外管上端放上加颈圈，灌足桩身部分所需混凝土量。

（四）人工挖孔灌注桩

人工挖孔灌注桩是指采用人工挖掘方法进行成孔，然后安装钢筋笼，浇筑混凝土，成为支撑上部结构的桩。

人工挖孔桩的优点：设备简单，噪声小，振动小，对周围的原有建筑物影响小；施工现场较干净；土层情况明确，可直接观察到地质变化情况，桩底沉渣能清除干净，施工质量可靠。当高层建筑采用大直径的混凝土灌注桩时，人工挖孔比机械成孔具有更大的适应性，因此近年来随着我国高层建筑的发展，人工挖孔桩得到较广泛的运用，特别在施工现场狭窄的市区修建高层建筑时，更显示其特殊的优越性。但人工挖孔桩施工时，工人在井下作业，施工安全应予以特别重视，要严格按操作规程施工，制定可靠的安全措施。人工控孔桩的直径除了能满足设计承载力的要求外，还应考虑施工操作的要求，故桩径不宜小于800mm，桩底一般都扩大，扩底高径尺寸按（D-D）/2：h=1：4，ON（Z>-Z）/4进行控制。当采用现浇混凝土护壁时，护壁厚度一般不小于（其中O为桩径），每步高1m，并有100mm放坡。

1. 施工机具

（1）电动葫芦和提土桶：用于施工人员上下，材料与弃土的垂直运送，若孔较浅，也可用独木杠杆提升土石。

（2）潜水泵：用于抽出桩孔中的积水。

（3）鼓风机和输风管：用于向桩孔中强制送入新鲜空气。

（4）镐、锹、土筐、照明灯、对讲机等。

2. 施工工艺

（1）按设计图纸放线、定桩位。

（2）开挖土方，采取分段开挖，每段高度决定于土壁保持直立状态的能力，一般0.5~1.0m为一施工段，开挖范围为设计桩径加扩壁厚度。

（3）支设护壁模板。模板高度取决于开挖土方施工段的高度，一般为1m，由4~8块活动钢模板组合而成。

（4）在模板顶放置操作平台。平台可用角钢和钢板制成半圆形，两个合起来即为一个整圆，用来临时放置混凝土和浇筑混凝土。

（5）浇筑护壁混凝土。护壁混凝土要捣实，因它起着防止土壁塌陷与防水的双重作用，第一节护壁厚宜增加100~150mm，上下节护壁用钢筋拉结。

（6）拆除模板继续下一段的施工。当护壁混凝土达到1MPa，常温下约为24h后方可拆除模板，开挖下一段的土方，再支撑浇筑护壁混凝土，如此循环，直至挖到设计要求深度。

（7）排除孔底积水，浇筑桩身混凝土。当混凝土浇筑至钢筋笼的底面设计标高时，再安放钢筋笼继续浇筑桩身混凝土。浇筑时，混凝土必须通过溜槽；当高度超过3m时，应用串筒，串筒末端离孔底高度不宜大于 2m，混凝土宜采用插入式振捣器捣实。

（五）灌注桩施工质量要求

灌注桩施工质量检查包括成孔及清孔、钢筋笼制作及安放、混凝土搅拌及灌注等工序过程的质量检查。成孔及清孔时主要检查已成孔的中心位置、孔深、孔径、垂直度、孔底沉渣厚度；钢筋笼制作安放时主要检查钢筋规格，焊条规格、品种，焊口规格，焊缝长度，焊缝外观和质量，主筋和箍筋的制作偏差及钢筋笼安放的实际位置等；混凝土搅拌和灌注时主要检查原材料质量与计量，混凝土配合比、坍落度等。对于沉管灌注桩还要检查打入深度、停锤标准、桩位及垂直度等。

对于一级建筑物和地质条件复杂或成桩技术可靠性较低的桩基工程，应采用静载检测和动测法检查；对于大直径桩还可以采取钻取岩心、预埋管超声检测法检查，数量根据具体情况设计确定。

桩基验收应包括下列资料。

（1）工程地质勘察报告、桩基施工图、图纸会审纪要、设计变更单及材料代用通知单等。

（2）经审定的施工组织设计、施工方案及执行中的变更情况。

（3）桩位测量放线图，包括工程桩位线复核签证单。

（4）桩质量检查报告。

（5）单桩承载力检测报告。

（6）基坑挖至设计标高的基桩竣工平面图及桩顶标高图。

第三节　钢筋工程施工技术

一、钢筋冷拉

钢筋冷拉是在常温下，以超过钢筋屈服强度的拉应力拉伸钢筋，使钢筋产生塑性变形，以提高强度，节约钢材，同时对钢筋进行调直、除锈。

（一）冷拉原理

钢筋冷拉原理如图 3-1 所示，冷拉时，由于钢筋已产生塑性变形，卸荷过程中应力应该沿 KO'，降至 O' 点。如再立即重新拉伸，应力应变图将沿 $O'KDE$ 变化，并在高于 K 点附近出现新的屈服点，该屈服点明显高于冷拉前的屈服点，这种现象称"变形硬化"。其原因是在冷拉过程中，钢筋内部结晶面滑移、晶体变化，内部组织发生变化，因而屈服强度提高，塑性降低，弹性模量也降低。

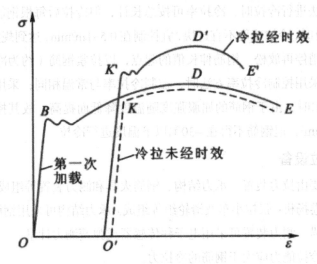

图3-1　钢筋冷拉原理

钢筋冷拉后有内应力存在，内应力会促进钢筋内的晶体组织调整，经过调整，屈服强度又进一步提高。该晶体组织调整过程称为"时效"。钢筋经冷拉和时效后的拉伸特征曲线即改为 $O'K'D'E'$。Ⅰ、Ⅱ清炉批的热轧钢筋，不应采用冷拉率控制。用作预应力混凝土结构的预应力筋，宜采用冷拉应力来控制。

采用控制应力方法冷拉钢筋时，其冷拉控制应力下的最大冷拉率应符合表3-1的规定。

表3-1　钢筋冷拉的冷拉控制应力和最大冷拉率

钢筋级别		冷拉控制应力/(N·mm⁻¹)	最大冷拉率/%
Ⅰ级d≤12		280	10.0
Ⅱ级	d≤25	450	5.5
	d=28~40	430	
Ⅲ级d=8~40		500	5.0
Ⅳ级d=10~28		700	4.0

冷拉时应检查钢筋的冷拉率，如超过表3-1中规定，应进行屈服点、抗拉强度和伸长率实验。

如果钢筋冷拉尚未达到控制应力，而个别钢筋的冷拉率已经达到最大值，则应立即停止冷拉，对其鉴别后使用。

控制应力方法冷拉钢筋时，要保证钢筋质量，在有测力计的条件下应优先采用。

采用控制冷拉率方法冷拉钢筋时，冷拉率应由试验确定。一般以来料量为单位，测定同炉批钢筋冷拉率时的冷拉应力，其试样不应少于 4 个，并取其平均值作为该批钢筋实际采用的冷拉率。

由于制冷拉率为间接控制法，试验统计资料表明，同炉批钢筋按平均冷拉率冷拉后的抗拉强度的标准离差 σ 为 15~20N/mm²，为满足95%的保证率，应按冷拉控制应力增加 1.645σ，约30N/mm²。因此，用冷拉率控制方法冷拉钢筋时，钢筋的冷拉应力较高。

不同炉批的钢筋，不宜用控制冷拉率的方法进行钢筋冷拉。多根连接的钢筋，当用控制冷拉率的方法进行冷拉时，冷拉率可按总长计，但冷拉后每根钢筋的冷拉率不得超过规定。钢筋冷拉时，冷拉速度不宜过快，宜控制在 0.5~1m/min，达到规定的控制应力（或冷拉率）后，须稍停再放松。钢筋伸长值的起点，以拉紧钢筋（约为冷拉应力的 10%）时为准，负温下采用控制冷拉率方法时，控制冷拉率与常温相同；采用控制应力方法，当气温低于 -20℃时，由于钢筋的屈服强度随温度降低而提高，故其控制应力应比常温下提高 30~50N/mm²，但钢筋不得在 -30℃以下温度进行冷拉。

（二）冷拉设备

冷拉设备主要由拉力装置、承力结构、钢筋火具和测力装置等组成。

拉力装置由卷扬机、张拉小车及滑轮组等组成。承力结构可采用钢筋混凝土压杆（又称冷拉槽）或地锚。测力装置可采用电子秤传感器或弹簧测力计量。

冷拉设备的冷拉能力应大于钢筋的冷拉力。

（三）钢筋冷拔

钢筋冷拔是使直径 6~8mm 的热轧低碳钢圆盘条钢筋在常温下强力通过特制的钨合金拔丝模孔，在拉伸与压缩的共同作用下，产生塑性变形。因钢筋内部晶粒的变化比冷拉时更大，从而使强度大幅度提高，但塑性降低，呈硬钢性质。

冷拔的工艺流程为：钢筋轧头—除皮—拔丝。轧头是用一对轧辊将钢筋端部轧细，以便钢筋通过拔丝模孔口。除皮是使钢筋通过两个变向槽轮，由反复弯曲除去表面的氧化皮或锈层。拔丝时，钢筋需通过润滑剂进入拔丝模。润滑剂常用生石灰 100kg、动物油 20kg、石蜡 5kg、肥皂 10~15 条、水适量配制而成。

影响钢筋冷拔质量的主要因素为原材料质量和冷拔总压缩率。冷拔总压缩率是指由盘条冷拔至成品钢丝的横截面总压缩率。

冷拔总压缩率越大，钢丝的抗拉强度越高，但塑性越低。

冷拔低碳钢丝有时要经多次冷拔而成，不一定是一次冷拔就达到总压缩率。每次冷拔的压缩率不宜太大，否则拔丝机的功率要大，拔丝模易损耗，且易断丝。一般前道钢丝和后退钢丝的直径之比以 1：0.87 为宜。冷拔次数亦不宜过多，否则易使钢丝变脆。直径 5mm 的冷拔低碳钢丝，宜用直径 8mm 的圆盘条拔制；直径等于或小于 4mm 者，宜用直径 6.5mm 的圆盘条拔制。

冷拔低碳钢丝经调直机调直后，抗拉强度降低 8%~10%，塑性有所改善，使用时应加以注意。

二、钢筋的一般加工

钢筋的一般加工主要包括钢筋的调直、切断和弯曲。

钢筋的调直方法有机械调直和人工调直两种。通常直径在 10mm 以下的盘圆钢筋用调直机或卷扬机调直；直径在 10mm 以上的直条粗钢筋用锤击法人工调直。当采用冷拉方法调直钢筋时，必须注意控制冷拉率，Ⅰ级钢筋不得超过 4%，Ⅱ、Ⅲ级钢筋不得超过 1%。

钢筋的切断通常用切断机。切断机分机械传动和液压传动两类，可切断直径为 6~40mm 的钢筋。切断钢筋时应注意先断长料，后断短料，受力钢筋下料长度的允许偏差为 ±10mm。

钢筋可采用弯曲机械弯曲构成形，以减轻劳动强度，提高工效，保证质量。钢筋弯曲机常有两个工作速度，低速用于直径为 24~40mm 的钢筋，中速用于直径为 18mm 以下的钢筋。钢筋弯曲时，弯曲直径不宜过小。

三、钢筋连接

工程中钢筋往往因长度不足或因施工工艺上的要求等必须连接。连接钢筋的方式很多，接头的主要方式可归纳如下。

钢筋连接，应按结构要求、施工条件及经济性等，选用合适的接头。钢筋在加工厂多选用闪光对焊接头。现场施工中，除常采用绑扎接头外，对受疲劳荷载的高耸、大跨结构，多选用套筒冷压接头；多层、高层建筑结构多选用电渣压，力焊接头及锥形螺纹钢筋接头。目前，现场施工中应尽量采用焊接连接方式。

绑扎连接和焊接连接已列入规范，机械加工连接正在推广应用。化学材料锚固连接在我国尚很少采用。

钢筋连接后，其连接部位的性能同原材料不完全一样，因此，对连接接头的使用，在规范中有明确的规定，归纳起来有四点：（1）连接接头不宜放在受力最大处；（2）连接接头不宜放在钢筋需要弯曲或弯折处；（3）不宜把所有钢筋的接头放在同一截面处；（4）直接承受疲劳荷载的结构，不宜有连接接头。

（一）绑扎连接

采用绑扎连接时，其搭接长度、位置、端部弯钩等要求应符合规范的规定。这种连接方式可在直径不太大的钢筋中应用。其优点是施工方便，不受设备条件、施工条件的限制。缺点是用钢量大，钢筋的传力性能不太理想，在接头处，由于一根钢筋变成两根，有时会发生排列困难，或钢筋太密致使混凝土不宜灌实，影响结构承载力。

（二）焊接连接

焊接连接是目前应用得最广泛的一种钢筋连接方法。其优点是传力性能好，节约钢材、适用范围广。问题是需要有技术高的焊工。用电量大，接头的质量受操作工人的体力与情绪的影响，还可能受到气候和防火的限制。

焊接接头的焊接质量与钢材的焊接性、焊接工艺有关。钢材的焊接性是指在一定的焊接工艺条件下，获得优质焊接接头的难易程度，也就是金属材料对焊接加工的适应性。钢材的焊接性可根据钢材化学成分与焊接热影响区淬硬性的关系，把钢中合金元素（包括碳）的含量，按其作用折算成碳的相当含量（以碳的作用系数为1），即用碳当量粗略地评定。碳素钢和低合金钢筋的碳当量，可近似按下式计算

$$C_q = C + \frac{M_n}{6}(\%)$$

经验表明，当 Ceq < 4% 时，钢材的淬硬性不大，焊接性能优良；当 C_{eq} =0.4%~0.6% 时，钢材的淬硬性增大，焊接性能较差；当 C_{eq} > 0.6% 时，钢材的淬硬性更大，属难焊钢材。根据上式算得：Ⅰ级 Q235 钢筋的碳当量为 0.21%~0.33%；Ⅱ级 20MnSi 钢筋，钢筋的碳当量为 0.37%~0.52%；Ⅳ级 45SiMn Ⅴ钢筋的碳当量为 557%~0.75%。

1. 闪光对焊

闪光对焊属焊接中的压焊（焊接过程中必须对焊件施加压力完成的焊接方法）。钢筋的闪光对焊是利用对焊机，将两段钢筋端面接触，通以低电压的强电流，利用产生的电阻热使接触点很快被加热至高温，产生强烈的金属蒸气飞溅，形成闪光，即烧化过程。继续移近钢筋端面，使之进一步闪光和加热至整个端面在一定深度范围内达到预定温度时，迅速施加顶锻力，完成焊接。

钢筋闪光对焊工艺常用的有连续闪光焊和预热闪光焊。对焊接性差的Ⅳ级钢筋，还可以焊后再进行通电热处理。

（1）连续闪光焊

连续闪光焊是自闪光一开始就徐徐移动钢筋，形成连续闪光，接头处逐次被加热，连续闪光焊工艺简单，宜于焊接直径 25mm 以内的Ⅱ级钢筋。

（2）预热闪光焊

预热闪光焊是首先连续闪光，使钢筋端面闪光，然后使接头处做周期性的闭合拉开，每一次都激起短暂的闪光，使钢筋预热，接着再连续闪光，最后顶锻，预热闪光焊能焊Ⅳ级钢筋以及直径较大的Ⅰ～Ⅱ级钢筋。

2. 电弧焊

电弧焊属焊接中的熔焊，焊接过程中，将焊件接头加热至熔化状态，不加压力完成焊接的方法。电弧焊是利用电弧作为热源的一种熔焊方法。

施工现场常用交流弧焊机使焊条与钢筋间产生高温电弧。焊条的表面涂有焊药，以保证电弧稳定燃烧，同时焊药燃烧时形成气幕可使焊缝不致氧化，并能产生熔渣覆盖焊缝，减缓冷却速度。选择焊条时，其强度应略高于被焊钢筋。对重要结构的钢筋接头，应选用低氢型碱性焊条。

钢筋点弧焊接头的主要形式有搭接焊接头、帮条焊接头、坡口焊接头以及窄间隙焊

接头。

（1）搭接焊与帮条焊（焊接工艺名称）接头。

搭接焊接头，只适用于Ⅰ、Ⅱ级钢筋。钢筋宜预弯，以保证两钢筋的轴线在同一直线上。

帮条焊接头，可用于Ⅰ、Ⅱ、Ⅲ级钢筋。帮条宜采用与主筋同级别、同直径的钢筋制作。搭接焊与帮条焊宜采用双面焊，如不能进行双面焊时，也可采用单面焊，其焊缝长度应加长一倍。采用双面焊时，焊缝长度应不小于4~5d（d为钢筋直径）。搭接焊或帮条焊在焊接时，其焊缝厚度不小于0.3d，焊缝宽度不小于0.7d。

（2）坡口焊接头

坡口焊分为平焊和立焊两种，适用于装配式框架结构的节点。可焊接直径18~45mm的Ⅰ、Ⅱ、Ⅲ级钢筋。

钢筋坡口平焊，采用V形坡口，坡口角度55°~65°。根部间隙为4~6mm，下垫钢板。

钢筋坡口立焊，采用半V形坡口，坡口角度为40°~55°，根部间隙为3~5mm，亦贴有焊板。

（3）窄间隙焊接头

水平钢筋窄间隙焊适用于直径20mm以上钢筋的现场水平连接。焊接时，两钢筋端部置于U形铜模中。留出10~15mm的窄间隙，用焊条连接焊接，熔化钢筋端面，并使熔化金属充填间隙形成接头。

3.电渣压力焊

电渣压力焊的主要设备包括：二相整流或单相交流电的焊接电源；火具、操作杆及监控仪的专用机头；可供电渣焊和电弧焊两用的专用控制箱等。电渣压力焊耗用的材料主要有焊剂及铁丝。因焊剂要求既能形成高温渣池和支托熔化金属，又能改善焊缝的化学成分提高焊缝质量，所以常选用含锦、硅量较高的埋弧焊的431焊剂，并避免焊剂受潮，以免在高温作用下产生蒸汽，使焊缝有气孔。软丝常采用绑扎钢筋的直径为0.5~1mm的退火铁丝，制成球径不小于10mm的铁丝球，用来引燃电弧（也可直接引弧）。

电渣压力焊的工艺过程如下。

（1）电弧引燃过程

焊接火具夹紧上下钢筋，钢筋端面处安放引弧铁丝球，焊剂灌入焊剂盒，接通电源，引燃电弧。

（2）造渣过程

靠电弧的高温作用，将钢筋端面周围的焊剂充分熔化，形成渣池。

（3）电渣过程

当钢筋端面处形成一定深度的渣池后，将上钢筋缓慢插入渣池中，此时电弧熄火，渣池电流加大，渣池因电阻较大，温度迅速升到2000℃以上，将钢筋端头熔化。

（4）挤压过程

当钢筋端头熔化达一定量时，加力挤压，将熔化金属和熔渣从接合部挤出，同时切断电源。

电渣压力焊工艺参数主要有焊接电流、焊接电压、通电时间、钢筋熔化量以及挤压力大小等。

4. 气压焊

气压焊也属焊接中的压焊。钢筋气压焊是利用乙炔与氧混合气体燃烧所形成的火焰加热钢筋两端面，使其达到塑化状态，在压力作用下获得牢固接头的焊接方法。这种焊接方法设备简单、工效高、成本较低，通用于各种位置的直径为 16~40mm 的 I、II 级钢筋焊接连接。

气压焊的焊接原理与熔焊不同，它是钢筋端部加热后，产生塑性变形，促使钢筋端面的金属原子互相扩散，进一步加热至钢材熔点的 0.80~0.90 倍（1250℃~1350℃）时，进行加压顶端，使钢筋端面更加紧密接触，在温度和压力作用下，晶粒重新组合再结晶而达到焊合的目的。

钢筋气压焊设备由供气装置、多嘴环管加热器、加压器以及焊接火具等组成。

钢筋气压焊的工艺过程如下。

（1）接合前端面处理，与钢筋轴线垂直切平端面。在焊接前用角向磨光机将钢筋端面打磨干净。

（2）初期压焊。用碳化焰对着接缝连续加热，以防接合面氧化。待接缝处钢筋红热时，施加 30~40N/mm² 的截面压力，直至钢筋端面闭合。

（3）主压焊。把加热焰调成乙炔稍多的中性焰，沿钢筋轴向在 2d（d 为钢筋直径）范围内宽幅加热；当接头达到 1200℃ 左右时施加 30~40N/mm² 的顶锻压力，并保压至接合处隆起直径为 1.4d~1.6d，长为 1.2d~1.5d 的小灯笼状墩粗为止。

（三）机械加工连接

机械加工连接正在我国得到发展和推广应用。目前正在推广的有两种方法：一种是套筒冷压连接工艺；另一种是锥螺纹套筒连接工艺。这两种套筒连接方法与绑扎连接方法相比，优点是受力性能好，可节省钢材；与焊接方法相比，则用电省，不受气候和高空作业影响，没有明火，操作简单，施工速度快，不需要熟练工种，质量易保证，但造价要稍高些。

1. 钢筋套筒冷压连接

钢筋套筒冷压连接，是将需连续的变形钢筋插入特制钢套筒内，利用液力驱动的挤压机进行径向或轴向挤压，使钢套筒产生塑性变形，使它紧紧咬住变形钢筋实现连接。它适用于竖向、横向及其他方向的较大直径变形钢筋的连接。与焊接相比，它具有节省电能、不受钢筋可焊性好坏影响、不受气候影响、无明火、施工简便和接头可靠度高等特点。

钢筋挤压连接的工艺参数，主要是压接顺序、压接力和压接道数。压接顺序应从中间隧道向两端压接。压接力要能保证套筒与钢筋紧密咬合，压接力和压接道数取决于钢筋直径、套筒型号和挤压机型号。

2.钢筋锥螺纹套筒连接

用于这种连接的钢套筒内壁，用专用机床加工成锥形螺纹，钢筋的对接端头亦在套丝机上加工有与套筒匹配的锥螺纹。连接时，经对螺纹检查无油污和损伤后，先用手旋入钢筋，然后用扭矩扳手紧固至规定的扭矩即完成连接。它施工速度快、不受气候影响、质量稳定、对中性好，在我国一些大型工程中多有应用。

对闪光对焊接头，要求从同批成品中切取6个试件，3个进行拉伸试验钢筋规定的抗拉强度值，或至少有2个试件断于焊缝之外，呈延性断裂。做弯曲以验的试件，在规定的弯心直径下，弯曲至90°时不得在焊缝或热影响区发生破断。

对电弧焊接头，要求从成品中每批（现场安装条件下，每一楼层中以300个同类型接头为一批）切取3个试件，做拉伸试验，其试验结果要求同闪光对焊。

对电渣压力焊接头，要求从每批成品（在现浇混凝土框架结构中，每一楼层中以300个同类型接头为一批；不足300个时，仍作为一批）中，切取3个试件进行拉伸试验，其试验结果均不得低于该级别钢筋规定的执行强度值。

对套筒冷压接头，要求从每批成品（每500个相同规格、相同制作条件的接头为一批，不足500个仍为一批）中，切取3个试件做拉伸试验，每个试件实测的抗拉强度值均不应小于该级别钢筋的抗拉强度标准值的1.05倍或该试件钢筋母材的抗拉强度。

对锦形螺纹套筒接头，要求从每批成品（切300个相同规格接头为一批，不足300个仍为一批）中，取3个试件做拉伸试验，每个试件的屈服强度实测值不小于钢筋的屈服强度标准值，并且抗拉强度实测值与钢筋屈服强度标准值的比值不小于1.35。

第四节 混凝土工程施工技术

一、混凝土的浇筑

混凝土浇筑要保证混凝土的均匀性，保证结构的整体性、耐久性和尺寸正确，保证钢筋、预埋件的位置正确，拆模后混凝土表面要平整光洁。

混凝土浇筑前，要检查模板、支架、钢筋、预埋件等的正确性，并进行验收。对混凝土工程施工的机具设备按需要准备充分，并考虑到发生故障时的修理时间。重要工种应有备用机具。特别是采用泵送混凝土，一定要有备用泵。所用的机具，一定要在浇筑前进行检查和试运转。

（一）混凝土浇筑的基本要求

1. 防止离析

浇筑混凝土时，混凝土拌和物由料、斗、漏、斗、混凝土输送管、运输车内卸出时，如自由倾落高度过大，由于粗骨料在重力作用下，克服黏着力后的下落动能大，下落速度较砂浆快，因而可能形成混凝土离析。为此，混凝土自高处倾落的自由高度不应超过2m，在竖向结构中限制自由倾落高度不宜超过3m，否则应沿串筒、斜槽、溜管或振动溜管等下料。

2. 正确留置施工缝

混凝土结构多要求整体浇筑，如因技术或组织上的原因不能连续浇筑时，且停顿时间有可能超过混凝土的初凝时间，则应事先确定在适当位置留置施工缝。由于混凝土的抗强度约为其抗压强度的1/10，因而施工缝是结构中的薄弱环节，宜留在结构剪力较小的部位。同时，要照顾到施工方便。柱子宜留在基础顶面、梁或吊车梁的下面、吊车梁的上面、无梁楼盖柱帽的下面；和板连成整体的大断面梁应留在板底面以下20~30mm处，当板下有梁托时，留置在梁托下部；单向板应留在平行于板短边的任何位置；有主次梁楼盖宜顺着次梁方向浇筑，应留在次梁跨度的中间1/3跨度范围内；楼梯应留在楼梯长度中间1/3范围内；墙可留在门洞口过梁跨1/3范围内，也可留在纵横墙的交接处；双向受力的楼板、大体积混凝土结构、拱、薄壳、多层框架等及其他复杂结构，应按设计要求留置施工缝。

在施工缝处继续浇筑混凝土时，应除掉水泥薄膜和松动石子，加以湿润并冲洗干净，先铺抹水泥浆或与混凝土砂浆成分相同的砂浆层，待已浇筑的混凝土的强度不低于1.2N/mm²时才允许继续浇筑。

（二）混凝土的浇筑方法

1. 分层浇筑

为了使混凝土振捣密实，应分层浇筑、分层捣实，并在下层混凝土凝结之前，将上层混凝土浇筑和振捣完毕。

2. 连续浇筑

浇筑混凝土应连续进行，如必须间歇，其间歇时间尽量缩短，并应在前层混凝土初凝之前，将次层混凝土浇筑完毕。混凝土运输、浇筑及间歇的全部时间不得超过规定，若超过则应留置施工缝。

3. 现浇钢筋混凝土框架结构的浇筑

浇筑前首先要划分施工层和施工段。施工层一般按结构层划分，而每一施工层如何划分施工段，则要考虑工序数量、技术要求、结构特点等。要做到当木工在第一施工层安装完模板，准备转移到第二施工层的第一施工段上时，下面第一施工层的第一施工段所浇筑的混凝土强度应达到允许工人在上面操作的强度（1.2N/mm²）。

浇筑柱子时，一施工段内的每排柱子应由外向内对称地顺序浇筑，不要由一端向另一端推进，以防柱子模板受推倾斜而误差积累难以纠正。断面400mm×400mm以内，或有交叉箍筋的柱子，应在柱子模板侧面开孔用斜溜槽分段浇筑，每段高度不超过2m；断面在400mm×400mm以上，无交叉箍筋的柱子，如柱子高度不超过4.0m，可从柱顶浇筑。如用轻骨料混凝土从柱顶浇筑，则柱高不得超过3.5m。柱子开始浇筑时，底部应先浇筑一层厚50~100mm与所浇筑混凝土内砂浆成分相同的水泥砂浆或水泥浆。浇筑完毕，如柱顶处有较大厚度的砂浆层，则应加以处理。柱子浇筑后，应间隔1~15h，待混凝土拌和物初步沉实后，再浇筑上面的梁板结构。

梁和板一般同时浇筑，从一端开始向前推进。只有当梁高大于，1m时才允许将梁单独浇筑，此时的施工缝留在楼板板面下20~30mm处。梁底与梁侧间注意振实，振动器不要直接触及钢筋和预埋件。楼板混凝土的虚铺厚度应略大于板厚，用表面振动器振实，用铁插尺检查混凝土厚度，振捣完后用长的木抹子抹平。

浇筑叠合式受弯构件时，应按设计要求确定是否设置支撑，且叠合面应有不小于6mm的凸凹差。

4. 大体积混凝土浇筑

工业建筑中的大型设备基础和高层建筑中的厚大基础底板等，这类结构由于承受的荷载大，整体性要求高，往往不允许留设施T缝，要求一次连续浇筑完毕。由于混凝土量大，大体积混凝土浇筑后，水泥水化热聚积在内部不易散发，混凝土内部温度显著升高，而表面散热较快，形成内外温差，在体内产生压应力，而表面产生拉应力。如温差过大（大于20℃~30℃）混凝土表面会产生裂纹。当混凝土内部逐渐散热冷却而收缩时，由于受到基底或已浇筑的混凝土的约束，接触处将产生很大的拉应力，当拉应力超过混凝土抗拉强度时，便会产生裂缝，严重者会贯穿整个混凝土块体，由此带来严重危害。大体积混凝土的浇筑，应采取措施防止产生上述两种裂缝，尤其是第二种裂缝。

要防止大体积混凝土浇筑后产生裂缝，就要降低混凝土的温度应力，浇筑后混凝土的内外温差不宜超过25℃。为此，应优先选用水化热低的水泥，降低水泥用量，掺入适量的粉煤灰，降低浇筑速度和减小浇筑层厚度，或采取人工降温措施等。必要时经过计算和取得设计单位同意后可留施工缝而分段分层浇筑。

要保证混凝土的整体性，就要保证使每一浇筑层在初凝前就被上一层混凝土覆盖并捣实成为整体。为此要求混凝土按不小于下述浇灌量进行浇筑

$Q=FH/T$（m³/h）

式中：

Q——混凝土最小浇筑量（m³/h）；

F——混凝土浇筑区的面积（㎡）；

H——浇筑层厚度（m），取决于混凝土捣实方法；

T——下层混凝土从开始浇筑到初凝为止所容许的时间间隔（h）。

大体积混凝土结构的浇筑方案，一般分为全面分层、分段分层和斜面分层三种。应根据结构物的具体尺寸、捣实方法和混凝土供应能力，通过计算选择浇筑方案。全面分层方案主要用于结构的平面尺寸不太大的情况，施工时从短边开始，沿长边进行较适宜分段分层方案，适用于厚度不太大而面积或长度较大的结构。斜面分层方案适宜长度超过厚度3倍的结构。

二、混凝土的养护

混凝土拌和物经浇筑振捣密实后，即进入静置养护期，使其中的水泥逐渐与水起水化作用而增强混凝土的强度。在这期间应设法为水泥顺利水化创造条件，即进行混凝土的养护。因为水泥浆体中的最大颗粒被水化硅酸钙凝胶厚层所包裹，阻碍了水化作用，所以实际上水泥颗粒不会完全水化。但养护的目的是在合理的代价内保证水泥尽可能水化。从理论上来说，如果水灰比不小于0.42，即使不另外补充水分，混凝土中也有足够的水保证水泥完全水化。但当因蒸发作用和水化时可能发生的自干作用而使混凝土内部相对湿度低于80%时：水化作用会停止，强度增长也会中断，结果使混凝土强度比其潜在的强度要低，对高强混凝土（水灰比低），其强度降低得更明显。因此，混凝土浇筑后的养护极为重要，须补充水分保证水化作用最大。

混凝土养护一般可分为标准养护、自然养护和加热养护。

（一）标准养护

混凝土在温度为20℃±3℃和相对温度为90%以上的潮湿环境或水中的条件进行的养护称为标准养护。该方法用于对混凝土立方体试件进行养护。

（二）自然养护

混凝土在平均气温高于5℃的条件下，相应地采取保湿措施（如浇水）所进行的养护称为自然养护。施工规范规定，应在浇筑完毕后的12h以内对混凝土进行养护。自然养护分浇水养护和表面密封养护两种。浇水养护就是用草帘将混凝土覆盖，经常浇水使其保持湿润。采用硅酸盐水泥、普通硅酸盐水或矿渣硅酸盐水泥时，养护时间不得少于7d。采用火山灰水泥、粉煤灰水泥、掺有缓凝型外加剂或有抗渗要求的混凝土，养护时间不得少于14d。对于有特殊要求的结构部位或特殊品种水泥，要根据具体情况确定养护时间，浇水次数以能保持湿润状态为宜。浇水养护简单易行、费用少，是现场最普遍采用的养护方法。

表面密封养护适用于不易浇水养护的高耸构筑物或大面积混凝土结构，混凝土表面覆盖薄膜后，能阻止其自由水的过早、过多蒸发，保证水泥充分水化。表面密封养护的方法之一是将以过氯乙烯树脂为主的塑料溶液用喷枪喷洒到混凝土表面上，形成不透水塑料薄膜；二是将以无机硅酸盐为主和其他有机材料为辅配制成的养护剂喷洒到混凝土表面，使其表面1~3mm的渗透层范围内发生化学反应，既可提高混凝土表面强度，又可形成一层坚实的薄膜，使混凝土与空气隔绝。

（三）加热养护

加热养护主要是蒸汽养护。在混凝土构件预制厂内，将蒸汽通入封闭窑内，使混凝土构件在较高的温度和湿度环境迅速凝结、硬化，一般养护12h左右。在施工现场，将蒸汽通入模板内，进行热模养护，以缩短养护时间。

三、混凝土冬季施工

新浇混凝土中的水可分为两部分：一是吸附在组成材料颗粒表面和毛细管中的水，这部分水能使水泥颗粒起水化作用，称为"水化水"；二是存在于组成材料颗粒空隙之间的水，称为"游离水"，它只对混凝土浇筑时的工作性起作用。从某种意义上说，混凝土强度的增长取决于在一定温度条件下水化水与水泥的水化作用及游离水的蒸发。因此。在湿度一定时，混凝土强度的增长速度就决定于温度的变化。例如混凝土温度在5℃时，强度增长速度仅为15℃时的一半；当温度降至–1℃~—1.5℃时，游离水开始结冰，水化作用停止，混凝土的强度也停止增长。水结冰后体积膨胀约9%，使混凝土内部产生很大的冰胀应力，足以使强度不高的混凝土裂开。同时由于混凝土与钢筋的导热性能不同，在钢筋周围将形成冰膜，会减弱两者之间的黏结力。

受冻后的混凝土在解冻以后，其强度虽继续增长，但已不可能达到原设计强度值。研究表明，塑性混凝土终凝前（浇筑3~6h）遭受冰冻，解冻后其后期抗压强度要损失50%以上。凝结后2~3d遭冻，强度损失15%~20%。而干硬性混凝土在同样条件下强度损失要少得多。为了使混凝土不致因冻结而引起强度损失，就要求混凝土在遭受冻结前具有足够的抵抗冰胀应力的能力。一般把遭受凉结其后期抗压强度损失在5%以内的预养强度值定义为"混凝土的受冻临界强度"。通过实验得知，临界强度与水泥品种、混凝土强度等级有关。对硅酸盐水泥或普通硅酸盐水泥配制的混凝土，受冻临界强度定为设计的混凝土强度标准值的30%；对矿渣硅酸盐水泥配制的混凝土，为设计的混凝土强度标准值的40%；但对CIO及CIO以下的混凝土，不得低于5.0N/mm²。

《混凝土结构工程施工及验收规范》规定，凡根据当地多年气温资料，室外口平均气温连续5d稳定低于5℃时，混凝土工程的施工即进入冬期施工，就应采取必要的冬期施工技术措施。因为在日平均气温5℃时，最低气温已达–1℃~2℃混凝土已有可能受冻。

（一）混凝土的搅拌

冬季施工时，由于混凝土各种原材料的起始温度不同，必须通过充分的搅拌使混凝土内温度均匀一致。因此，搅拌时间应比普通混凝土的搅拌时间延长50%。

投入混凝土搅拌机中的骨料不得带有冰屑、雪团及冰块，否则会影响混凝土中用水量的正确性和破坏水泥与骨料之间的黏结，同时会消耗大量的热能，降低混凝土的温度。

当需要对原材料加热以提高混凝土温度时，应优先采用加热水的方法。因为加热水既简单且热容量大（约为沙、石的 4.5 倍）。只有当仅对水加热仍达不到所需温度时，才可依次对沙、石加热。当骨料不加热时，水可加热到 100℃。但 80t 以上的水不能直接与水泥接触，应先与沙石搅拌。因为水泥与 80℃的水接触后，在水泥颗粒表面会形成一层薄的硬壳，使混凝土工作性变差，后期强度降低，这种现象称为水泥的"假凝"。沙石加热可直接将蒸汽通到料斗内，或将其在铁板上用火烤等。石子加热时应注意使石子颗粒内外温度达 0℃以上。

水泥绝对不允许加热。

在冬季施工中，混凝土拌和物的出机温度不宜低于 10℃。入模温度不得低于 5℃。为进一步提高拌和物温度，也可采用热拌混凝土，它与前述的加热原材料再搅拌的工艺相比，具有混凝土质量均匀、工作性好、温度稳定、热效率高等优点。热拌混凝土采用一种带蒸汽喷射系统的强制式搅拌机，在混凝土搅拌时，将其加热至 40℃~60℃。所用蒸汽压力为 0.1N/mm，左右，温度约 100℃的非过热低压饱和蒸气。蒸汽喷入冷混凝土后，放出热量，本身凝结为水，该部分水应作为混凝土搅拌用水考虑。

为保证混凝土在冬期施工中及时达到规范规定的混凝土受冻临界强度，施工中应对混凝土拌和物的温度进行热工计算。

（二）混凝土的运输与浇筑

在冬季负温条件下，混凝土拌和物出机后，应及时运至浇筑地点。在运输过程中，要防止混凝土热量散失、表面冻结、混凝土离析等现象。一般每小时温度降低不宜超过 5℃~6℃。混凝土的运输过程是热损失的关键阶段，混凝土浇筑时的入模温度除与拌和物的出机温度有关外，主要取决于运输过程中的蓄热程度。因此，运输速度要快，运距要短，倒运次数要少，保温效果要好。混凝土拌和物出机运输到浇筑地点，其温度降低值以及混凝土浇筑成型后的温度可通过热工计算求出。

（三）混凝土的养护

冬季混凝土的养护方法可分三大类，即蓄热法、加热法和掺外加剂法。

1. 蓄热法

蓄热法是利用加热原材料（水泥除外）或混凝土（热拌混凝土）所预加的热量及水泥水化热，并用适当的保温材料覆盖，防止热量过早散失，延缓混凝土的冷却速度，使混凝土在正温条件下硬化并达到预期强度的一种施工方法。

蓄热法只需对原材料加热，混凝土结构不需加热，故施工简便，易于控制，施工费用低，是最简单、最经济的冬季施工养护方法。

蓄热法适用于表面系数在 6 以下的结构及最低气温在 −15℃以上时，如基础、地下室、挡土墙、地基梁、室内地坪等混凝土的养护。如与其他方法结合起来,蓄热法可以用于表面系数达 18 的结构。

非大体积混凝土采用蓄热法养护的热工计算,是按不稳定传热理论,将外热源近似看作稳定传热,内热源考虑水泥水化的不稳定传热,且假设混凝土内各点温度相等,系二维等量传热,依据"非大体积混凝土在冷却过程中,任一时刻单位体积混凝土内含热量,等于同一时刻内它所产生的水泥水化热量与扩散热量之差"的蓄热冷却规律建立的。

当混凝土结构尺寸、材料配比、浇筑成型完成时的温度和养护期间的预测气温等施工条件确定以后,先初步确定保温材料的种类、厚度和构造,然后按上述方法计算出混凝土蓄热养护开始至任一时刻的温度,或冷却至 0℃ 的延续时间和混凝土在此期间的平均温度,从而估算出混凝土可能达到的强度。如所得的结果达不到抗冻临界强度要求,则需调整某些施工条件或修改保温层设计,再进行热工计算,直至符合要求。

蓄热法与其他方法(如短时加热、用早强水泥、掺外加剂、搭简易棚罩等)结合使用效果更好,这种方法称为综合蓄热法,它大大扩大了蓄热法的应用范围。

2. 加热法

加热法是用外部热源加热浇筑后的混凝土,保证混凝土在 0℃ 以上的加热法,是利用低压饱和蒸汽对新浇混凝土构件进行加热养护。由于蒸汽在冷凝时放热量大,它既能加热,使混凝土在较高的温度下硬化,又供给一定的水分,使混凝土不致水分蒸发过量而脱水。但蒸汽加热法需锅炉等设备,且费用较高,在必需时方可采用。电加热法是利用电能变为热能对混凝土进行加热养护。电加热法既可利用电流通过电阻丝产生热量的原理,用电热器对混凝土表面加热养护,也可利用电磁感应或红外线等对混凝土加热养护。电加热法要消耗电能,并要特别注意安全。

3. 掺外加剂法

掺外加剂法不需要采用加热措施,就可使混凝土的水化作用在负温环境中正常进行。掺外加剂的作用是使之产生抗冻、早强、减水等效果,降低混凝土的冰点使之在负温下加速硬化以达到要求的强度。所掺的外加剂主要有氯盐、早强剂、防冻剂等。

氯化钠和氯化钙具有抗冻、早强作用,且价廉易得,从 20 世纪 50 年代开始就得到应用。氯盐掺入所配制的混凝土中,在工艺上只需对拌和水进行加热,浇筑后仅采用适当的保温覆盖措施,即可在严寒条件下施工。但是,氯盐中的氯离子是很活泼的。它可以加速铁的离子化,使之成为 Fe^+ 阳离子;氯离子又促使混凝土中的水和氧反应成为 $(OH)^{-1}$ 阴离子,这样就使 Fe^+ 与 $(OH)^{-1}$ 反应生成 $Fe(OH)_2$,进而氧化成 $Fe(OH)_3$ 促使钢筋电化锈蚀。因此,要严格控制氯盐的掺量。规范规定,在钢筋混凝土中,氯盐的掺量不得超过水泥重量的 1%;在素混凝土中,不得大于 3%;并优先考虑与阻锈剂复合使用,如掺入水泥重量 2% 的亚硝酸钠($NaNO_2$)阻锈剂.则活泼的亚硝酸钠溶液与钢筋化合生成 Na_2FeO_2,再次与亚硝酸钠溶液化合而生成 $Na_2Fe_2O_2$。然后上述两种化合物同时起化学反应生成 $2Fe_3O_4$,即:

$$Na_2FeO_2+Na_2Fe_2O_4+2H_2O \rightarrow Fe_3O_4+4NaOH$$

在钢筋表面与水泥结合成一层灰色保护膜，使钢筋不再生锈。氯盐除掺量受限制外，在高温高湿度环境、预应力混凝土结构等情况下禁止使用。

硫酸钠和三乙醇胺等具有促进水泥硬化，使混凝土早强的作用，并对钢筋无锈蚀。早强剂掺入混凝土后，在工艺上只要采取对原材料进行必要的加热及浇筑后保温覆盖等综合措施，就能使混凝土在低温养护期间达到受冻临界强度。掺早强剂法最适合初冬和早春低温条件施工。

将亚硝酸钠、硝酸钠、硝酸钙、乙酸钠、碳酸钾、尿素等配制成复合型防冻剂，掺入混凝土后使之在负温条件下能继续凝结硬化。掺防冻剂后，通常可在 0℃~—20℃条件下进行施工，并宜优先采用蓄热法养护。

外加剂种类的选择，应根据施工条件和材料供应情况而定，其掺量由试验确定，但混凝土的凝结速度不得超过对其运输和浇筑所需的时间。

第四章　公路沥青路面施工技术

第一节　沥青路面认知

一、沥青路面的特性及基本要求

沥青路面是采用沥青材料作结合料，黏结矿料或混合料修筑面层的路面结构。沥青路面由于使用了黏结力较强的沥青材料作结合料，不仅增强了矿料颗粒间的黏结力，而且提高了路面的技术品质，使路面具有平整、耐磨、不扬尘、不透水、耐久等特点。由于沥青材料具有弹性、黏性、塑性，在汽车通过时，震动小、噪声低、略有弹性、平稳舒适，是高级公路的主要面层。

沥青路面的缺点：易被履带车辆和坚硬物体所破坏；表面易被磨光而影响安全，温度稳定性差，夏天易软、冬天易脆并产生裂缝。此外铺筑沥青路面受气候和施工季节的限制。雨天不宜铺筑各种沥青面层，冰冻地区在气温较低时铺筑沥青面层难以保证质量。沥青路面属于柔性路面，其力学强度和稳定性主要依赖于基层与土基的特性。

在有冻胀现象的地区通常需设置防冻层，以防止路面冻胀产生裂缝。修筑沥青路面后，由于隔绝了土基与大气间气态水的流通，路基路面内部的水分可能积聚在沥青结构层下，使土基和基层变软，导致路面破坏，因此必须强调基层的水稳性。对交通量大的路段，为使沥青路面具有一定的抗弯拉和抗疲劳能力，宜在沥青面层下设置沥青混合料封层。采用较薄的沥青面层时，特别是在旧路面上加铺面层时，要采取措施加强面层与基层之间的黏结，以防止水平力作用而引起沥青面层的剥落、推挤、拥包等破坏。

修筑沥青路面一般要求等级高的矿料，等级稍差的矿料借助沥青的黏结作用，也可用来修筑路面。当沥青与矿料之间黏附不好时，在水分的作用下会逐步剥落，因此在潮湿地区修筑沥青路面时，应采用碱性矿料，或采取一定措施提高沥青与矿料间的黏结力。

二、沥青路面的分类与选择

沥青路面具有表面平整、无接缝、行车舒适、耐磨、噪声低、施工期短、养护维修方便，且适宜分期修建等特点，在路面工程中得到广泛的应用。

沥青路面的类型，主要有沥青混凝土、沥青碎石、沥青贯入式、沥青表处等。这几种沥青路面按强度构成原理可分为嵌挤类和密实类，按施工工艺的不同可分为层铺法和拌和法两种形式。选择沥青面层时，应综合考虑道路等级、交通类型、要求的使用期、设计年限内标准轴载的累计当量轴次、气候条件、筑路材料、施工机械以及养护条件等因素。

1. 沥青混凝土

沥青混凝土路面由几种不同粒径的矿料（如碎石、轧制砾石、石屑、砂和矿粉等），用沥青作结合料，按一定比例配合，在严格控制条件下拌和，经压实成型的路面。

（1）结构特点

沥青混凝土路面具备很高的密实度和强度，整体性强，透水性好，有较大的抵抗自然因素破坏作用的能力，使用寿命长、耐久性好。通常，为产生较大的黏结力，须在混合料中掺加一定的矿粉。同时，要求基层具有足够的强度。

沥青混凝土面层宜采用双层式结构，下层采用粗粒式或中粒式沥青混凝土，上层采用中粒式或细粒式沥青混凝土。对于高速公路，也可采用三层式结构。

沥青混凝土的温度稳定性较差，在高温季节易产生波浪、推挤和拥包现象，因此应严格控制施工温度。

（2）分类

按所用的沥青材料可分为地沥青混凝土和煤沥青混凝土；按摊铺时的温度可分为热拌热铺和热拌冷铺沥青混凝土；按沥青混合料最大粒径可分为粗粒式、中粒式、细粒式和沥青砂；按路面的结构形式可分为单层式、双层式和三层式。

沥青混凝土面层广泛地用于重交通道路和高速公路的面层。粗粒式沥青混凝土常用于底面层（面层的下层），中粒式沥青混凝土主要用于面层的上层，或用于单面层。

2. 沥青碎石

沥青碎石是由几种不同大小的矿料，掺有少量矿粉或不加矿粉，用沥青作结合料，按一定比例配合，均匀拌和，经压实成型的路面。

（1）结构特点

沥青碎石的空隙率较大，且混合料中仅有少量的矿粉或没有矿粉，其强度以石料间的嵌挤为主，黏结为辅。主要有以下特点：高温稳定性好，路面不宜产生波浪，裂缝少；对石料和沥青规格要求较宽，比较容易满足；沥青用量少，造价低；路表面容易保持粗糙，有利于行车安全；因空隙率大，易透水，其黏结力较差；沥青老化后，路面结构易松散，耐久性不好。

（2）结构类型

为防止水分渗入和保持路面的平整度，须在其表面加铺表面处治或沥青砂等封层。

按施工方法可分为热拌热铺、热拌冷铺、冷拌冷铺。

按矿料最大粒径可分为特粗式、粗粒式、中粒式、细粒式等。

根据设计厚度又可分为单层式（4~7 cm）和双层式（约 10 cm）。

沥青碎石路面常用于中等交通道路的路面基层或连接层（面层的下层）。在改建和新建二级公路时，也部分采用其作为路面面层的上层，下层采用沥青贯入式碎石。

3. 沥青贯入式

沥青贯入式路面是在初步压实的碎（砾）石上，用沥青浇灌，再分层撒铺嵌缝料和浇洒沥青，并通过分层压实而形成的一种较厚的路面面层，其厚度通常为 4~8 cm。

根据沥青材料贯入深度不同可分为深贯入式（6~8 cm）和浅贯入式（4~5 cm）。

沥青贯入式路面强度高、稳定性好、施工简便、不易产生裂缝，但沥青材料洒布在矿料中不易均匀，因此强度不均匀。

为了防止表面水的渗入，须加封层密闭表面空隙，以增强路面的水稳性和耐用性。如果封层采用拌和法施工，则其下部宜采用贯入法，常称为沥青上拌下贯式路面，其厚度一般为 5~8 cm。

4. 沥青表处

沥青表面处治是用沥青裹覆矿料，铺筑厚度小于 3 cm 的一种薄层路面面层。

（1）结构特点

沥青表面处治的作用是保护下层路面结构层，防水，抗磨耗，防滑和改善碎砾石路面的使用品质。

为保证矿料间良好的嵌挤作用，同一层的矿料颗粒尺寸应力求均匀，最大粒径应与表处层的厚度相同，且所用沥青须有一定的稠度。

沥青表面处治的施工应在寒冷季节（日最高温度低于 15℃）到来之前半个月结束，以确保当年能在一定的高温条件下，通过行车碾压使路面成型。

（2）类型

沥青表面处治按施工方法不同可分为层铺法和拌和法。常用的层铺法根据浇洒沥青及撒铺矿料的层次可分为单层式、双层式和三层式。

1）单层式：浇洒一次沥青，撒铺一次矿料，厚度 1.0~1.5 cm。适用于交通量少于 300 辆 / 昼夜的路面，使用年限 3~5 年。

2）双层式：浇洒二次沥青，撒铺二次矿料，厚度 1.5~2.5 cm。适用于交通量为 300~100 辆 / 昼夜的路面，使用年限 6~10 年。

3）三层式：浇洒三次沥青，撒铺三次矿料，厚度 2.5~3.0 cm。适用于交通量为 1000~2000 辆 / 昼夜的路面，使用年限 10 年左右。

第二节 沥青路面材料种类及要求

一、沥青混凝土

1.沥青

可采用黏稠石油沥青或软煤沥青作为结合料。在温度较高和交通繁重的条件下，细粒式沥青混凝土应选用稠度较高的沥青；反之，可采用稠度较低的沥青。具体选用时，可参见表4-1、4-2的规定。

2.碎（砾）石

应选用强度不低于级，耐磨，有棱角且与沥青有较强结合力的碱性石料。石料应清洁干净，不含污泥等杂质，其颗粒级配应满足规范的要求。

3.砂

天然或人工的砂，均应具有一定的级配组成。砂质应清洁、坚硬、不含杂质，含泥值不大于4%。

4.矿粉

采用粒径小于0.074mm的石灰石粉，一般不宜少于80%。矿粉作为沥青混凝土的填充料，能显著地提高混合料的强度和温度稳定性。

表4-1 适合于各种沥青面层的沥青标号

地区	沥青种类	沥青标号			
		表面处治	贯入式	沥青碎石	沥青混凝土
寒冷地区	石油沥青	油-200；油-180	油-200；油-180	油-180；油-140	油-140；油-100
	煤沥青	煤-5；煤-6	煤6；煤-7	煤-6；煤-7	煤-7；煤-8
温和地区	石油沥青	油-180；油-140	油-140；油-100	油-140；油-100	油-100；油-60
	煤沥青	煤-6；煤-7	煤-6；煤-7	煤-7；煤-8	煤-7；煤-8
较热地区	石油沥青	油-140；油-100	油-140；油-100	油-100；油-60	油-60
	煤沥青	煤-6；煤-7	煤-7	煤-7；煤-8	煤-7；煤-8；煤-9

表4-2　沥青路面施工气候分区参考表

气候分区	年度内最低月平均气温（℃）	年内日平均气温≥5℃的日数（d）	所属地区
寒冷地区	低于−10	少于215	黑龙江、吉林、青海等省，新疆、宁夏、西藏等区，辽宁省营口以北，内蒙古包头以北，山西省大同以北，河北省承德、张家口以北，陕西省榆林以北，甘肃省除天水一带
温和地区	0~10	215~270	辽宁省营口以南，内蒙古包头以南，山西省大同以南，河北省承德、张家口以南，陕西省榆林以南，西安以北，甘肃省天水一带，山东省，河南省南阳以北，江苏省徐州、淮阴以北，安徽省宿州市、亳州市以北
较热地区	高于0	多于270	河南省南阳以南，江苏省徐州、淮阴以南，安徽省宿州市、亳州市以南，陕西省西安以南，四川成都东南，广东、广西、湖南、湖北、福建、浙江、江西、云南、贵州、台湾等省区

二、沥青碎石

沥青碎石路面对矿料的强度要求较高，一般为Ⅰ级或Ⅱ级石料，且应与沥青有良好的黏结力。采用的沥青稠度可低些，冷铺混合料所用的沥青稠度应比热铺的低些。

三、沥青贯入式

沥青贯入式路面所用的沥青材料，当地区气候较冷、施工气温较低、矿料较软或粒径偏细时，应采用稠度较低的沥青；反之，应采用稠度较高的沥青。

沥青贯入式路面所用的矿料，应根据路面厚度确定，一般4~6 cm厚的主层矿料最大粒径采用与面层等厚，用量按松铺系数1.1计算；7~8 cm厚的主层矿料最大粒径为面层厚度的0.9倍或相等，用量按松铺系数1.15~1.20计算。主层矿料中大粒径颗粒含量不得少于70%。

沥青贯入式路面所用的嵌缝料，前后层的尺寸应相当，其用量应按平铺一层计算，不得重叠，不得留有空白。

四、沥青表处

沥青表处所用的沥青材料应渗透性好，凝结时间短，有较大的黏结力，且耐久性好，不易老化。施工时，应严格控制石油沥青的针入度、软化点或渣油的黏度。

沥青表处所用的矿料（碎石、砾石）应具有足够的强度和耐磨性，与沥青材料良好的黏结力，且干燥、无风化、清洁、无杂质。碎（砾）石表面应有明显的破裂面，扁平细长颗粒含量应不少于20%。

沥青表处的沥青（渣油）与矿料用量的比例（油石比）是保证沥青表处质量的重要因素。

第三节　沥青混合料技术性质

一、高温稳定性

高温稳定性对于道路沥青混合料，为保证耐久、行车安全和舒适，需满足一定的技术要求。

定义：沥青混合料高温稳定性，是指沥青混合料在夏季高温（通常为60℃）条件下，经车辆荷载长期重复作用后，不产生车辙和波浪等病害的性能。

影响因素：沥青黏度、沥青与石料相互作用特征、矿料性质。

采用马歇尔稳定度试验（包括稳定度、流值、马歇尔模数）来评价沥青混合料高温稳定性；对高速公路、一级公路、城市快速路、主干路用沥青混合料，还应通过车辙试验检验其抗车辙能力。

二、低温抗裂性

沥青混合料不仅应具备高温的稳定性，还要具有低温的抗裂性，以保证路面在冬季低温时不产生裂缝。

定义：温度较低时沥青混合料抵抗收缩变形，不产生开裂的性质。

沥青路面裂纹原因：

（1）重复荷载→疲劳开裂；

（2）低温脆化→变形能力减弱→开裂；

（3）低温收缩；

（4）（1）+（2）。

影响因素：沥青质量及用量、矿料级配等。

试验：纯拉试验：

→测圆柱形试件的应力、应变、抗拉强度和极限变形；

→求出劲度模量及温度收缩系数；

→估计沥青混合料的断裂温度。

三、耐久性

定义：沥青混合料的耐久性是指其抵抗长时间自然因素（风、日光、温度、水分等）和行车荷载反复作用的能力。

影响因素：沥青的化学性质；矿料成分；沥青混合料的组成结构；沥青用量。

改善耐久性的措施：采用坚固矿料；提高混合料的密实度；选用细粒密级配沥青混合料；增加沥青用量等。

指标耐久性可由下列指标来评价：孔隙率；饱和度（沥青填隙率）；残留稳定度。

评价沥青混合料耐久性的方法有马歇尔稳定度试验、浸水劈裂试验、冻融劈裂试验、浸水车辙试验等。

四、抗滑性

现代高速公路的发展，对沥青混合料路面的抗滑性提出更高的要求。我国现行标准对抗滑层集料提出了磨光值、磨耗值和冲击值三项指标。

影响因素：矿料表面结构、级配、混合料组成及沥青用量。

改善措施：

（1）选用耐磨石料，对磨耗率及冲击值有一定要求。注意，硬质石料往往属于酸性石料，需加抗剥离剂。

（2）控制沥青用量：沥青用量↑→表面平滑↑→抗滑性↓。

五、施工和易性

就沥青混合料性质而言，影响沥青混合料施工和易性的主要因素是矿料级配。粗细集料的颗粒大小相距过大，缺乏中间粒径，混合料容易离析；细料太少，沥青层不易均匀地分布在粗颗粒表面；细料过多，则拌和困难。

沥青混合料的施工和易性取决于：矿料级配：适当级配不易产生离析现象；沥青黏度及用量；气温及施工条件。

第四节 热拌沥青混合料路面施工

一、施工前的准备工作

施工前的准备工作主要有料源的确定及进场材料的质量检验、机械选型与配套、拌和厂选择、修筑试验路段等项工作。

1.确定料源及进场材料的质量检验

应从质量和经济两方面综合考虑，选用国外进口沥青或国产沥青，对进场的沥青材料应抽样检测其技术指标。高等级公路路面所用的沥青大部分为进口沥青。

在考虑经济性、开采条件、运输条件的情况下，选择质量满足技术标准的料场，并对料场内的石料、砂、石屑、矿粉等做必要的试验检测。

2.拌和设备的选型及场地布置

应根据工程量和工期选择拌和设备的生产能力和移动方式（固定式、半固定式和移动式）。使用较多的是生产率在300th以下的拌和设备。

固定式沥青混合料拌和厂，应根据设备的数量、工作时产生的粉尘与噪声、供电与供水以及施工运输等条件选择厂址和确定场地面积。

半固定式和移动式沥青混合料拌和设备可安装在特制的平板挂车上，便于拆装、转移和使用。

3.施工机械检查

主要对拌和与运输设备、洒油车、矿料洒布车、摊铺机和压路机的规格、性能和运转、液压系统进行检测与检查。

4.修筑试验路段

正式开工前，应根据计划使用的机械设备和设计的混合料配合比铺筑试验路段，以确定合适的拌和时间和温度；摊铺温度和速度；压实机械的合理组合，压实温度及压实方法；松铺系数；合适的作业段长度。并在试验段中抽样检测沥青混合料的沥青含量、矿料级配、稳定度、流值、空隙率、饱和度、密实度等，最终提出混合料的生产配合比、机械的优化组合及标准施工方法。

二、沥青混合料的拌和与运输

1.试拌

根据室内配合比进行试拌，通过试拌及抽样试验确定施工质量控制指标。

（1）对间歇式拌和设备，应确定每盘热料仓的配合比对连续式拌和设备，应确定各种矿料送料口的大小及沥青、矿料的进料速度。

（2）沥青混合料应按设计沥青用量进行试拌，取样做马歇尔试验，以验证设计沥青用量的合理性，或作适当的调整。

（3）确定适宜的拌和时间。

（4）确定适宜的拌和与出厂温度。石油沥青的加热温度宜为130℃~160℃，不宜超过6h。沥青混合料的出厂温度宜控制在130℃~160℃。

（5）确定适宜的拌和场地面积（表4-3）。

表4-3 沥青混合料拌和场地面积参考表

生产能力/（t·h⁻¹）	搅拌器容量（间歇式）/kg	场地面积/m³
30~50	500	3000
35~40	750	4500
60~70	1000	6500
90~110	1500	9000
120~140	2000	12000

2. 沥青混合料的拌制

根据配料单进料，严格控制各种材料用量及其加热温度。拌和后的混合料应均匀一致，无花白、无离析和结团成块等现象。每班抽样做沥青混合料性能，矿料级配组成和沥青用量检验。

3. 沥青混合料的运输

沥青混合料用自卸汽车运至工地，底板及车壁应涂一薄层油水（柴油：水=1：3）混合液。运输中应覆盖，至摊铺地点时的沥青混合料温度不宜低于130℃。

三、沥青混合料的摊铺

沥青混合料的摊铺，包括下承层准备、施工放样、摊铺机各种参数的调整与选择、摊铺机摊铺等内容。

1. 下承层准备

摊铺沥青混合料时，其下承层可能是基层、路面下面层或中面层。基层完工后，一般浇洒透层油进行养生保护。因通车、下雨使表面发生破坏，出现松散、浮尘、下沉、泥泞等，在摊铺沥青混合料前，应进行维修、重新分层填筑并压实、清洗干净。对下承层表面缺陷进行处理后，即可再洒透层油或黏层油。

2. 施工放样

用测量仪器定出摊铺路面的边线位置，并在边线桩上标出路面屋顶的设计高程位置，以控制沥青混合料面层的厚度。对无自控装置的摊铺机，应根据下承层的实测高程和面层的设计高程，确定实铺厚度。

当下承层的表面高程变化较多，使得沥青路面的总厚度与路面顶面设计高程容许范围相矛盾时，应以保证厚度为主。

3. 摊铺机各种系数的调整与选择

摊铺前，需调整与选择摊铺机的参数主要有熨平板宽度与拱度、摊铺厚度与熨平板的初始工作迎角、摊铺速度。

（1）熨平板宽度与拱度的调整

为减少摊铺次数，每条摊铺带的宽度应按该型号摊铺机的最大摊铺宽度来考虑。宽度为 B 的路面所需横向摊铺的次数可按下式计算：

$n=（B-x）/（b-x）$

式中 B——路面宽度（m）；

b——摊铺机熨平板的总宽度（m）；

x——相邻摊铺带的重叠量（m），一般为 0.025~0.08m。

上式的含义是，路面的宽度应为摊铺机总摊铺宽度减去重叠后的整倍数。如 n 不能满足整数时，尽可能在减少摊铺次数的前提下，使所剩的最后一条摊铺带宽度不小于该摊铺机的标准摊铺宽度。实在不足时，采用切割装置（截断滑靴）来切窄摊铺带。

确定摊铺带宽度时：上下铺层的纵向接茬应错开 30 cm 以上；摊铺下层时，熨平板的侧面与路缘石或边沟间应留有 10 cm 以上的间距；纵向接茬处应有一定的重叠量（平均为 2.5~5m）；接宽熨平板时必须相应地接长螺旋摊铺器和振动梁，同时检查接长后熨平板底板的平直度和整体刚度。

熨平；板宽度调整后，再调整其拱度，可在标尺上直接读出拱度的绝对数（mm）值或横坡百分数。拱度调整后要进行试铺校验，必要时再次调整。对大型摊铺机，有前后两副调拱机构，其前拱的调节量略大于后拱。

（2）摊铺厚度与熨平板的初始工作迎角

摊铺工作开始前，准备两块长方垫木，作为摊铺厚度的基准。垫木宽 5~10 cm，与熨平板纵向尺寸相同或稍长，厚度为松铺厚度。将摊铺机停置于摊铺带起点的平整处后，抬起熨平板，把两块垫木分别置于熨平板两端的下面。如果熨平板加宽，垫木则放在加宽部分的近侧边处。

垫木放好后，放下熨平板，让其提升油缸处于浮动状态。然后转动左右两只厚度调节螺杆，使它们处于微量间隙的中立位置。此时，熨平板以其自重落在垫木上。

熨平板放置妥当后，利用手动调整机构，调整初始工作迎角。每调整一次，须在 5m 范围内做多点厚度检验，取平均值与设计值比较。

实际施工中，根据刮板输送器的生产能力和最大摊铺宽度，可方便地调整摊铺厚度。

（3）摊铺速度

现代摊铺机具有较宽的速度变化范围，可进行无级调节，调节的原则是保证摊铺机的连续作业。摊铺速度可根据混合料供给能力、摊铺宽度和厚度按下式求得：

$V=100G/60bh\gamma$

式中 G——混合料供给能力（th）；

h——压实后的摊铺厚度（cm）；

γ——沥青混合料压实后的密度（一般取 2.35t/m³）。

可根据上式，制成一张相应摊铺速度的关系表，供摊铺作业时查用。

实践中，摊铺速度还与混合料的种类、温度及铺筑的层次有关。一般面层的下层摊铺速度较快，约为 10m/min，面层的上层摊铺速度较慢，为 6m/min 以下。

摊铺机调整与选择的其他参数还有布料螺旋与熨平板前沿距离的调整、振捣梁行程调整、熨平板前刮料护板高度的调整等。

4.摊铺机的摊铺

（1）熨平板的加热

每次开始工作时，应对熨平板进行加热，以防混合料冷粘在板底上，拉裂铺层表面，形成沟槽和裂纹。加热后的熨平板对铺层起到熨烫作用，使路表面平整无痕。但过热，除会使板变形和加速磨损外，还会使铺层表面烫出沥青胶浆和拉沟。

连续摊铺中，熨平板充分受热后，可暂停加热。对摊铺低温混合料和沥青砂，熨平板应连续加热，以使底板对材料经常起熨烫作用。

（2）摊铺机供料机构操作

供料机构的刮板输送器和向两侧布料的螺旋摊铺器的工作，应密切配合，速度匹配。

刮板输送器的运转速度一般确定后应保持稳定，供料量基本依靠闸门的开启高度来调整。摊铺室内合适的混合料量为料堆的高度平齐于或略高于螺旋摊铺器的轴心线，及稍微看见螺旋叶片或刚盖住叶片为度。

闸门的最佳开度，应在保证摊铺室内混合料处于正确料堆高度状态下，使刮板输送器和螺旋摊铺器在全部工作时间内都能不停歇地持续工作。为了保持摊铺室内混合料高度常处于标准状态，最好是采用闸门自控系统。

（3）摊铺方式

先按前述方法确定摊铺宽度，各条摊铺带的宽度最好相同，以节省重新接宽熨平板的时间。摊铺时，应先从横坡较低处开铺。使用单机进行不同宽度的多次摊铺时，应尽可能先摊铺较窄的那一条，以减少拆接宽次数。

若为多机摊铺，应在尽量减少摊铺次数的前提下，各条摊铺带的宽度可按梯队方式作业，梯队间距宜在5~10m，以便形成热接茬。若为单机非全幅作业，每幅铺筑应在100~150m后调头完成另一幅，并须接好接茬。

（4）接茬处理

1）两条摊铺带相搭接处的纵向接茬可采用冷接茬和热接茬两种方法。

冷接茬是指新铺层与经过压实后的已铺层进行搭接。摊铺新铺层时，重叠搭接宽度为3~5 cm，且与前一次摊铺带的松铺厚度应相同，同时对已摊铺带接茬处边缘应铲齐、铲修垂直。

热接茬是在使用两台以上摊铺机梯队作业时采用，两条相邻摊铺带的混合料还处于压实前的热状态，较易处理，且连接强度较好。一般搭接宽度2~5 cm。摊铺带的边缘应齐整，并在一侧设置导向线，作为摊铺机行驶时的标定方向。

2）前后两条摊铺带的横向接茬处理时，应将第一条摊铺带的尽头边缘锯成垂直面，并与纵向边缘成直角。

四、沥青混合料的压实

沥青混合料的压实包括碾压机械的选型与组合、压实温度、速度、遍数、压实方式的确定及特殊路段的压实（陡坡与弯道）。

1.碾压机械的选型与组合

常用的压路机有三轮式静力光轮压路机、轮胎压路机和振动压路机。

三轮式静力光轮压路机，其质量为 2.5~16t，主要用于沥青混合料的初压。轮胎压路机一般为 5~25t，可用来进行接缝处的预压、坡道预压、消除裂纹、薄摊铺层的压实作业。振动压路机中的自行式单轮压路机，一般质量为 4~12t，常用于平整度要求不高的路面压实。压实度要求较高时，可采用串联振动压路机。在沥青混合料压实中，铰接转向和前后轮偏移铰接转向的串联振动压路机在边缘碾压时，能减少转弯中对路边缘的损坏，因此，使用较为广泛。

结合工程实际，选择压路机种类、大小和数量，应考虑摊铺机的生产率、混合料特性、摊铺厚度、施工现场的具体条件等因素。一般地，摊铺层厚度小于 6 cm，宜使用振幅 0.35~0.6mm 的中小型振动压路机（2~6t）；压实较厚的摊铺层（大于 10 cm），宜使用高振幅（可达 1.00mm）的大、中型振动压路机（6~10t）。

2.压实程序

压实程序分为初压、复压、终压三道工序。

初压时用 6~8t 双轮压路机或 6~10t 振动压路机（关闭振动装置即静压）压 2 遍，温度为 110℃~130℃。初压后检查平整度和路拱，必要时，应予以修整。若碾压时出现推移、横向裂纹等，应检查原因，进行处理。

复压采用的 10~12t 三轮压路机、10t 振动压路机或相应的轮胎压路机碾 4~6 遍，直至稳定和无明显轮迹。复压温度为 90℃~110℃。

终压时用 6~8t 振动压路机（关闭振动装置）压 2~4 遍，终压温度为 70℃~90℃。

碾压时，应由路两边向路中心，三轮压路机每次重叠宜为后轮宽的 1/2，双轮压路机每次重叠宜为 30 cm，压实速度可参考表 4-4。

表4-4 沥青混合料拌和场地面积参考表

单位：km/h

压路机类型 最大碾压速度	初压	复压	终压
光轮压路机	1.5~2.0	2.5~3.5	2.5~3.5
轮胎压路机		3.5~4.5	
振动压路机	静压1.5~2.0	振动5~6	静压2~3

碾压过程中，每完成一遍重叠碾压，压路机应向摊铺机靠近些，以保证正常的碾压温度。

在平缓路段，驱动轮靠近摊铺机，以减少波纹或热裂缝。碾压中，要确保滚轮湿润，可间歇喷水，但不可使混合料表面冷却。

每碾压一遍的尾端，宜稍微转向，以减小压痕。压路机不得在新铺混合料上转向、调头、移或刹车，碾压后的路面在冷却前，不得停放任何机械，并防止矿料、杂物、油料洒落在新铺路面上，直至路面冷却后才能开放交通。

3. 接茬处的碾压

接茬处的碾压应先压横向接茬后压纵向接茬。

横向接茬。可使用较小型压路机对横向接茬进行横向碾压或纵向碾压。开始时，将轮宽的 10~20 cm 置于新铺的沥青混合料上进行碾压，然后逐步横移直至整个滚轮在新铺层上。有时，也可先用压路机静压，再用振动碾压。

纵向接茬。当热料层与冷料层相接时，可将压路机位于热沥青混合料上，进行振动碾压，或碾压开始时，将轮宽的 10~20 cm 压在热料层上碾压。碾压时速度应在 2km/h 左右。

当采用梯队作业时（热料层相接），应先压实离热接茬中心约 20 cm 以外区域，最后压实剩下的窄条混合料。

4. 特殊路段的碾压

特殊路段的碾压指弯道、交叉口、路边、陡坡等处的压实。

弯道或交叉口的碾压。应选用铰接转向式振动压路机，先内侧后外侧，急弯处可采用直线（缺角）式换道碾压，缺角处用小型机具压实。

路边碾压。可从边缘 30~40 cm 处开始碾压，留下部分碾压时，压路机每次只能向自由边缘方向推进 10 cm。

陡坡碾压。先用轻型压路机（不宜采用轮胎压路机）预压，压路机的从动轮应朝着摊铺方向。采用振动压路机时，应先静碾，待混合料稳定后，方可采用低振幅的振动碾压。

第五节　其他形式的沥青路面施工

一、沥青贯入式路面

1. 施工准备

施工前，基层应清扫干净。需要安装路缘石时，应在安装后进行施工。

当采用乳化沥青贯入式路面必须先浇洒透层或黏层沥青。路面厚度小于或等于 5 cm 时，也应浇洒透层或黏层沥青。

2. 铺撒主层集料

应避免颗粒大小不均匀，松铺系数为 1.25~1.30，应经试铺实测确定。洒布集料的同时，检查路拱和平整度，并严禁车辆通行。

3. 碾压

主层集料洒布后，应采用 6~8t 钢筒式压路机进行初压，速度为 2km/h。碾压应由路两侧边缘向中心，轮迹应重叠约 30 cm。碾压同时，检验路拱和纵向坡度，必要时做调整。再用 10~121（厚度较大时，可用 12~15t）压路机进行碾压，每次轮迹重叠 1/2 以上，并碾压 4~6 遍，直至主层集料稳定，无明显轮迹为止。

4. 浇洒第一层沥青

主层集料碾压完毕后，应立即浇洒第一层沥青。

（1）浇洒温度应根据施工气温及沥青标号选择。石油沥青宜为 130℃~170℃，煤沥青宜为 80℃~120℃。

（2）沥青洒布要均匀，不得有空白和积聚现象，应根据选用的洒布方式控制单位面积的沥青用量。沥青洒布长度应与集料洒布机的能力相配合，两者间隔时间不宜过长。

（3）前后段喷洒的接茬应搭接良好。每段接茬处，可用铁板或建筑纸在洒布起、终点后，横铺 1~1.5 cm，纵向接茬的搭接宽度宜为 10~15 cm，浇洒第二、三层沥青的搭接继应错开。

（4）不得在潮湿的集料、基层或旧路面上浇洒沥青。

（5）若采用乳化沥青贯入时，应先洒布一部分上一层嵌缝料，再浇洒主层沥青。

5. 铺撒第一层嵌缝料

主层沥青浇洒后，应立即均匀洒布第一层嵌缝料。不足处应找补。

6. 第二次碾压

嵌缝料扫匀后应立即用 8~12t 钢筒式压路机进行碾压，每次轮迹重叠 1/2 以上，并碾压 4~6 遍，直至稳定为止。碾压时，应随压随扫，使嵌缝料均匀嵌入。当气温较高，碾压发生推移现象时，应立即停止，待气温稍低时再碾压。

7. 铺撒第二、三层嵌缝料

当浇洒第二层沥青、洒布第二层嵌缝料并完成碾压后，再浇洒第三层沥青，并洒布封层料，要求同嵌缝料。最后宜用 6~8t 压路机碾压 2~4 遍，再开放交通。

8. 施工后应进行初期养护

当有泛油时，应补撒嵌缝料，并应与最后一层石料规格相同，且扫匀将浮料扣除。

二、沥青表面处治与封层施工

1. 沥青表处路面

（1）施工准备

沥青表面处治施工应在路缘石安装后进行，基层必须清扫干净。施工前，应检查洒布车的性能，进行试洒，确定喷洒速度和洒油量。

（2）下承层准备

表面处治施工前，应将基层清扫干净，使基层的矿料大部分外露，并保持干燥。对坑槽、不平整、强度不足的路段，应修补、平整和补强。

（3）浇洒沥青

在透层沥青充分渗透或基层清扫后，应按要求的数量浇洒第一层沥青，要求与灌入式沥青路面浇洒方法相同。

（4）洒布集料

第一层集料在浇洒主层沥青后应立即进行洒布，按规定用量一次撒足，不宜在主层沥青全部洒布完成后进行。洒布后应及时扫匀，集料不应重叠，不应露出沥青，局部有缺陷时，应及时找补。前后幅搭接处，应暂留宽 10~15 cm 不撒石料，待后幅浇洒沥青后一起洒布集料。

（5）碾压

洒布第一层集料后，应立即用 6~8t 钢筒式压路机进行碾压，速度不宜超过 2km/h。碾压应由路两侧边缘向中心，轮迹应重叠约 30 cm，碾压 3~4 遍。

第二、三层的施工方法和要求与第一层基本相同，可采用 8~10t 压路机。

碾压结束后即可开放交通，但应限制车速不超过 20km/h，并使整个路面宽度都均匀碾压。对局部泛油、松散、麻面等现象，应及时修整处理。

（6）初期养护

开放交通后的交通控制、初期养护等，与灌入式沥青路面要求相同。

2. 封层施工

（1）封层的作用

一是封闭某一层起着保水防水作用；二是起基层与沥青表面层之间的过渡和有效联结作用；三是路的某一层表面破坏离析松散处的加固补强；四是基层在沥青面层铺筑前，要临时开放交通，防止基层因天气或车辆作用出现水毁。封层可分为，上封层和下封层；就施工类型来分，可采用拌和法或层铺法的单层式表面处治，也可以采用乳化沥青稀浆封层。

（2）适用条件

符合下列情况之一时，应在沥青面层上铺筑上封层：沥青面层的空隙较大，透水严重；有裂缝或已修补的旧沥青路面；需加铺磨耗层改善抗滑性能的旧沥青路面；需铺筑磨耗层或保护层的新建沥青路面。

（3）一般要求

1）使用层铺法沥青表面处治铺筑上封层时，施工方法按层铺法表面处治工艺施工。其材料用量要求应符合有关规定。沥青用量可采用规定范围的中、低限。

2）使用层铺法沥青表面处治铺筑下封层时，施工工艺同上封层。矿料用量应根据矿料尺寸、形状、种类等情况确定，宜为 5~8m³/1000 ㎡。沥青用量可采用规定范围的中、高限。

3）采用拌和法施工上、下封层时，应按照热拌沥青混凝土路面的施工工艺进行。

当为下封层铺筑时，宜采用 AC-5（或 LH-5）砂粒式沥青混凝土，厚度宜为 1cm。

（4）使用乳化沥青稀浆封层施工上、下封层

1）稀浆封层的厚度宜为 3~6mm。

2）稀浆封层的矿料类型及矿料级配，应根据封层的目的、道路等级进行选择，铺筑厚度、集料尺寸及摊铺用量等因素选用。

3）稀浆封层使用的乳化沥青可采用慢裂或中裂的拌和型乳化沥青，当需要减缓破乳速度时，可掺加适量的氧化乳作外加剂。当需要加快破乳时，可采用一定数量的水泥或消石灰粉作填料。

4）乳化沥青的合理用量通过试验确定。

5）混合料的湿轮磨耗试验的磨耗损失不宜大于 800g/㎡；轮荷压砂试验的砂吸收量不宜大于 600g/㎡。

6）稀浆封层混合料的加水量应根据施工摊铺和易性由稠度试验确定，要求的稠度应为 2~3 cm。

（5）注意事项

1）当在被磨损的旧路面上铺筑稀浆封层时，施工前应先修补坑槽、整平路面。

2）稀浆封层施工时应在干燥情况下进行。

3）稀浆封层施工应使用稀浆封层铺筑机，其工作速度宜匀速铺筑，应达到厚度均匀表面平整的要求。

4）稀浆封层铺筑后，必须待乳液破乳、水分蒸发、干燥成型后方可开放交通。

5）稀浆封层施工气温不得低于 10℃。

三、冷拌沥青混合料路面施工

冷拌沥青混合料宜采用拌和厂机械拌和及沥青摊铺机摊铺方式。缺乏厂拌条件时也可采用现场路拌及人工摊铺方式。冷拌沥青混合料施工应足以防止混合料离析。

当采用阳离子乳化沥青拌和时，宜先用水使集料湿润，若湿润后仍难于与乳液拌和均匀时，应改用破乳速度更慢的乳液，或用 1%~3% 浓度的氯化钙水溶液代替水润湿集料表面。混合料适宜的拌和时间应根据实际情况调节并通过试拌确定，矿料中加进乳液后的机械拌和时间不宜超过 30s，人工拌和时间不宜超过 60s。

已拌和好的混合料应立即运至现场进行摊铺，并在乳液破乳前结束。在拌和与摊铺过程中已破乳的混合料，应予废弃。

乳化沥青冷拌混合料摊铺后宜采用 6t 左右的轻型压路机初压 1~2 遍，使好、混合料初步稳定，再用轮胎压路机或钢筒式压路机碾压 1~2 遍。当乳化沥青开始破乳、混合料由褐色转变成黑色时，改用 12~15t 轮胎压路机碾压，将水分挤出，复压 2~3 遍后停止，待晾晒一段时间，水分基本蒸发后继续复压至密实为止。当压实过程中有推移现象时应

停止碾压，待稳定后再碾压。当天不能完全压实时，可在较高气温状态下补充碾压。当缺乏轮胎压路机时，也可采用钢筒式压路机或较轻的振动压路机碾压。

乳化沥青混合料路面的上封层应在压实成型、路面水分完全蒸发后加铺。

乳化沥青混合料路面施工结束后宜封闭交通 2~6h，并注意做好早期养护。开放交通初期，应设专人指挥，车速不得超过 20km/h，不得刹车或掉头。

冷拌沥青混合料施工遇雨应立即停止铺筑，以防雨水将乳液冲走。

四、透层、黏层施工

1. 透层施工工艺

沥青路面的级配砂砾、级配碎石基层及水泥、石灰、粉煤灰等无机结合料稳定土或粒料的半刚性基层上必须浇洒透层沥青。

透层沥青宜采用慢裂的洒布型乳化沥青，也可采用中、慢凝液体石油沥青或煤沥青，透层沥青的规格和质量应符合规范的要求。透层沥青的稠度宜通过试洒确定。表面致密的半刚性基层宜采用渗透性好的较稀的透层沥青，级配砂砾、级配碎石等粒料基层宜采用较稠的透层沥青。用于制作透层用乳化沥青的沥青标号应根据基层的种类、当地气候等条件确定。

各种透层沥青的品种和用量应根据基层的种类通过试洒确定，并符合规范的要求。

透层宜紧接在基层施工结束表面稍干后浇洒。当基层完工后时间较长，表面过分干燥时，应对基层进行清扫，在基层表面少量洒水，并在表面稍干后浇洒透层沥青。

高速公路、一级公路的透层沥青应采用沥青洒布车喷洒，二级及二级以下公路也可采用手工沥青洒布机喷洒。洒布车应符合本规范的要求。当用于表面处治或贯入式路面喷洒沥青的喷嘴不能保证喷洒均匀时，应更换喷嘴。

浇洒透层沥青应符合下列要求：浇洒透层前，路面应清扫干净，对路缘石及人工构物应适当防护，以防污染；透层沥青洒布后应不致流淌、渗透入基层一定深度，不得在表面形成油膜；如遇大风或即将降雨时，不得浇洒透层沥青；气温低于 10℃时，不宜浇洒透层沥青；应按设计的沥青用量一次浇洒均匀，当有遗漏时，应用人工补洒；浇洒透层沥青后，严禁车辆，行人通过；在铺筑沥青面层前，若局部地方尚有多余的透层沥青未渗入基层时，应予清除。

在无机结合料稳定半刚性基层上浇洒透层沥青后，宜立即洒布用量为 2~3m/1000m² 的石屑或粗砂。在无结合料粒料基层上浇洒透层沥青后，当不能及时铺筑面层，并需开放施工车辆通行时，也应撒铺适量的石屑或粗砂，此种情况下，透层沥青用量宜增加 10%。洒布石屑或粗砂后，应用 6~8t 钢筒式压路机稳压一遍。当通行车辆时，应控制车速。在铺筑沥青面层前发现前如发现局部地方透层沥青剥落，应予修补；当有多余浮动石屑或砂时，应予扫除。

透层洒布后应尽早铺筑沥青面层。当用乳化沥青作透层时，洒布后应待其充分渗透、水分蒸发后方可铺筑沥青面层，此段时间不宜少于24h。

2. 黏层施工工艺

符合下列情况之一时，应浇洒黏层：双层式或三层式热拌热铺沥青混合料路面在铺筑上层前，其下面的沥青层已被污染；旧沥青路面层上加铺沥青层；水泥混凝土路面上铺筑沥青面层；与新铺沥青混合料接触的路缘石、雨水进水口、检查井等的侧面。

黏层的沥青材料宜采用快裂的洒布型乳化沥青，也可采用快、中凝液体石油沥青或煤沥青，黏层沥青的规格和质量应符合规范要求。黏层沥青宜用与面层所使用的种类、标号相同的石油沥青经乳化或稀释制成。

各种黏层沥青品种和用量应根据黏结层的种类通过试洒确定，并符合规范要求。黏层沥青宜用沥青洒布车喷洒，洒布车应符合规范。

浇洒黏层沥青应符合下列要求：黏层沥青应均匀洒布或涂刷，浇洒过量处应予刮除；路面有脏物、尘土时应清除干净。当有沾粘的土块时，应用水刷净，待表面干燥后浇洒；当气温低于10℃或路面潮湿时，不得浇洒黏层沥青；浇洒黏层沥青后，严禁除沥青混合料运输车外的其他车辆、行人通过；黏层沥青洒布后应紧接铺筑沥青层，但乳化沥青应待破乳、水分蒸发完后铺筑。

第六节　沥青类路面常见病害与处置方法

沥青路面的常规病害主要有裂缝、麻面松散、坑槽、沉陷、翻浆等，应针对各种病害产生的原因、路面结构类型、维修季节的气候特点等情况，采取相应的维修措施。

一、裂缝

裂缝是沥青路面最常见的破损类型之一。裂缝常见的表状主要有发裂、线状裂缝、纵向裂缝、横向裂缝、反射裂缝和龟裂六种类型。

1. 产生裂缝的主要原因

（1）施工基层碾压不实，或新旧接缝处理不当而形成裂缝。

（2）面层以下含水率逐年积聚，在不利季节引起路面强度降低而产生裂缝。

（3）混合料质量差，碾压温度又不当，引起的碾压裂缝。

（4）混合料摊铺时间过长，由于基层温度、湿度变化，结构发生胀缩而产生裂缝。

（5）结合料老化，面层性能退化，路面整体强度不足。

2. 裂缝的处置方法

（1）由于路面基层温缩、干缩引起的纵横向裂缝，缝宽在6mm以内的，宜将裂缝的缝隙用铁刷子刷扫干净，并用压缩空气吹去沙尘后，采用热沥青或乳化沥青灌缝封堵。

（2）缝宽在 6mm 以上的，填沥青砂石或细料式沥青混合料，捣实后用烙铁封口，随即撒砂扫匀，有条件的也可采用改性乳化沥青混合料填封。

（3）对土基或路面基层强度不足引起的裂缝类破损，要首先处理土基或基层，然后再修复路面。

（4）对轻微面积比较集中，且路基强度较好的裂缝，通过技术经济比较，可选用乳化沥青稀浆封层，或热沥青封层罩面，或先铺设土工布，再在其上进行热沥青封层罩面。

二、麻面松散、坑槽

麻面松散、坑槽的表状为：表层矿料松动，出现麻坑，表层局部不平凹陷。

1. 产生麻面松散、坑槽的主要原因

（1）嵌缝料粒径不当，用料不合比例，或初期养护嵌缝料未回归而散失。

（2）低温季节施工，工序未衔接，油与料结合不良，矿料飞散，轻则出现麻面，重则出现坑槽。

（3）表面用油量偏少，结合料加温过度，失去黏结力而松散，形成麻面、坑槽。

（4）雨季施工，矿料潮湿，或用酸性矿料未做处置而散失成麻面、坑槽。

（5）由于基层压实不够，强度不均，基层不平，面层渗水，局部先破损而形成坑槽。

2. 麻面松散的处置方法

（1）因低温施工造成的麻面松散，可以将松散料收集好，待气温上升到20℃以上，将松散部位清扫干净，重做喷油封层。喷洒热沥青 0.8~1.0kg/m 后，撒 3~5mm 厚的石屑或粗砂（5m³/100 ㎡ ~8m³/100 ㎡），并用轻型压路机压实。若在低温潮湿季节，也可以采用乳化沥青封层处理。

（2）由于温度过高，黏结料气化而造成的松散病害，应清除重铺。

（3）由于基层或土基强度不足、松软变形而引起的松散，要首先处理基层或土基病害，补强满足要求后再重做路面面层。

3. 坑槽的处置

（1）路面基层完好，仅面层有坑槽时修补方法

1）测定破坏部分的范围和深度，按"圆洞方补"原则，划出大致与路中心线平行或垂直的挖槽修补轮廓线（正方形或长方形）；

2）按所画的轮廓线开槽应开凿到坑底稳定的部分，其深度不得小于原坑槽的最大深度，槽壁要垂直；

3）清除槽底、槽壁的松动部分及粉尘、杂物，在干净的槽底槽壁涂刷黏层油；

4）填入沥青混合料（在潮湿或低温季节，宜采用乳化沥青拌制的混合料），视坑槽的深度采用单层式或双层式填补整平；

5）用小型压实机具压实，新填补的部分应略高于原路面，双层填补要分层压实；

6）采用热修补养护车，用加热板加热坑槽处路面，翻新被加热软化铺装层，喷洒乳化沥青，加入新的沥青混合料，然后搅拌摊铺，压路机压实成型。

（2）路面基层损坏，应针对损坏原因，先处理基层病害，再修复面层。

（3）在雨雪连绵的寒冷季节，为控制坑槽扩展，可采用现有路面材料临时填补坑槽，待天气好转后再按规范要求修复。

三、沉陷

沉陷有均匀沉陷、不均匀沉陷和局部沉陷三种类型。

1.产生沉陷的主要原因

（1）基层局部强度不足，或水稳定性不良引起沉陷。

（2）超载重的大型车通过。

（3）面层混合料料质差。

（4）土基压实度不够活，路基有隐患未处理好。

2.沉陷的处置方法

（1）仅由于面层不均匀沉陷引起的裂缝和轻微下沉，若土基和基层都已密实稳定，可对沉陷部分拉毛、扫净，洒黏层沥青后把沉陷部分填补到与原路面平齐。

（2）因土基或基层结构遭破坏而引起的沉陷，应先将土基和基层修理好后，再修复面层。

（3）因路基沉陷导致路面严重破损，矿料已经松动、脱落形成坑槽的，应按照坑槽的修补方法予以处置。

（4）桥涵台背因填土不密实出现不均匀沉降的，可以采取以下处置方法：挖除沥青面层，在沉陷部分加铺基层后重做面层；对于台背填土密实度不够的，用夯实机械重新做压实处理；对软土基宜换土处理，换土深度应视软土基层厚度而定，填换材料要选用强度高、透水性好的级配材料，如砂砾、碎石土、工业废渣等；采用注浆加固处理。

四、弹簧翻浆

弹簧翻浆表现为路面呈现弹簧状或冒水翻浆。

1.产生弹簧翻浆的主要原因

（1）基层结构不密实，水稳定性不良，含水量增大，聚水冻融而翻浆。

（2）基层强度不够，灰土拌和不均，碾压不实，含水量大，低温施工，灰土未及成形而冻融翻浆。

（3）在中湿或潮湿地带，地下水未处理好，边沟又积水滞流，或在山丘有地下潜流等而造成弹簧翻浆。

2. 翻浆处置方法

（1）轻微翻浆。由于面层渗水引起基层轻度发软或冻胀而形成轻微翻浆的，可在春融季节过后，待水分蒸发，修补平整，促使成形。

（2）因路基冻胀使路面局部或大面积隆起影响行车时，应先将隆起的沥青路面刨平，待春融后按翻浆处理的方法予以处置。

（3）因冬季基层水中结冰引起冻胀，春融季节化冻而引起的翻浆，应根据情况采用以下方法予以处置：

1）挖除软土基，换填透水性好的天然级配砂砾；局部发生翻浆路段，可以采用打石灰梅花桩或水泥稳定砂砾桩的办法予以改善。

2）加深边沟，并在翻浆路段两侧路肩上交错开挖 30~40 cm 的横沟，其间距为 2~4m，沟底纵坡 ≥3%，沟深应根据解冻情况，逐渐加深，直至路面基层以下，横沟的外口一定要高于边沟的沟底，若路面翻浆严重，除挖横沟外，还应顺路面边缘设置纵向小盲沟，交通量较小的路段，也可挖成明沟，但翻浆停止后，应将明沟填平恢复原状。

3）因基层水稳性不良或含水量过大造成的翻浆，应挖去面层及基层全部松软部分，换填透水性良好的砂砾或工业废渣，分层（每层不超过 20 cm）填补压实，最后重做面层。

4）低温潮湿季节施工的石灰稳定类基层，在板底未形成时雨水渗入，其上层发生翻浆的，应将翻浆部分挖除，重做石灰稳定基层或换用其他材料予以填补，然后重做面层。

第五章 公路混凝土路面施工技术

第一节 水泥混凝土路面认知

一、水泥混凝土路面的特点

水泥混凝土路面通常是指水泥与水拌和而成的水泥浆作为结合料，以碎（砾）石、砂为基料，再添加适当的外加剂，有时掺加掺合料拌制成的混凝土铺筑面层路面，简称混凝土路面。亦称刚性路面，俗称白色路面，它是一种高级路面。

水泥混凝土路面的基本特性主要表现在以下两方面：

1. 优点

（1）强度高——混凝土路面具有很高的抗压强度和较高的抗弯拉强度以及抗磨耗能力。

（2）稳定性好——混凝土路面的水稳性、热稳性均较好，特别是它的强度能随着时间的延长而逐渐提高，不存在沥青路面的那种"老化"现象。

（3）耐久性好——由于混凝土路面的强度和稳定性好，所以它经久耐用，一般能使用20~40年，而且它能通行包括履带式车辆等在内的各种运输工具。

（4）有利于夜间行车——混凝土路面色泽鲜明，能见度好，对夜间行车有利。

2. 缺点

（1）对水泥和水的需要量大——修筑0.2m厚、7m宽的混凝土路面，每1000m要耗费水泥400~500t和水约250t，还不包括养生用的水在内，这对水泥供应不足和缺水地区带来较大困难。

（2）有接缝——一般混凝土路面要建造许多接缝，这些接缝不但增加施工和养护的复杂性，而且容易引起行车跳动，影响行车的舒适性，接缝又是路面的薄弱点，如处理不当，将导致路面板边和板角处破坏。

（3）开放交通较迟——一般混凝土路面完工后，要经过28d的湿治养护，才能开放交通，如需提早开放交通，则需采取特殊措施。

（4）修复困难——混凝土路面损坏后，开挖很困难，修补工作量也大，且影响交通。

二、水泥混凝土路面的类型

水泥混凝土路面有普通混凝土路面、钢筋混凝土路面、连续配筋混凝土路面、预应力混凝土路面、装配式混凝土路面、组合式（双层式）混凝土路面、钢纤维混凝土路面、混凝土小块铺砌路面、碾压混凝土路面等。

1.普通混凝土路面

普通混凝土路面是指除接缝区和局部范围（边缘和角隅）外，面层内均不配置钢筋的混凝土路面，亦称素混凝土路面。

混凝土面层是由一定厚度的混凝土板所组成的，它具有热胀冷缩的性质，因此需要设置横向接缝和纵向接缝。横向接缝是垂直于行车方向的接缝，间距一般为4~6m（板长）。纵向接缝是指平行于混凝土路面行车方向的接缝，间距为3.0~4.5mm。

水泥混凝土的弹性模量为（25~40）×10³MPa，属于脆性材料，抗弯拉强度比抗压强度低得多。为使水泥混凝土路能够经受车轮荷载的多次重复作用，抵抗温度翘曲应力，并对地基变形有较强的适应能力，混凝土面板必须具有足够的抗弯拉强度和厚度。

2.钢筋混凝土路面

当混凝土板的平面尺寸较大；或者预计路基或基层有可能产生不均匀沉陷；或者板下埋有地下设施等情况时，宜采用钢筋混凝土路面。

钢筋混凝土路面是指为防止可能产生的裂缝缝隙张开，板内配置有纵、横向钢筋（或钢丝）网的混凝土路面。设置钢筋网的主要目的是控制裂缝缝隙的张开量，把开裂的板拉在一起，使板依靠断裂面上的集料嵌锁作用而保证结构强度，并非增加板的抗弯强度。因而，钢筋混凝土面层所需的厚度与素（无筋）混凝土面层的厚度相同。配筋是按混凝土收缩时将板块拉在一起所需的拉力确定。最大的拉力出现在板中央开裂时，它等于由该处到最近的板边缘范围内面层和基层之间的摩阻力。也即每延米板所需的配筋量（cm²）为

$$A = \frac{32L_s h}{f_{sy}}$$

式中　h——板厚，cm；

　　　f_{sy}——钢筋的屈服强度，MPa；

　　　L_s——计算纵向钢筋时，为横缝间距；计算横向钢筋时，为不设拉杆的纵缝或自由边缘间的间距，m。

为使板内应力尽可能分散，宜采用小直径的钢筋。纵横向钢筋宜采用相同直径。网筋的最小间距应为集料最大粒径的2倍，有关规定见表5-1。钢筋的搭接长度，根据经验，宜为直径的24倍以上。由于钢筋的主要作用是使裂缝密闭，它在板内的竖向位置并不

太重要，只要有足够的保护层以防锈蚀即可。通常在顶面下 1/3~1/2 板厚范围内。外侧钢筋中心到接缝或自由边的距离为 10~15 cm，钢筋保护层的最小厚度不应小于 5 cm。

表5-1　钢筋最小直径和最大间距

钢筋类型	光圆钢筋	螺纹钢筋
最小直径/mm	8	12
纵向最大间距/cm	15	35
横向最大间距/cm	30	75

钢筋混凝土板的缩缝间距（板长）一般为 10~20m，最大不宜超过 30m。缩缝内必须设置传力杆。其他接缝构造与素混凝土路面相同。

3. 连续配筋混凝土路面

连续配筋混凝土路面的特点是沿纵向配置连续的钢筋，除了在与其他路面交接处或临近构造物附近设置胀缝以及视施工需要设置施工缝外，一般不设横缝的混凝土面层。其一般适用于高速公路或一级公路和机场混凝土道面。

这种面层会在温度和湿度变化引起的内应力作用下产生许多横向裂缝，裂缝的间距为 1.0~3.0m，缝隙的平均宽度为 0.2~0.5mm。但是，由于配置了许多纵向连续钢筋，这些横向裂缝不至于张开而使杂物侵入或使混凝土剥落，因而不会影响行车的使用品质。

确定纵向钢筋用量的控制因素是裂缝缝隙的宽度。缝隙过宽易使杂物和水侵入。配筋量多，可使缝宽度和间距都减小。由于裂缝间距同缝隙宽度有直接关联，钢筋用量可按规定的裂缝间距来确定。虽然有好几种理论公式可用以计算钢筋用量，但通常都是根据经验确定，一般认为保持裂缝完整无损所需配筋量为混凝土板断面积的 0.6%~0.8%。在美国一般气候区最小钢筋用量取 0.6%，在寒冷气候区取 0.7%。钢筋间距最小 10 cm，最大 23 cm。钢筋直径应按规定选用。钢筋的埋置深度，在顶面下 1/3~1/2 板厚范围内。搭接长度至少 50 cm 或钢筋直径的 30 倍，所有搭接均须错开。

我国规定纵横向钢筋应采用螺纹钢筋，纵向钢筋配筋率计算，但应控制在 0.5%~0.7% 的范围内。最小配筋率，一般地区为 0.5%，寒冷地区为 0.6%。

$$\beta = \frac{E_c f_m}{2E_c f_{sy} - E_s f_{cy}}(1.3 - 0.2\mu) \times 100$$

式中 β——纵向钢筋配筋率，%；

f_{cm}——混凝土设计弯拉强度，MPa；

f_{sy}——钢筋屈服强度，MPa；

μ——面板与基层之间的摩擦系数，一般取 1.5。

横向钢筋的用量很小，其配筋率为纵向钢筋的 1/5~1/8，主要目的是保持纵向钢筋的间距，纵横向钢筋均需采用螺纹钢筋，以保证混凝土和钢筋之间具有足够的握裹力。

连续配筋混凝土板内的钢筋并非按承受荷载应力进行设计的。因此，它的厚度仍可采用无筋混凝土路面板的计算方法确定。其基础厚度与普通混凝土路面的基层相同。面板厚度对高速公路取普通混凝土路面板的设计厚度，对一级公路，取普通混凝土路面板的设计厚度的 0.9 倍。

连续配筋混凝土面层在浇筑中断时需设置施工缝。施工缝采用平缝形式，并用长度为 1m 的拉杆增强。拉杆的直径与间距同纵向钢筋，以使施工缝两侧的混凝土板块加固成连续的整体。

由于连续配筋混凝土路面没有接缝（施工缝除外），所以，在长板的端部、桥头连接处，或者与其他路面纵向接头处都要设置胀缝，以便为混凝土的膨胀留有余地。

4. 预应力混凝土路面

由于这种路面所受到的预压应力能抵消一部分车轮荷载和温度变化所引起的拉应力，故板厚可以减薄到 10~15 cm，板长可以增大到 30m 以上，而且可以减少裂缝的产生，防止裂缝地张开，与普通混凝土路面相比，预应力混凝土路面具有较大的柔性弹性，故能承受多次重复荷载作用而不破坏，对基础的不均匀变形也有较大的适应性。

铺筑预应力混凝土路面，宜用抗压强度至少为 35~45MPa 的混凝土。基层上应铺薄层砂、沥青砂或塑料薄膜等，以利于板的伸缩滑动，并减少预应力的损失。

预应力混凝土路面的铺筑方式有如下几种：

（1）无筋预应力混凝土路面，在面板两端设置墩座埋入地基内，面板中央设加力缝。在混凝土浇筑 1~2 天后在加力缝内塞入千斤顶，对混凝土施加应力，开始时为 1.5MPa，以后逐渐增大，到第 7 天约为 5MPa。待混凝土硬结后，即在加力缝内填塞混凝土预制块，并取出千斤顶，用混凝土填塞缝隙。两端墩座与板之间尚需设弹力缝，放进钢质弹簧，以储存部分预应力。

（2）有筋预应力混凝土路面，一般多采用后张法，它是当浇筑混凝土板时，留下若干条孔道，待混凝土硬结后，将钢丝束或钢筋穿进孔道，再张拉并将两端锚固，最后在孔道内灌注泥浆，使钢丝束或钢筋与混凝土粘牢。宽 3~4m 的板仅在纵向加力；宽 5~7m 以上的板需在纵横两向加力，其钢丝束或钢筋可沿纵横两向设置；或沿与路中线呈小于 45° 角的方向设置。后者的优点是可以连续浇筑很长的路面板，而预加应力可以在板的两侧进行。钢丝束或钢筋一般设在板厚的中央，有时亦可在板的上下部对称地设置。所加的预应力，在纵向要达到 2~4MPa，在横向有 0.4~1.4MPa 即可。钢筋的极限抗拉强度应达 1000MPa，钢丝束则达 1700MPa。

（3）自应力混凝土路面，国外曾试用膨胀水泥铺筑自应力混凝土路面。如果配筋可通过面板的膨胀产生预应力；如果不配筋，需在板的两端设置墩座以产生预应力。试验指出，配筋的自应力混凝土路面裂缝较少，效果较好。

预应力混凝土路面可以做成薄板、少缝、无筋，即使配筋，其用钢量每平方米只需约 2.7kg，较连续配筋混凝土路面的用钢量少得多，后者要达 5.4~10.8kg。因此，国外都肯定预应力混凝土路面有发展前途，但它的施工工艺和施工机具尚未完全过关，在经济上也未证明其合理性，故进展不快。

5. 装配式混凝土路面

装配式混凝土路面是在工厂中把混凝土预制成板块，然后运至工地现场装配而成。这种路面的优点：混凝土板可以全年生产，不受气候影响，混凝土质量容易保证；而且施工进度快，铺筑完毕即可通车；损坏后易于拆换修理。因此，它较适用于城市道路、厂矿道路、大型基建基地、停车站场和软弱土基上。装配式混凝土路面的缺点是接缝多，整体性差，容易引起行车颠簸跳动，因而在公路上一般不宜采用。

为了便于吊装及搬运，装配式混凝土板一般做成 1~2m 的正方形或矩形，也可做成边长 1.2m 的六角形。板厚一般为 0.12~0.18m。有些国家还采用宽 3.5m，长 3~6m 的矩形板，但需有相应的运输和吊装机具来配合。六角形板的强度和稳定性较好。为承受车轮荷载应力和吊装应力，装配式混凝土板可在边缘和角隅配置钢筋，有时亦可设全面网状钢筋。为提高板的质量，可采用预应力、真空作业、机械振捣或蒸汽养生等技术来制造混凝土板。冬季为加速板的硬结，可采用电热法或在铸模内安装管线，内通蒸汽或热水。有些国家还利用先张法或电热法施加预应力，做成装配式预应力混凝土板。

6. 组合式（双层式）混凝土路面

新建道路的混凝土面板一般按单层式建造，只有当缺乏品质良好的材料时，才考虑采用双层式混凝土路面板，即利用当地品质较差的材料修筑板的下层，而用品质较好的材料铺筑板的上层，以降低造价。在改建旧混凝土路面时，有时在其上加铺一层新混凝土面层，这样也形成双层式混凝土路面结构。根据双层混凝土路面上下层板之间结合程度的不同，有结合式、分离式和部分结合式三种形式。

（1）结合式，上下层混凝土板牢固结合，成为一整体，新建路面时，上下层混凝土连续施工，即可做成结合式。改建路面时，将下层板表面凿毛、洗净晾干，并喷刷高标号水泥浆（水灰比 0.4~0.5）或环氧树脂等黏结剂，随即浇筑新混凝土面层。对于这种结合形式，下层板的裂缝和接缝将会反射到上层板内，因此要求上下层板的接缝必须对齐，并采用同样的接缝形式和缝隙宽度，这种结合形式适用于下层板完整无裂缝或虽有一些裂缝但不再发展的情况。支立模板时，可采用混凝土块顶撑或利用旧路面板的接缝钻孔插入钢钎固定的方法。

（2）分离式，上下层混凝土板之间铺以厚 1~2 cm 以上的沥青砂或双层油毛毡作为隔离材料，以达到分离的目的。这种分离措施，可防止下层板的裂缝和接缝反射到上层板内。因此，分离式双层混凝土路面板不要求上下层板的接缝对齐。当下层板严重破碎时，也可采用这种形式。新铺混凝土面层的厚度不宜小于 0.12m。施工立模时可采用穿孔插钎固定模板，也可采用预制混凝土块顶撑模板的方法固定模板。

（3）部分结合式，改建路面时，先对原有混凝土板表面进行清理后再浇筑上层板。由于上下层板之间存在部分结合，下层板上的裂缝与接缝通常仍会反射到上层板内，所以上下层板的接缝位置应相同，但其形式和宽度不要求完全相同。旧面层的结构损坏不太严重并已经修复时，可采用这种结合形式。

7. 钢纤维混凝土路面

国内外都在研究钢纤维混凝土路面。在混凝土中掺入一些低碳钢、不锈钢纤维，即成为一种均匀而多向配筋的混凝土。试验表明，钢纤维与混凝土的握裹力高达 4MPa。施工时一般在混凝土中掺入 1.0%~1.2%（体积比）的钢纤维，相当于每立方米混凝土中掺入 0.077t，如过多则混凝土和易性不好。钢纤维长度宜为 25~60mm，直径 0.4~0.7mm，如过长则与混凝土拌和易成团，过短则混凝土强度增高不多，长度与直径的最佳比值为 50~70。

表 5-2 列出了美国对钢纤维混凝土和普通混凝土物理力学性能试验结果的比较，可以看出前者的物理力学性质要较后者好得多，特别是它的抗疲劳强度、抗冲击能力和防止裂缝的能力更好。因此与普通混凝土路面相比，钢纤维混凝土路面厚度可以减薄 35%~45%，而缩缝间距可以增至 15~20m，胀缝与纵缝可以不设。

表5-2 钢纤维混凝土与普通混凝土物理力学性质的比较

物理力学性质指标	普通混凝土	钢纤维混凝土
极限抗弯拉强度/MPa	2~5.5	5~26
极限抗压强度/MPa	21~35	35~56
抗剪强度/MPa	2.5	4.2
弹性模量/MPa	$2 \times 10^4 \sim 3.5 \times 10^4$	$1.5 \times 10^4 \sim 3.5 \times 10^4$
热膨胀系数（10^{-4}）/(mm · K^{-1})	9.9~10.8	10.4~11.1
抗冲击力/N · m	480	480
抗磨指数	1	2
抗疲劳限度	0.5~0.55	0.80~0.95
抗裂指标比	1	7

在搅拌混凝土过程中，为保证钢纤维均匀分布，不致成团，应按砂、碎（砾）石、水泥、钢纤维的顺序加入拌和机中，干拌 2min 后，再加水湿拌 1min。钢纤维混凝土路面可用一般混凝土路面的施工方法来铺筑，不需要特殊的机具设备。在抹面时，需将冒出混凝土表面的钢纤维拔出，否则应另加铺磨耗层。

钢纤维混凝土路面可以做成薄板、少缝，而且它的使用寿命长，养护费用少，国外一致认为它是一种新型路面材料，具有广泛的发展前途，特别是作为旧混凝土路面的罩面尤为适宜。国内有关单位也正在研究中。

8. 混凝土小块铺砌路面

块料由高强的水泥混凝土材料预制而成。抗压强度约为 60MPa，水泥含量 $3.5 \times 104 \sim 3.8 \times 104 kg/m^3$，水灰比 0.35，集料尺寸为 8~16mm，块料承受磨耗的面积一般小于 0.03 ㎡，厚度至少 0.06m，形状有矩形和嵌锁型（不规则形状）两类。这种路面结构由面层、砂整平层（厚 0.03m）和基层组成，基层类型同普通混凝土路面。

9. 碾压混凝土路面

碾压混凝土是一种含水率低，通过碾压施工工艺达到高密度、高强度的水泥混凝土。碾压混凝土路面与普通水泥混凝土路面相比能节省大量的水泥，且施工速度快，养生时间短，强度高，具有很好的社会经济效益。

根据我国碾压混凝土路面的施工水平，全厚式碾压混凝土路面的平整度难以达到规定的要求。国外也没有直接用作车辆高速行驶的路面面层。因此，碾压混凝土路面一般适用于二级及其以下等级的公路。

碾压混凝土的集料最大粒径以 20mm 为宜。当碾压混凝土分两层摊铺时，其下层集料最大粒径可采用 40mm。

当碾压混凝土路面分两层铺筑时，可以在下层加适量的粉煤灰。碾压混凝土加粉煤灰以后，不仅造价减低，而且可以起到降低水化热，改善工作量，提高抗冻、抗渗的作用。

三、水泥混凝土路面构造

1. 土基

混凝土路面下的路基必须密实、稳定和均匀。路基一般要求处于干燥或中湿状况，过湿状态或强度与稳定性不符合要求的潮湿状态的路基必须经过处理。

路基的不均匀支承，可能由下列因素所造成：

（1）不均匀沉陷——湿软地基未达充分固结；土质不均匀，压实不充分、填挖接合部以及新老路基交接处处理不当。

（2）不均匀冻胀——季节性冰冻地区，土质不均匀（对冰冻敏感性不同）；路基潮湿条件变化。

（3）膨胀土——在过干或过湿（相对于最佳含水量）时压实；排水设施不良等。

控制路基不均匀支承的最经济、最有效的方法：把不均匀的土掺配成均匀的土；控制压实时的含水量接近于最佳含水量，并保证压实度达到要求；加强路基排水设施，对于湿软地基，则应采取加固措施；加设垫层，以缓和可能产生的不均匀变形对面层的不利影响。

2. 基层

混凝土面层下设置基层的目的是：

（1）防唧泥混凝土面层如直接放在路基上，会由于路基土塑性变形量大，细料含量多和抗冲刷能力低而极易产生唧泥现象。铺设基层后，可减轻以至消除唧泥的产生。但未经处置的沙砾基层，其细料含量和塑性指数不能太高，否则仍会产生唧泥。

（2）防冰冻在季节性冰冻地区，用对冰冻不敏感的粒状多孔材料来铺筑基层，可以减少路基的冰冻深度，从而减轻冰冻的危害作用。

（3）减压减小路基顶面的压应力，并缓和路基不均匀变形对面层的影响。

（4）防水在湿软土基上，铺筑升级配粒料基层，可以排除从路表面渗入面层板下的水分以及隔断地下毛细水上升。

（5）为面层施工（如立侧模、运送混凝土混合料等）提供方便。

（6）提高路面结构的承载能力，延长路面的使用寿命。

因此，除非土基本身就是有良好级配的沙砾类土，而且是良好排水条件的轻交通道路之外，都应设置基层。同时，基层应具有足够的强度和稳定性，且断面正确，表面平整。

基层厚度以 20 cm 左右为宜。基层宽度应比混凝土路面板每侧各宽出 25~35 cm（采用小型机具或轨道式摊铺机施工）或 50~60 cm（采用滑模摊铺机施工），或与路基同宽，以供施工时安装模板，并防止路面边缘渗水至土基而导致路面破坏。在冰冻深度大于 0.5 m 的季节性冰冻地区，为防止路基可能产生的不均匀冻胀对混凝土面层的不利影响，路面结构应有足够的总厚度，以便将路基的冰冻深度约束在有限的范围内。路面结构的最小总厚度，随冰冻线深度、路基的潮湿状况和土质而异。超出面层和基层厚度的总厚度部分可用基层下的垫层（防冻层）来补足。

3. 混凝土面板

混凝土面板应保证表面平整、耐磨、抗滑。混凝土面板的平整度以 3m 直尺量测为准。3m 直尺与路面表面的最大间隙高速公路和一级公路不应大于 3 cm；其他各级公路不应大于 5 cm。混凝土面板的抗滑标准以构造深度为指标。高速公路和一级公路不应低于 0.8 cm；其他各级公路不应低于 0.6 cm。

4. 接缝的构造与布置

混凝土面层是由一定厚度的混凝土板所组成，它具有热胀冷缩的性质。由于一年四季及白昼气温的变化，混凝土板会产生不同程度的膨胀和收缩，会使板的周边和角隅发生翘起的趋势。这些变形会受到板与基础之间的摩阻力和黏结力，以及板的自重车轮荷载等的约束，致使板内产生过大的应力，造成板的断裂或拱胀等破坏。

由于翘曲而引起的裂缝，则在裂缝发生后被分割的两块板体尚不致完全分离，倘若板体温度均匀下降引起收缩，则将使两块板体被拉开，从而失去荷载传递作用。

为避免这些缺陷，混凝土路面不得不在纵横两个方向设置许多接缝，把整个路面分割成许多板块。

横向接缝是垂直于行车方向的接缝，共有三种：缩缝、胀缝和施工缝。缩缝保证板因温度和湿度的降低而收缩时沿该薄弱断面缩裂，从而避免产生不规则的裂缝。胀缝保证板在温度升高时能部分伸张，从而避免产生路面板在热天的拱胀和折断破坏，同时胀缝也能起到缩缝的作用。另外，混凝土路面每天完工以及因雨天或其他原因不能继续施工时，应尽量做到胀缝处。如不可能，也应做至缩缝处，并做成施工缝的构造形式。

纵缝是指平行于混凝土路面行车方向的那些接缝。纵缝一般按 3~4.5m 设置，这对行车和施工都较方便。当双车道路面按全幅宽度施工时，纵缝可做成假缝形式。对这种假缝，国外规定在板厚中央应设置拉杆，拉杆直径可小于传力杆，间距为 1.0m 左右，锚固在混凝土内，以保证两侧板不致被拉开而失掉缝下部的颗粒嵌锁作用。当按一个车道施工时，可做成平头式纵缝。为利于板间传递荷载，也可采用企口式纵缝，缝壁应涂沥青，缝的上部也应留有宽 6~8mm 的缝隙，内浇灌填缝料。为防止板沿两侧路拱横坡爬动拉开和形成错台，以及防止横缝搓开，有时在平头式及企口式纵缝上设置拉杆，拉杆长 50~70 cm，直径 18~20mm，间距 1.0~1.5m。

对多车道路面，应每隔 3~4 个车道设一条纵向胀缝，其构造与横向胀缝相同。当路旁有路缘石时，缘石与路面板之间也应设胀缝，但不必设置传力杆或垫枕。

纵缝与横缝一般做成垂直正交，使混凝土板具有 90° 的角隅。纵缝两旁的横缝一般成一条直线。在交叉口范围内，为了避免板形成较锐的角并使板的长边与行车方向一致，大多采用辐射式的接缝布置形式。

四、常用材料选择及技术标准

水泥混凝土路面常用材料包括水泥、细集料（砂）、粗集料（碎、砾石）、水及外加剂、接缝材料和钢筋。水泥混凝土质量的好坏，除了配合比和搅拌质量之外，与原材料的质量和技术指标有很大关系，因此施工前和施工中，严格科学地选择或生产高质量的原材料，是铺筑优质水泥混凝土路面的前提。

1. 水泥

作为混凝土的胶结材料，水泥应具有强度高、干缩性小、抗磨性与耐久性好的特点。水泥品种及强度等级的选用，必须根据公路路面等级、工期、铺筑时间和方法及经济性等因素综合考虑决定。水泥混凝土路面主要采用硅酸盐水泥和普通硅酸盐水泥，水泥中的铝酸三钙含量不得超过 5%，铁铝酸四钙含量不得低于 18%，氧化钙含量不得超过 1%。初凝不得早于 1.5h，终凝不得迟于 10h。水泥胶砂试件 28d 龄期的干缩率不得大于 0.09%。

2. 细集料

细集料可采用天然砂（河砂、江砂或山砂），也可采用机轧的人工砂（如石屑等）细集料坚硬、耐久、清洁，满足一定的级配及细度模数，且有害杂质含量少。

（1）细度模数

细度模数是各号筛的累计筛余百分率之和除以 100。细度模数反映的是全部颗粒粗细程度，当考虑砂的颗粒分布情况时，应同时用细度模数和级配两项指标反映其性质。路面用砂的细度模数一般在 2.5 以上。

（2）杂质含量

细集料中含有泥土（包括尘屑和黏土）、有机物、硫化物和硫酸盐等杂质，会妨碍水泥的水化反应。因此，细集料的含泥量应不大于 3%，硫化物和硫酸盐含量（主要是 SO_3）不大于 1%，同时，砂中不得混有石灰、煤渣、草根等杂物。

3. 粗集料

为保证混凝土具有足够的强度、良好的抗滑性、耐磨性、耐久性，粗集料应质地坚硬、耐久、洁净，且符合一定的级配。

用表面粗糙且多棱角的碎石配制的混凝土，具有良好的黏附性和较高的强度。砾石配制的混凝土具有良好的工作性。

粗集料的最大粒径应不大于 40mm，其级配可采用连续级配和间断级配。工程中一般采用工作性优良的连续级配，若为间断级配，应采用强力振捣。

4. 水

混凝土所用的水，应不含有影响混凝土质量的油、酸、碱、盐类、有机物等。水中硫酸盐含量（按计）不超过 2.7mg/ cm^3，含盐量不超过 5.0mg/ cm^3，pH 不小于 4。

5. 外加剂

为改善混凝土的技术性质，在混凝土的制备过程中，常掺入一定量的流变剂、调凝剂和引气剂等外加剂。

（1）流变剂

流变剂是改善新拌混凝土流变性能的外加剂，工程中常用的流变剂为减水剂。

混凝土中加入适量的减水剂，可大大地改善新拌混凝土的工作性能或显著降低水灰比，从而提高混凝土的强度和改善混凝土的抗冻、抗磨、收缩等性能。

工程中常用的减水剂有木质素系减水剂（简称 M 剂）、萘系减水剂（NF、MF 等）、水溶性树脂（密胺树脂）类减水剂等。

（2）调凝剂

调凝剂是调节水泥混凝土凝结时间的外加剂，通常有早强剂、促凝剂、速凝剂和缓凝剂。

早强剂是加速混凝土早期强度发展的外加剂，常用的有氯化钙和三乙醇复合早强剂。

促凝剂是缩短混凝土中的水泥浆从塑性状态到固体状态的转化时间，常用的水玻璃、铝酸钠、碳酸钠、氟化钠、氯化钙和三乙醇胺等。

速凝剂是使水泥混凝土迅速凝结和硬化的外加剂，可用于冬季施工。常用的有红星 1 号、711 型、782 型等，通常掺入量为水泥用量的 2.5%~4.0%，初凝时间可在 5min 之内，终凝时间在 10min 之内。

缓凝剂是延缓水泥凝结时间的外加剂，常在气温较高时拌制混凝土使用。主要有羟基羧酸盐类（酒石酸等）、多羟基碳水化合物（糖蜜等）和无机化合物类（Na_3PO_4 等）。

（3）引气剂

引气剂能在混凝土中形成细小的、均匀分布的空气微泡，对新拌混凝土可改善其工作性、减少泌水和离析，对硬化后的混凝土，可缓冲其水分结冰膨胀的作用，提高混凝土的抗冻性、抗渗性和抗蚀性。

常用的有松香热聚物、烷基磺酸钠和烷基苯碳酸钠等，其质量应符合标准的规定，掺入量的 0.005%~0.01%，并应经试验和实地试用后再确定是否适用。

6. 接缝材料

接缝材料包括接缝板和填缝料。

接缝料应选择能适应混凝土的膨胀与收缩，施工时不变形、耐久良好的材料。常用杉木板、软木板、橡胶、海绵泡沫树脂类等。

填缝料应选择与混凝土板壁黏结力强、回弹性好、能适应混凝土的收缩、不溶于水、不掺水，高温不溢、低温不脆的耐久性材料。按施工温度可分为加热施工式和常温施工式两种，加热施工式填缝料主要有沥青橡胶类、聚氯乙烯胶泥类和沥青玛蹄脂类等，常温施工式填缝料有聚氨酯焦油类、氯丁橡胶类和乳化沥青橡胶类。

在路面工程中，接缝中的软木板、加热式施工填料中聚氯乙烯胶泥和常温式施工中KM880 建筑密封膏以及聚酯改性沥青性能较好。

7. 钢筋

水泥混凝土路面所用的钢筋有传力杆、拉杆及补强钢筋等。钢筋的品种、规格应符合设计要求，且表面油污和颗粒状或片状锈蚀应清除。

第二节　水泥混凝土路面施工工艺

施工质量直接影响水泥混凝土路面质量，而其关键是路面混凝土摊铺的机械和技术。路面机械化施工，不仅可提高施工速度和施工质量，还可降低工程造价。常见的大型摊铺设备有滑模摊铺机和轨道摊铺机，由于我国各地经济发展水平各不相同，大型摊铺设备前期投资较大，因此在混凝土施工中还大量存在小型机具施工和三辊轴机组施工。

无论采用何种施工方式，施工前都要做好准备工作，它是保证施工顺利进行和施工质量的前提，主要有以下几方面：编制好施工组织设计，建立健全全面的质量管理体系；现场清理和水电供应、施工道路、拌和站建设、办公生活用房等辅助设施建设；原材料的准备和性能检验以及混凝土配合比检验调整；对基层的平整度、压实度、高程、横坡等指标进行检查和处理休整，并洒水湿润；严格按照要求安装模板。

一、小型机具施工

由于我国经济水平限制和施工需要，虽然小型机具施工速度慢，人为影响质量较大，但仍然得到广泛应用，尤其是在二级以下公路建设中，仍占很大比例。

水泥混凝土小型机具施工主要有以下工序：测量放样→安装模板→架设传力杆和拉杆→拌和物搅拌和运输→摊铺成型→表面修整→抗滑构造制作→接缝施工→养生。小型机具施工主要机械设备有：配备自动质量计量设备的间歇式搅拌的强制式搅拌机，一般选用双卧轴式；插入式振捣棒、平板振动器和振动梁等振捣工具；提浆滚杆、叶片式或圆盘式抹面机、3m 刮尺和抹刀等整平抹面工具；拉毛机、工作桥、硬刻槽机等抗滑构造设备以及运输车辆、小型机具选型和配套时应根据工程规模、质量要求和工期等要求进行合理配置。

小型机具铺筑水泥混凝：土路面，在摊铺前一定做好检查准备工作，施工现场应有专人指挥卸料，拌和物应分布成均匀的小堆，以方便摊铺，若拌和物有离析，应用铁锹翻拌均匀，严禁加水，用铁锹送料，应反扣，严禁抛掷和搂耙，面板的厚度在 22 cm 以下，可一次摊铺，若超过 22 cm，应分层摊铺、人工摊铺拌和物的坍落度应控制为 5~20mm，拌和物松铺系数应通过现场试验确定，一般控制为 1.10~1.25，料偏干取较高值，反之取较小值。

拌和物摊铺均匀后，应采用插入式振捣棒、平板振动器和振动梁配合进行振捣成型，这是保证混凝土路面质量的关键。在每个车道上，第 2 米应配备两根振捣棒。振捣时，先用振捣棒按梅花桩位置交错振捣，每次振捣不应少于 30s，以拌和物不再冒气泡和泛出水泥浆，并停止下沉为止，振动棒移动间距应不大于 50 cm，离板边缘应不大于 20 cm，并避免和模板、钢筋、传力杆、拉杆碰撞，在边角位置应特别注意，仔细加以振捣。

插入振捣棒振捣后，用振动板全面振实，每车道配 1 块振动板，纵横交错振捣两遍，振动板移位时，应重叠 10~20 cm，在每一位置振动时间应以振动板底部和边缘泛浆厚度为 3±1mm 为限，时间不少于 15s，注意不能过振。然后，用振动梁进一步振实整平提浆，振动梁应垂直路面中线，沿纵向拖行，往返 2~3 遍，使表面泛浆均匀平整，振动梁应具有足够的刚度和质量，底部应焊接或安装深度 4mm 左右的粗集料压实齿，每个车道上应配备一根具有两个振动器的振动梁。

在振捣过程中，应随时进行人工找平，找平中所用拌和物应用同一批次的拌和物，严禁使用砂浆，还应随时检查模板、拉杆、传力杆、钢筋网位置，出现问题及时调整。

采用两次摊铺时，两层摊铺间隔时间应尽量短，上层振捣必须在下层初凝前完成。

振实作业完成后，可通过滚杆、抹面机或大木抹进行整平，整平时先用滚杆提浆整平，每车道配备一根滚杆，整平时第一遍应短距离缓慢一进一退拖滚或推滚，以后要长距离匀速拖滚两遍并将水泥砂浆始终保持在滚杆前方。

拖滚后，用 3m 刮尺纵横各一遍整平饰面或采用抹面机往返 2~3 遍压浆并整平抹面。使用抹面机时，每车道应配备至少一台。抹面机完成作业后，应进行清边整缝，清除黏浆，修补缺边、掉角，清除抹面留下的痕迹，并用 3m 刮尺，纵横各一遍精平饰面，精平饰面后，平整度要达到规定要求。

二、三辊轴机组摊铺施工

三辊轴机组是介于小型机具施工和摊铺机施工之间的一种中型施工设备，比之摊铺机成本低，适应性强，操作简单方便，能达到较高的平整度。

三辊轴机组施工工艺流程以及机械布置顺序为：测量放样→装模板→拌和物拌和与运输→布料机具布料→排式振捣机振捣→拉杆安装机安装拉杆→人工找补→三辊轴整平→（真空脱水）→精平饰面→抗滑构造制作→接缝施工→养生→硬刻槽→填缝。

三辊轴机组施工的摊铺能力不是很强，因此要特别注意布料的均匀性、准确控制布料高度，要有专人指挥车辆均匀卸料，布料可用人工也可用装载机或挖掘机布料。人工布料时，应使用排式振捣机前方的螺旋布料器辅助控制松铺厚度，在坍落度为10~40mm的拌和物松铺系数应取为1.12~1.25，坍落度大时取低值，坍落度小时取高值。超高路段和有横坡路段，摊铺应考虑横坡影响，松铺系数横坡高侧取高值，低侧则取低值。

当混凝土摊铺长度超过10m时，应立即进行振捣密实。振捣时，每次移动距离不宜超过振捣棒有效半径的1.5倍，且不得大于50 cm，振捣时间一般为15~30s，以拌和物中粗集料停止下沉表面不再冒泡，并泛出水泥浆为准。注意不能过振，振捣中，排式振捣机应均匀缓慢不间断地前进。

面板振实后，应立即安装拉杆，单车道施工时，应在侧模预留孔中按设计要求在板厚度中间插入钢筋拉杆，双车道摊铺施工时，除在侧模插入拉杆外，还要使用拉杆插入机在中间纵缝部位按设计要求插入钢筋拉杆，插入拉杆后立即振捣拌和物，以使拌和物充分包裹拉杆。

混凝土拌和物振捣后，工作性损失较快，若布料长度较短就开始振动，三辊轴整平机不能立刻跟上施工，两道工序间隔时间较长，会使拌和物工作性损失较高，造成以后施工较困难，因此应在布料达一个作业单位长度才开始振实，并紧跟三辊轴整平机进行整平，两道工序间隔时间不宜大于10min。

三辊轴整平机作业长度一般为20~30m。在一个作业长度内，三辊轴机应采用前进振动，后退静滚的方式作业，其作业遍数一般为2~3遍，不得超过3遍。振动时，调整好振动轴的高度，与模板顶面留2mm间隙，振动轴只能打击削平拌和物表面。由于三辊轴机自重较大，施工中要随时注意观察模板情况，出现问题立即纠正。

振动滚压完成后，将振动辊轴抬离模板，用整平轴前后静滚整平，静滚遍数要足够多，一般为4~8遍，直到平整度符合要求，表面砂浆厚度和水灰比均匀为止。最终表面砂浆厚度应控制在（4±1）mm内。三辊轴整平机前方表面过厚过稀的砂浆必须刮除丢弃，以改善表面的抗滑性及耐磨性。

三辊轴整平机基本整平路面后，应立即采用3~5m刮尺进行刮面，刮尺应纵向摆放，横向推拉，速度要均匀，每次推拉要一次完成，不停顿，并调整好刮刀与路面的接触角度。

待表面泌水蒸发消失后，再使用刮板或抹刀进行1~2遍收浆饰面抹光，经过抹光处理后，再进行抗滑构造施工，可明显提高表面耐磨性，收浆饰面应在泌水蒸发消失。混凝土表面还能够压实但不留下明显浆印时进行。

三、碾压混凝土路面施工

碾压混凝土施工技术是利用沥青混凝土摊铺机铺筑碾压混凝土的施工方法，一般施工流程为：碾压混凝土拌和→运输→卸入沥青摊铺机→沥青摊铺机摊铺→打入拉杆→钢轮压路机初压→振动压路机复压→轮胎压路机终压→抗滑构造处理→养生→灌切缝→灌缝。配置的主要机械设备有沥青摊铺机、钢轮压路机、振动压路机、轮胎压路机和其他一些辅助设备。

基准线是碾压混凝土施工的生命线，在施工前要完成基准线的设置，单根基准线一般不超过 450m，基准线设置宽度除应保证摊铺外，还应满足两侧 650~1000mm 横向支距的要求，基准线桩在直线段一般间距为 10m，曲线段要加密设置，但间距不能小于 2.5m。固定线桩时，应保证夹线臂到基层距离为 450~750mm，设置好后应以不小于 1000N 的拉力对基准线进行张拉。

碾压混凝土摊铺前应先洒水湿润基层，摊铺速度要均匀、连续，不要随意变换速度或停顿，速度可按下式计算确定，一般控制在 0.6~1.0m/min 范围内。

$$v = MK/60bh$$

式中　v——摊铺机速度（m/min）；

　　　M——搅拌机产量（m³/h）；

　　　b——摊铺宽度（m）；

　　　h——摊铺厚度（m）；

　　　K——效率系数，一般为 0.85~0.95，使用一台搅拌机时选低值，多台时选高值。

碾压混凝土路面摊铺时的松铺系数应根据混凝土配合比、施工机械由试铺决定。摊铺布料时应使用螺旋布料器，转速和摊铺速度相适应，防止两边缘料不足。在摊铺到弯道路段时，应及时调整左右两侧分料器的转速，防止两侧供料不均衡。在摊铺中，应同时设置拉杆，设置拉杆通过设醒目的标记保证拉杆准确打入。

摊铺完成后，应立即对混凝土表面进行检查，修补缺陷，局部缺料应及时补上，粗集料集中部位采用湿筛砂浆进行弥补。

当摊铺长度超过 30m 即可进行碾压，一般碾压作业段长度为 30~40m。碾压按初压、复压、终压三个阶段进行，碾压时，在直线段应按从外侧向路中心碾压；在平曲线有超高路段，由低侧向高侧，由内向外碾压。

初压一般要用钢轮压路机或振动压路机静压，相邻碾压带应重叠 1/3~1/2 碾压宽度。在复压过程中应禁止振动压路机中途急停、急拐、紧急起步和快速倒车，要缓慢柔顺。复压要使混凝土达到规定压实度为止，一般为 2~6 遍。

终压采用轮胎压路机静压，终压遍数应以弥合表面微裂纹和消除轮迹为标准，初压、复压、终压作业要紧密相连，环环相扣，一气呵成，中间不停顿，相互间也不得干扰。

碾压混凝土横向施工缝和其他方法相比较特殊，呈"台阶状"。目的是便于插入传力杆和接头处碾压密实，其制作方式是：在施工终点处设纵向斜坡，碾压结束后将不合格部位切除，第二天摊铺开始时，后退 15~20 cm，切割施工缝，深度为 8~10 cm，并将切缝外混凝土刨除形成台阶，然后涂刷水泥浆，继续连接摊铺新路面，硬化后切施工缝。

第三节 轨道式摊铺机施工

一、轨道摊铺工艺流程

轨道式施工是指在基层上铺设两条轨道板，作为路面侧向支撑和路型定位模板，顶部作为路面表面基准，施工机械行驶在轨道上进行布料，振动密实，成型、修整和拉毛，养生的混凝土路面施工法。

轨道摊铺施工的工艺流程为：准备工作→混凝土搅拌→人工支模板→架设拉杆→布料→振捣→表面修整→接缝施工→抗滑构造制作→养护→锯缝填缝→路面性能检测→竣工验收→开放交通等。

二、混凝土的拌和与运输

混凝土组成材料的技术指标和配比计量的准确性是混凝土拌制的关键，实际施工中采用集料箱加地磅的方法计量，有条件时宜采用配有电子秤等自动计量设备。一般国产强制式拌和机，拌制坍落度为 1~5 cm 的混凝土，其最佳拌制时间宜：立轴强制式拌和机为 90~180s，双卧轴强制式拌和机为 60~90s，最长拌制时间不超过最短拌制时间的 3 倍。拌和中，需外加剂时，应对外加剂单独计量。各材料的计量精度、水和水泥不超过 ±1%；粗细集料不超过 ±3%；外加剂不超过 ±2%。

运输中，因蒸发和水化失水、颠簸和振动使混凝土发生离析，影响混凝土的工作性，应尽量缩短运输时间，并用帷布或适当的方法覆盖。

机械化施工时，可采用自卸汽车或搅拌车运输混凝土。一般坍落度大于 5 cm 时宜用搅拌车运输，运输时间不宜超过 1.5h，自卸车不宜超过 1.0h，特殊情况时，可使用缓凝剂。

三、混凝土的摊铺与振捣

1.轨道模板安装

轨道摊铺机施工是在使用轨道和模板合一的专用机模上行进摊铺，其模板要求较高，一般其单根长度 3m，底面宽度为高度的 80%，轨道顶面应高于模板 2~4 cm，轨道中心至模板内侧边缘距离一般为 12.5 cm。轨道准备的数量应根据施工进度和施工气温，并满足拆模周期需要而定，一般不少于 3~5d 需要。

安装时，以轨道模板顶面高程为基准控制路面表面的高程，其高程控制的精确度，铺轨是否平直，接头是否平顺，模板的刚度将直接影响路面表面的质量和行驶性能。轨道用螺栓和垫层固定在模板支座上，模板用钢钎固定在基层上，安装后应对照摊铺厚度进行调整检测，并在模板内涂刷脱模剂和隔离剂，接头应黏胶带或塑料薄膜密封。设置纵缝时，应按要求间距，在模板上预先做孔放置拉杆。各种钢筋的安装位置偏差不得超过 1 cm；传力杆须与板面平行并垂直接缝，偏差不得超过 5mm；传力杆间距不得超过 1 cm。

2. 摊铺

轨道摊铺机是通过卸料机将混凝土倾卸在基层上或料箱内，然后将混凝土按摊铺厚度均匀地铺在模板中，采用的摊铺机械主要有刮板式、箱式、螺旋式。

刮板式摊铺机能在模板上自由前后移动，导管也能左右移动，刮板可以任意方向旋转摊铺。这种摊铺机质量轻，易操作，但摊铺能力较小。

箱式摊铺机的混凝土，在摊铺机前进时从横向移动的箱中卸下，同时箱子的下端按松铺厚度刮平混凝土。混凝土一次全部放入箱内，质量大，摊铺均匀而准确。

螺旋式摊铺机的摊铺能力很大，是由可以正反方向旋转的螺旋杆（直径约 50 cm）将混凝土摊开。螺旋后面有刮板，可正确调整高度。

布料松铺系数应根据拌和物实测坍落度在 1.15~1.30 控制，具体见表5-2。

表5-2 松铺系数K与坍落度SL的关系

坍落度/mm	5	10	20	30	40	50	60
松铺系数	1.30	1.25	1.22	1.19	1.17	1.15	1.12

使用螺旋布料器和刮板布料时，卸在铺筑宽度中间的拌和物不得过高、过大，也不得缺料，螺旋布料器前拌和物应保持在面板以上 10 cm 左右。

箱式布料一般应用在摊铺钢筋混凝土路面和有裸露粗集料的抗滑表层路面，其装料时应关闭料斗出料口，运到布料位置时，轻轻打开出料口，待拌和物堆成"堤状"，再左右移动料斗布料。

3. 振捣

混凝土的振捣可采用振捣机或内部振动式振捣机进行。

振捣机是在摊铺机后面，对混凝土进行整平和捣实。在振捣梁前方设置一道与铺筑宽度相同的复平刮梁，后面是一道全宽的弧面低频率弹性振捣梁。振动频率一般为 50~100Hz，复平梁前沿堆有确保充满模板的不超过 15 cm 厚的余料。弹性振动梁通过后混凝土已全部振实，其后的混凝土应控制有 2~5mm 的回弹高度，挤出砂浆，进行整平。靠近模板处的混凝土，可用插入式振捣器补充振捣。内部振动式振捣机主要用并排安装的振捣棒插入混凝土中进行内部振实。

四、混凝土的修整与养生

振实后的混凝土应进行整平、收光、压纹和养生。

1. 整平

混凝土的表面整平有斜向和纵向移动两种，用一对与摊铺机前进方向成一定角度的整平梁进行斜向整平（其中有一根为振动整平梁），与摊铺机方向一致的整平梁在混凝土表面纵向往返移动作纵向整平。整平时，应使整平机前的混凝土涌向路面横坡的一侧。

2. 收光

收光是使混凝土的表面更加致密、平整、美观。常用的国产 C-450X 机有较完备的整平、修光配套设施，整平质量较高。有时，也可由人工辅助收光。

3. 压纹

压纹是提高水泥混凝土路面行车安全的重要措施。施工时，用纹理制作机对混凝土路面进行拉槽或压槽，在不影响平整度的前提下，使路表面具有一定的粗糙度。纹理的平均深度一般控制在 1~2mm，纹理走向应与路面前进方向垂直，相邻板的纹理要相互衔接，相互沟通，以利排水。压纹的时间要控制适当，以混凝土表面无波纹水迹较适合。

4. 养生

混凝土的表面修整后，应进行养生。初期可用活动的三角形罩棚将混凝土全部遮盖。等混凝土的表面泌水消失后，可用洒水、薄膜、湿草或麻袋覆盖。有时，也可喷洒养生液进行养生，用量要足够、均匀。养生时间，使用普通硅酸盐水泥时一般为 14d，使用早强水泥时为 7d。

拆卸轨模应根据不同气温条件、混凝土抗压强度达到 8.0MPa 以上方可进行。模板一般在浇注混凝土 60h 后才可拆除，气温不低于 10℃时，可缩短至 20h；低于 10℃时，可至 36h。拆除模板时，不得损坏混凝土板和模板，拆除的模板应及时清理。混凝土养生期满后，才可开放交通。

五、接缝施工

1. 纵缝

平缝施工应在模板上设计的孔位放置拉杆，并在缝壁一侧涂刷隔离剂。拉杆应采用螺纹钢筋，顶面的缝槽以切缝机切成，用填料填满，并将表面的黏浆等杂物清理干净，保持纵缝的顺直和美观。

假缝施工应先将拉杆采用门形式固定在基层上，或用拉杆置放机在施工时置入。顶面的缝槽以切缝机切成，使混凝土在收缩时能从此缝向下规则开裂，施工时应防止切缝深度不足引起不规则裂缝。

2. 横向缩缝

混凝土结硬后，应适时切缝。切缝时间应控制在混凝土获得足够的强度，而收缩应力并未超出其强度范围时，以防切缝不整齐或出现早期裂缝；一般切缝时间以施工温度与施工后时间乘积为 200℃ ~300℃ /h 或混凝土的抗压强度为 8~10MPa 时比较合适。切缝的方法以调深调速的切缝机锯切效果较好，为减少早期裂缝，切缝可采用"跳仓法"，即每隔几块板切一缝，然后再逐块切锯。切缝深度为板厚的 1/3~1/4，切缝太浅会引起不规则断板。

3. 胀缝

胀缝分浇注混凝土终了时设置和施工中间设置两种情况。

施工终了时设置胀缝，可采用以下形式。传力杆长度的一半穿过端部挡板，固定于外侧定位模板中，混凝土浇筑前应先检查传力杆位置。浇注时，应先摊铺下层混凝土，用插入振捣器振实，并校正传力杆位置，再浇注上层混凝土。浇筑邻板时应拆除顶头木模，并设置下部胀缝板、木制嵌条和传力杆套管。

施工过程中间设置胀缝，则可采用以下形式。胀缝施工应预先设置好胀缝板和传力杆支架，并预留好滑动空间。为保证胀缝施工的平整度以及机械化施工的连续性，胀缝板以上的混凝土硬化后用切缝机按胀缝板的宽度切 2 条线，待填缝料时，将胀缝板以上的混凝土凿去。这种施工方法，对保证胀缝施工质量特别有效。

4. 施工缝

施工缝为施工间断时设置的横缝，常设于胀缝或缩缝处，多车道施工缝应避免设在同一横断面上。施工缝如设于缩缝处，板中应增设传力杆，其一半铺固于混凝土中，另一半应先涂沥青，允许滑动。传力杆必须与缝壁垂直。

5. 接缝填封

混凝土板养生期满后应及时填封接缝，填缝内必须清扫干净并保持干燥。填缝料应与混凝土缝壁黏结紧密，不渗水，其灌注深度以 3~4 cm 为宜，下部可填入多孔柔性材料。填缝料的灌注高度，夏天应与板面平齐，冬天宜稍低于板面。

当用加热施工式缝料时，应不断搅匀，至规定温度。气温较低时，应用喷灯加热缝壁。个别脱开处，应用喷灯烧烤，使其黏结紧密。用的强制式灌缝机和灌缝枪，能把改性聚氯乙烯胶泥和橡胶沥青等加热施工式填缝料和常温施工式填缝料灌入缝宽不小于 3mm 的缝内，也能把分子链较长、稠度较大的聚氨酯焦油灌入 7mm 宽的缝内。

第四节　滑模式摊铺机施工

一、概述

施工技术直接影响水泥混凝土路面的使用性能，而其关键是水泥混凝土路面摊铺机械和技术。我国水泥混凝土路面发展迅速，每年铺筑 1.5 万 km 以上，且交通运输向大型重载高速发展，这些都要求加快施工速度，提高施工质量降低工程造价。因此，客观上要求在水泥混凝土路面施工中采用滑模施工等机械化施工。

滑模施工是一种采用滑模摊铺水泥混凝土路面的机械化施工工艺方式，其特征是不架设边缘固定模板，将布料、松方控制、高频振捣棒组、挤压成形滑动模板、拉杆插入、抹面等机构安装在一台可自行的机械上，通过基准经控制，能够一遍摊铺出密实度高、动态平整度优良，外观几何形状准确的水泥混凝土路面。

滑模施工与其他施工技术相比具有以下特点：

1. 滑模摊铺机有密集排列均匀配制的振捣棒，振动强度高、振动速度大。对水泥的活性有很大激发作用，使水泥的水化反应程度加深。试验表明滑模施工的水泥混凝土路面比人工施工的抗折强度高 10%~15%。

2. 滑模摊铺机吨位大，有自重 50%~70% 的挤压力作用于振捣过的混凝土路面，由于具备强大的挤压成形和进一步密实作用，因而滑模摊铺施工的水泥混凝土路面，外观规矩、密实度高、抗折强度的保证率高得多。

3. 节约材料和人工费用，由于滑模摊铺不需架设模板，无模板及其损耗，且因自动化程度高，需辅助生产的劳动力比其他施工方式少得多，其生产率是人工施工的 5~10 倍。

4. 生产效率高，摊铺速度快。国内日施工最快可达 15300 ㎡（8.5m 宽，26 cm 厚路面），正常情况下，可施工场 8500 ㎡。

5. 水泥混凝土配料精度和均匀稳定性极高。由于滑模摊铺混凝土速度快，必须使用数台大型混凝土搅拌机生产混凝土配合，大型搅拌机计量精度和自动化程度较高，从而极大地提高水泥混凝土拌和物的精度。

6. 自动化程度高，滑模摊铺机具有变动防差错系统、自动学习系统、自动设置路线弯道参数等高技术计算机操作系统，是筑路机械设备中高新技术应用最充分的先进路面施工装备之一，人称"Robotmachine"自动机器人或机械。

2020 年，滑模摊铺施工的逐步推广，已经极大地提高我国水泥混凝土摊铺效率，提高水泥混凝土路面质量，充分发挥水泥混凝土路面的优势。

二、滑模摊铺工艺流程

滑模摊铺的特点是不需轨模，由四个液压缸支承腿控制的履带行走机构行走。它可以通过控制机构上下移动，调整摊铺层厚度。在摊铺机两侧安装固定的滑模板。因此不需另设轨模，这种摊铺机一次通过就可以完成摊铺、捣实、整平等多道工序。

滑模摊铺机械化程度高，其施工工艺较为复杂，每一个流程都要求做到充分、精确，整个施工工艺大致可分为：施工前准备→混凝土拌和→混凝土运输→滑模摊铺及整修养护→灌填缝料→验收及开放交通。

1. 施工工艺

滑模式摊铺机的摊铺过程如下：先由螺旋摊铺器把堆积在基层上的水泥混凝土向左右横向铺开，刮平器进行初步刮平，然后用振捣器进行捣实，刮平器进行振捣后整平，形成密实而平整的表面，再利用搓动式振捣板对混凝土层进行振实和整平，然后用光面带进行光面。

混凝土面层滑模式摊铺机的其他施工工艺与轨道式基本相同，但其整机性能好，操纵方便和采用电子导向，因此生产率较高。

2. 滑模式摊铺机施工常见问题

滑模式摊铺机施工中，主要解决塌边和麻面问题。

（1）塌边

主要有边缘塌落、边缘倒塌和松散无边等，它影响到路面的质量，增加修边的工作量。

1）边缘塌落。边缘塌落影响路面的平整度和坡度，对双幅施工的整体路面会造成中间积水。应根据混凝土的坍落度调整一定的预抛高度，使坍落定型时恰好符合设计的边缘要求，同时，摊铺速度宜控制在 2~4m/min。

2）倒边和松散无边。使用立轴式混凝土拌和设备时，拌和料应避免出现离析现象，否则，在边缘处就会出现倒边，在路中间就会出现麻面。

布料器布料时往往将混凝土稀浆分到两边，可用人工粗布料或适当调整靠边侧的振动器的振动频率。

另外，应注意集料的形状和配合比。扁平状或圆状集料成型较差，一般混凝土的坍落度不大时，塌边是可以避免的。

（2）麻面

混凝土的坍落度值低是形成麻面的主要原因，此外是拌和不均匀。施工时，应严格控制混凝土的坍落度，即要求高精度的拌和设备和计量装置。

三、滑模施工机械设备配置

水泥混凝土路面滑模施工机械由各施工单位根据路面结构设计、工期要求、公路等级等条件，按照"性能先进适用、生产能力匹配，施工稳定高效"的原则选择配置。

高速公路、一级公路主要道施工，一般应选配能同时摊铺 2~3 个车道，宽度为 7.5~12.5m 的大型或 12.5~16m 特大型摊铺机，选择特大型摊铺机施工时，其外侧路肩的宽度要大于履带宽度加上基准线间距，二级以下路面的最小摊铺宽度不得小于 3.75m。

滑模摊铺机应配备螺旋式刮板布料器，松方高度控制板，振动排气仓，足够的振动棒，夯实杆或振动差动搓平梁、自动抹平板，可提升模板、侧向及中部打拉杆装置，需要时可配备自动传力杆插入装置 DBI，需夜间施工时，应配备照明设备。施工单位根据自身条件和工期要求，可选择配备布料机、滑模摊铺机和拉毛养生机三台设备联合施工，也可只配备一台滑模摊铺机，其他由人工辅助施工。滑模连续摊铺规模较大的钢筋混凝土路面、桥面、桥头搭板时，一般应配备侧面上料的布料机或自带侧向上料机构的滑模摊铺机。

四、基准线设置

设置基准线的目的是为滑模摊铺建立一个高程、纵横坡、板厚、摊铺中线、弯道及连续平整度等基本几何位置的基准参考系。滑模摊铺的基准线设置方式有基准线、方铅管和多轮支架等。除基准线外，其他方式要求基层必须经过精整机铣刨达 3m 直尺平整度 ≤3mm，而我国施工中一直要求平整度为 8mm，在这种条件下，为保证滑模施工的高平整度，不宜采用其他简易基准设置方式。

1. 基准线形式

基准线按照所摊铺路面横坡方向和基准线位置可分为单向坡双线式、单向坡单线式和双向坡双线式三种形式。

（1）单向坡双线式：所铺路面横向坡为单向坡，基准线位于摊铺机两侧。

（2）单向坡单线式：只在摊铺机一侧设基准线，适用于在已摊铺好的水泥混凝土面板边缘摊铺另一幅水泥混凝土面板。

（3）双向坡双线式：所摊铺面板横向坡为双向坡，基准线位于摊铺机两侧，基准线上没有横坡。

2. 设置基准线的技术要求

设置基准线时，拉线到摊铺面板边缘的距离，应根据摊铺机侧模到传感器的位置而定，一般 2~4 履带跨中摊铺机，需 0.65~1.5m，这个宽度又称为基准线支距。放线桩应打入基层 10~15 cm，当打入困难时，应采用电钻打孔后再打。基层顶面到夹线臂的高度为45~75 cm，夹线臂夹口到桩的水平距离约为 30 cm。

放线桩距离在平面直线段 ≤10m；圆曲线段应加密，在小半径弯道或山区极小半径的回头弯道上，内侧为 2.5~5m，外侧为 3.5~7m；平面缓和曲线段或纵断面竖曲线段为5~10m。

基准线两端应设固定紧线器，并偏置在放线桩外侧 30~50 cm 处；基准线必须张紧，每侧拉线应施加 1000N 的拉力，张紧后基准线的垂度 ≤1mm。张拉线时，每段基准线的长度不大于 400m，否则全线张紧会较为困难。

3. 基准线的精度要求

基准线是为滑模摊铺机上的 4 个水平传感器和 2 个方向传感器提供一个精确与路面平行的水平（横坡）和直线（转弯）方向平面基准参考体系，其精度高低决定着路面摊铺的几何精度和平整度。因此基准线是滑模摊铺施工的"生命线"，是保证摊铺出的面板的高程、横坡、板厚、板宽等技术指标符合规范要求的必要条件。

4. 基准线放线时应注意事项

（1）为保证拉线准确性，设置平面基准线时，必须边测设，边用眼睛贴近拉线观测。在有中央路拱的平面圆曲及缓和曲线段拉线时，除拉线准确外，应在每个放线桩外标出摊铺拱中垂直高度，便于机手调整和渐变路拱的路面横坡。曲线及过渡段基准线设置好以后，在摊铺前必须由另一测工进行校核，防止出现差错。

（2）在地形复杂的山区公路施工，测量人员设置拉线时，应确切了解最小可摊铺的弯道半径。一般滑模摊铺机可施工的最小弯道半径≥50m；带加长侧模板的滑模摊铺机最小弯道半径≥75m。小转角弯道最小半径及侧模长度为 50~75m；大转角回头曲线最小半径为 75~100m，如不注意，将损坏所铺弯道路面或滑模摊铺机侧面板。

（3）基准线设置好以后，禁止扰动，在摊铺时，严禁碰撞和振动基准线，接头不得大于 1 cm。风力大于 5~6 级时，基准线不稳定，振动过大，影响摊铺平整度，应停止施工。

基准线设置宜在施工前一天完成。摊铺前应对基准线进行复测或抽查。

五、滑膜摊铺水泥混凝土路面施工要点

1. 施工前准备

应对施工前准备工作进行全面细致的检查，检查基准线是否符合板厚要求，设备和机具是否全部到位，运转是否正常；基层是否合格，是否清扫和洒水湿润；在横向连接摊铺时，传力杆是否矫正补齐，纵缝是否顺直，沥青是否涂抹等。这一切都是通过大量实践经验得来的。如板厚必须在摊铺前基准线上控制就是通过多条高速公路施工中总结得到的。

2. 正确设置滑模摊铺机各项工作初步参数

摊铺前，应对滑模摊铺机进行全面性能检查和各施工部件位置参数设定，参数的正确设定是滑模摊铺操作技术中最关键的技术环节之一，也是摊铺机调试中最重要的内容。这些参数通过试铺固定下来，在正式施工时根据现场情况适当微调。设置时注意振捣棒下缘位置应在挤压板最低点以上，间距不宜大于 45 cm，并均匀排列；最边缘振捣棒与摊铺边缘不大于 2S cm；调整挤压板前倾角为 3° 左右，提浆夯板的位置为挤压板前沿以下 5~10mm；设超铺角的滑模摊铺机两边缘超高程应根据料的稠度在 3~8mm 间调整；带振动搓平梁的滑模摊铺机应将搓平梁前缘调整到与挤压板后沿同一高程，搓平梁的后缘比挤压板后沿低 1~2mm，并与路面高程相同。

3. 摊铺机首次摊铺位置校正

首次摊铺时，在无纵坡和弯道的摊铺起点位置钉 4 个矩形分布的木桩，其顶面高程分别为挤压底板的 4 角点高程，后两桩为路面高程，前两桩在路面高程上应加挤压底板前倾角高程，有路拱时应增设拱中两个桩，准确测量摊铺机底板高程、横坡度和路拱，将传感器挂到基准线上，调整水平传感器立柱高度。使摊铺机挤压底板正好落在精确测量设置好的木桩上，同时调整摊铺机机架前后左右水平度。让摊铺机挂线自动行走，再返回校正一遍，正确无误后，即可摊铺。

4. 初始摊铺校正

在开始摊铺前 5m 内，必须对所摊出的路面高程、厚度、宽度、中线、横坡度等技术参数进行复核测量，机手应根据测量结果及时在摊铺中微调传感器、挤压底板、拉杆打入深度及压力、抹平板的压力及边缘位置。严禁停机剧烈调整高程、中线、横坡等，以免影响平整度。调整应在 10m 内完成。摊铺效果达到要求的参数要固定保护起来，严禁非机手更改或撞动。第二天连接摊铺时，应将摊铺机后退至前一天做的侧向收口工作缝（收口每侧 5m，长度与侧模等长或略长）路面内，到挤压底板前沿对齐工作缝端部，开始摊铺。

5. 卸料、布料要求

（1）滑模摊铺混凝土路面时，必须有专人指挥车辆卸料。自卸车卸料时，卸料应分布均匀，以减少摊铺机的摊铺负荷。最高料位高度不得高于松方控制板上缘，正常料位高度应在螺旋布料器叶片上缘以下。机前缺料时，可用装载机或挖掘机补充送料，并要求供料和摊铺速度协调。

（2）布料要求采用布料机施工，松铺系数应视坍落度大小由试铺确定，当坍落度为 1~5 cm 时，松铺系数宜为 1.08~1.15，坍落度为 3 cm 时，松铺系数应控制在 1.1 左右。布料与滑模摊铺机之间的距离应控制为 5~10m。热天日照强，风大时取小值，阴天，湿度大，无风时取大值。

6. 摊铺过程中操作要领

（1）机载布料器控制滑模摊铺机带的布料器有螺旋布料器和刮板布料器两种形式。刮板布料器的优点是布料效率高，摊铺阻力小，刮板磨损少，便于更换；缺点是对混合料不能进行二次机前搅拌，容易造成混合料离析和两侧混凝土不均匀。螺旋布料器则相反，具有优良的机前二次搅拌效果，离析小，分布的混凝土均匀，布料效率高，效果好；但是摊铺阻力大，螺旋棱磨损快，堆焊加强和更换比较麻烦，一般施工情况下，施工完成 30~50km 的高速公路就不得不更换螺旋。

螺旋布料器在机上的固定形式有两种：连续单根和中间分开独立控制。在摊铺宽度较窄的单车道路面时，适合单根形式，可将卸偏的混凝土从一侧分布到另一侧，但两根螺旋布料器的形式因中间支撑的阻隔，就较难做到。在摊铺双车道大宽度路面时，在摊铺宽度内可同时卸两车料，使用独立控制的两根螺旋布料器较适宜。注意布料要均匀，特别注意两侧边角的料要充足。螺旋布料器有很强的机前二次搅拌功能。如机前料充足，但不均匀时，应连续不断地左右旋转，以达到充分混合搅拌均匀之目的。

（2）松方高度控制板控制松方高度控制板或称进料门的控制技术是滑模摊铺施工的第一关，控制得好，施工顺畅；控制不好，不仅是平整度差，而且会损坏滑模摊铺机。摊铺过程中，机手应随时调整松方高度控制板进料位置，开始应略高些，以高于振捣棒 15 cm 左右为宜，以保证进料，正常料位以保持振捣仓内砂浆位高于振捣棒 10 cm 左右较为适宜，以利于振动仓内混凝土中的气泡受震动彻底排放掉。进料门应尽量控制在振捣仓内的混凝土基本维持在一个适宜的恒定高度上，根据我国的施工经验，这个高度一般为振捣棒中心线以上10cm左右较适宜。仓内有螺旋的摊铺机，正常料位应保持在螺旋杆中轴位置。

（3）摊铺行进速度控制滑模摊铺机应缓慢、匀速、连续不间断摊铺。摊铺速度应根据拌和物稠度和设备性能进行控制，一般为1m/min左右。当稠度发生变化时，应先调整振捣频率，再调整速度，一般拌和物偏稀时，应适当降低振捣频率，加快摊铺速度，最快控制为2m/min，最低振捣频率不得低于6000r/min；拌和物偏稠时，应适当提高振捣频率，减缓摊铺速度，最慢控制为0.5m/min，最高振捣频率不得高于11000r/min。

（4）监控振捣棒的位置和工作情况：摊铺中要随时检查振捣棒情况，以防止麻面和纵向塑性收缩裂缝，振捣棒的位置应该是其底沿在挤压底板的后沿高度以上。但不出现塑性收缩裂缝的前提下，允许使用板中位以上的振捣位置。在摊铺通过胀缝和钢筋网时，必须提高振捣棒，使其最低点位置在挤压板的后沿高度以上，以便于在不推移胀缝板和钢筋网的前提下，顺畅摊铺通过。

（5）摊铺密实度控制在滑模摊铺推进过程中，要视混凝土混合料的稠度随时对行进速度和振捣频率进行调整，以控制摊铺密实度。只有这样才能控制混凝土路面始终达到所要求的高密实度，并防止发生塌边、麻面、拉裂和砂浆层过厚等质量病害。

操作手应随时观察振捣仓内混凝土的排气情况，特别要求在振捣仓后部挤压底板前沿基本没有气泡排出的情况下，才能向前推进。在给定速度和振捣频率的工作状态下，在振捣仓没充分排除掉混凝土中的气泡，是当时混凝土稠度下，推进速度和振捣频率的合适与否的基本判断依据之一。同时，观察所摊铺出路面的平整度。如果在摊铺后的路面上发现有气泡、拱包，说明排气很不充分，必须隐匿低速度，提高振捣频率，同时隐匿低进料门控制高度，减小混凝土路面板承受的压力，以保证密实度和平整度。如果采取了，上述措施仍调整不了，或挤压板的混凝土表面有拉裂现象，就证明挤压底板前仰角过大，需要往小调整。在混凝土所有原材料中，只有气泡在挤压力下具有较大的可压缩性，待摊铺过后，压力释放，接近表面的大气泡会将路面砂浆顶起来，影响平整度。

（6）挤压底板前仰角的调整滑模摊铺机型号不同，其设定的挤压底板前仰角也各不相同。对于给定的混凝土稠度，每台滑模摊铺机都有一个最佳前仰角设定角度，最佳前仰角需通过施工实践摸索积累。滑模摊铺机的前仰角设定必须在每天开工之前设定，施工进行中不能调整。因此必须在前几次施工中摸索并确定最佳前仰角，固定下来，不可经常调整。

（7）超铺角控制滑模摊铺机上设置超铺角是因为混凝土振实脱模后，由于失去支撑，路面一方面会自动胀宽，另一方面两侧边缘即使不塌边也会溜肩，高程自动塌落，必须设法多铺料补偿，才能做出断面几何形状规矩的面板。超铺角设置从进料门开始，增大两边角的进料高度和数量，并令挤压底板两侧模板视稳定的坍落度大小、翘起合适的高度，同时，将两侧边模板向内倾斜一定角度，构成混凝土路面两侧边角适宜的超铺量，待混凝土路面脱模后，自动塌落成 90°，保证路面两边横向平整度。

（8）纵坡施工摊铺较大纵坡时，注意调整挤压底板前仰角，上坡时应适当调小，同时调小抹平板压力；下坡时调大抹平板压力。

（9）弯道施工弯道、渐弯段摊铺，若单向横坡，应随时观察和调整抹平板内外侧的抹面距离，防止压垮边缘。中央路拱，若靠手工控制，操作手应根据路拱消失和生成几何位置，在一定路段内分级逐渐消除或生成设计路拱。

7. 摊铺中高程控制和校准

滑模摊铺的路面高程控制主要靠 4 个水平传感器沿基准线控制，为防止因底板没有顶拖力或调整不到位形成高程误差，影响路面厚度和平整度，在开始摊铺路面 3~5m 长度时，应用水准仪进行校核。发现误差超过规定范围时，应在滑模摊铺机行进中对水平传感器垂直伸缩臂缓慢调整到位，调整后做上标记，固定位置。通过连续几次调整，确定滑模摊铺底板、传感器等与基准线之间的相对位置并固定下来。除非以后有人动过，否则不再调整，但仍需每天调整。

8. 滑模摊铺中出现问题的处理

滑模摊铺的表面应平滑，几何形状规矩，不应出现麻面、拉裂、塌边、溜肩等病害现象，出现问题应立即查找原因，采取补救措施。

（1）摊铺中应经常检查振捣棒工作情况发现路面上在横断面某处多次出现麻面或拉裂现象，表示该处振捣棒出现问题，必须停机检查或更换该处振捣棒。摊铺后发现表面上留有发亮的振捣棒拖出的砂浆条带，表明振捣棒位置过深，必须调整正确位置至振捣棒底沿在挤压底板的后沿高度以上。

（2）在摊铺宽度大于等于 8m 的双（多）车道路面时，若左右卸了两车稠度不一致的混凝土时，摊铺速度应按偏干一侧设置，并应将偏稀一侧振捣棒频率迅速调小，保证施工路面密实，不塌边溜肩，保持基本相同的表面砂浆厚度。

（3）滑模摊铺出现横向拉裂现象，应从以下几方面进行检查：

1）拌和物局部或整体过干硬、离析、集料粒径过大，不适宜滑模摊铺；或在该部位摊铺速度过快，振捣频率不够，混凝土未振动液化而拉裂，应降低摊铺速度，提高振捣频率。

2）挤压底板的位置和前仰角的设置是否变化。前倒角时必定拉裂，前仰角过大，也可能拉裂，应在行进中调整前两个水平传感器，即改变挤压底板为适宜的前仰角，消除拉裂现象。

3）拌和物较干硬或等料停机时间较长，起步摊铺速度过快，也可能拉裂路面。等料停机时间较长时，应间隔 15min 开启振捣棒振动 2~3min；起步摊铺时应先振捣 2~3min，再缓慢推进。

（4）当混凝土供应不上时，或搅拌机出现机械故障等情况时，停机等待时间不得超过当时气温下混凝土初凝时间的 2/3，超过此时间，应将滑模摊铺机开出摊铺工作面，并做施工缝。当滑模摊铺机出现机械故障时，应紧急通知后方搅拌机停止生产，在故障停机时间内，滑模摊铺机内混凝土尚未初凝，能够排除故障，允许继续摊铺，否则，应尽快将滑模摊铺机拖出工作面。故障排除后，重新起步摊铺。

9. 纵缝拉杆安置

摊铺单车道时，必须根据路面设计配置单侧或双侧打拉杆机械装置，打拉杆装置的正确插入位置应在挤压底板下的中部或偏后部，无论采用何种方式打入拉杆，其压力应满足一次打到位。同时摊铺两条以上车道时，除侧向打拉杆装置，还应在假纵缝位置中间配置一个以上中间拉杆自动插入装置，该装置根据摊铺机的类型有前插和后插两种配置。打入拉杆位置必须在板厚中间，中间和侧向拉杆的高低和左右误差不得大于±2mm。

10. 平交口变宽段和匝道路面滑模施工

平交口变宽段和匝道路面滑模施工时，只要摊铺宽度小于滑模摊铺机固定宽度，可采用滑模摊铺机跨一侧或两侧模板施工方式，模板应粘贴橡胶垫，模板顶面高程应低于路面高程3mm，振捣仓在模板上部应加隔离板，并关闭隔板外侧振捣棒。

11. 连接摊铺

连接摊铺时，若摊铺机上前次施工路面，其履带底部必须铺垫橡胶垫或使用挂胶履带，并且前次摊铺路面应养护7d，最低不得少于5d。

施工结束后应及时做好下面两项工作：

（1）及时将滑模摊铺机驶离工作面，先将传感器脱离基准线，解除自动跟踪控制，然后及时对滑模摊铺机进行清理保养。

（2）做横向施工缝。施工时应丢弃从摊铺机振动仓内脱出的厚砂浆。设置施工缝模板，并用水准仪测量和抄平面板的高程和横坡。为使下次摊铺能紧接施工缝，侧模需向内收进2~4 cm，长度视摊铺机侧模而定。施工缝也可在第二天硬切除全部端部制作。连接施工时，由于混合料相对不饱满，在此位置应用人工辅助振捣，并做好平整度，以防止工作缝接合部低洼跳车。

12. 胀、缩缝和工作缝施工

胀缝应采用前置法施工，以保证施工质量和摊铺连续性，要预先加工好钢筋支架，传力杆无沥青涂层一端焊接在支架上，接缝板夹在两支架间，无布料机（件）时，应摊铺至胀缝位置前1~2m处，将支架准确定位，用钢钎固定在基层上，然后摊铺，有布料机（件）时，应提前安装好胀缝支架，采用侧向上料方式施工。在混凝土硬化前剔除胀缝板上部，嵌入2 cm×2 cm木条，修整好表面，填缝时应先凿去木条，涂黏结剂后，再嵌入多孔橡胶条。

缩缝和施工缝上部槽口应采用切缝法施工，切缝包括硬切缝和软切缝。切缝时采用何种切缝方式应根据施工期间路面摊铺完毕到切缝时的昼夜温差确定。滑模施工宜采用硬切缝，硬切缝应当在混凝土达到设计强度的25%~30%时进行，缩缝宽度控制为

4~6mm。横向缩缝硬切缝时间，任何情况下不得小于24h。

软切缝应在摊铺后，混凝土强度为1~1.5MPa时进行，为防止断板，在昼夜温差较小时，横向缩缝宜每隔1~2块板先切一道缝，然后逐条补切，温差较大时，应全部软切缝。对一次摊铺两条车道以上的纵缝，切缝深度应控制到1/3板厚。

分幅施工时，应在先摊铺好的混凝土板横缩缝不断开的部位做好标记。在后摊铺的路面上对齐已断开横缩缝位置提前软切缝。

摊铺完毕或整平表面后，应使用钢支架拖挂1~3层叠合麻布、帆布、棉布，洒水湿润后，软拖制作微观抗滑结构，布片接触路面长度以0.7~1.5m为宜，细度模数偏大的粗砂，长度取小值，偏小的中砂取大值。

当施工进度超过500m时，抗滑构造制作应选用拉毛机进行，制作时应在混凝土表面泌水完毕20~30min内及时进行。拉槽深度为2~3mm，宽度为3~5mm，槽间距为15~25mm。当采用硬刻槽方式制作抗滑构造时，硬刻槽机宜重不宜轻，刻槽应在摊铺后3d开始，两周内完成。

混凝土板抗滑构造软拉制作完毕后，应及时养生，养生一般采用喷洒养生剂并保湿覆盖的方式进行。在水资源充足的情况下，也可采用覆盖洒水湿养生方式养生，一般情况不宜使用围水养生方式。

使用喷洒养生剂养生时，应在混凝土表面泌水完毕后进行，用量为0.35kg/m²，喷洒高度控制为0.5~1m。加盖塑料薄膜养生时，加盖时间应以不压坏细观抗滑构造为准。

当采用覆盖物洒水湿养生时，要始终保证覆盖物处于潮湿状态。

养生期满后要及时灌缝，灌缝前清除缝内杂物，清洗并保证缝内清洁干燥，并防止砂石等杂物掉入缝内。灌缝时，灌注深度宜为2~3 cm，最浅不得小于1.5 cm。填缝料的灌注顶面，夏季宜与板平，冬季宜低于板面1~2mm。

灌缝后，要封闭交通进行养生，填缝料为常温料时，低温天气养生期为24h，热天养生期12h；填缝料为热料时，低温养生期为2h，高温天气养生期为6h。

第五节　特殊条件下水泥混凝土路面施工

水泥混凝土路面具有刚度大、整体性强、较高的抗折强度、弹性模量和较低的变形能力及水稳定性和温度稳定性均优于沥青混凝土路面，不易出现沥青路面的某些稳定性不足的损坏（如车辙等）等特点。路面早期损坏引起的病害，使水泥混凝土道路功能得不到充分发挥，很大程度上影响了路面的使用寿命和行车安全。

一、高温季节施工

拌和与铺筑场地的气温 ≥30° 时，即属于高温施工。高温会增加水分的散失，易使混凝±土板表面出现裂缝。因此，施工时应尽量降低混凝土的浇注温度，缩短施工工序的操作时间，并采取必要的措施保证混凝土的充分养生，提出高温施工的工艺设计。一般情况下，整个施工环境的气温 >35℃时，应停止混凝土的浇注。

二、低温季节施工

当施工操作和养生的环境温度 ≤5℃或昼夜最低气温可能低于−2℃时，即属于低温施工。低温施工时，混凝土因水化速度降低使得强度增长缓慢，且可能被冻害。因此，必须提出低温施工的工艺设计。

（1）提高混凝土拌和温度砂石材料应采用间接加热法（如保暖储仓、热空气加热、矿料内设置蒸气管等），水可直接加热。混凝土的拌和温度可通过下列公式计算：

$$T_h = \frac{0.2(T_a m_a + T_c m_c) + T_f m_f + T_w m_w}{0.2(m_a + m_c) + m_f + m_w}$$

式中 m_a、T_a——表面干燥饱水状态的集料质量（kg）及温度（℃）；

　　　m_c、T_c——水泥的质量（kg）及温度（℃）；

　　　m_f、T_f——集料所含水的质量（kg）及温度（℃）；

　　　m_w、T_w——搅拌用水的质量（kg）及温度（℃）。

（2）路面保温措施混凝土铺筑后，通常采用蓄热法保温养生，即选用合适的保温材料覆盖路面，以减少路面热量的散失，达到一定的养生条件，是冬季施工养生常用的方法。一般使用的保温材料有麦秸、稻草、油毡纸、锯末、石灰等。保温层至少 10 cm 厚，具体视气温而定。

（3）低温施工时，混凝土的设计配合比一般不宜超过 0.6。应延长搅拌时间，减小施工作业面和施工长度，定期检测各种材料、拌和物的温度和混凝土的摊铺、浇注、养生的温度。

铺筑后的混凝土，在 72h 内养生温度应保持在 10℃以上，以后 7d 的养生温度应保持在 5℃以上。

三、雨季施工

应根据近期预报的降雨时间和雨量，安排雨季施工方案，做好施工区域内的结构物、拌和场及铺筑现场等的排水工作。

拌和场内的设备应搭棚遮雨，经常测定、调整混凝土拌和物的用水量。水泥的存放应注意防雨受潮，现场下雨时应严禁铺筑混凝土。混凝土终凝前，雨水不得直接淋在已抹平的路面上。需在雨下操作时，应配备活动的工作雨棚。

四、大风天施工

应成立风季施工领导组织机构，并由项目经理亲自主抓，各施工班组协助，做好风季施工的准备工作并制定相应的施工措施。

松散材料如砂、散装水泥等有遮盖措施，防止污染周边环境。制定风季预防火灾的安全技术措施，并绘制现场预防火灾的重点防护部位。

施工现场设防火工具专用箱，防火工具要齐全。对施工人员定期进行防火安全教育，增强施工人员的防火意识。对施工现场采用原煤生火做饭的炉灶，在使用前必须经过防火检查，认定合格发放用火审批手续后，方可使用。在施工现场要配备防火专用旗，一旦遇有大风天，要悬挂防火旗，并且认真执行和检查，杜绝火灾的发生。

由于风季气候变化恶劣、风沙较多、较大且频繁，在进入风季施工时，一定要加强现场的风期施工管理，注意风期施工安全，注意观察和记录本工程所在地的气候变化，采取切实可行的风季施工措施，确保风季施工安全。

第六节　水泥混凝土路面施工质量控制与验收

水泥混凝土路面施工，应根据质量管理要求，建立健全有效的质量保证体系，实行严格的质量、投资、工期控制、工序管理和岗位责任制度，对各施工阶段进行全面控制检查，以确保施工质量。

一、施工前材料的控制

原材料精良是修筑高质量路面的前提条件，进场前控制好原材料的质量非常重要，无论工期怎样紧张，都要把好原材料进场关。

做好原材料抽检工作。要配备充足的质量检验设备和人员。施工前，试验室应对混凝土路面工程计划使用的原材料进行质量检验和混凝土配制试验，以便进一步优选原材料和优化配合比，出具原材料检验和配合比报告，并应通过监理对原材料抽检和配合比试验验证，报业主审批，重要的原材料供应，如水泥外加剂、养生剂等，和供应商签合同时，不仅要确定供应量、方式还要明确各项技术指标等要求。

原材料抽检要根据原材料检验项目以一定频率分批量进行检验，从不同厂家供应的水泥或粉煤灰，即使品种和强度等级完全相同，也必须分别存放，不得混装。水泥罐换装水泥时，必须清罐。

二、铺筑试验路段

由于每个工程项目的情况各不相同，所用原材料和配合比也不尽相同，摊铺机各项参数也需调整，因此，在正式摊铺前，必须进行不少于200m的试验摊铺，试验路面厚度、摊铺宽度、基准线设置、接缝设置、钢筋设置等均应和实际工程相同，通过试验段施工应达到以下目的：

1.检验拌和物和易性能并确定合理搅拌制度，全面检验摊铺机性能和生产能力，以及机械配套是否合理并提出改进措施。

2.通过试拌确定检验拌和物各项技术指标，如坍落度、振动黏度系数、工作性、含气量、泌水量、是否离析等，以优化调整配合比。

3.通过试铺确定模板架设或基准线设置方式，调整设置摊铺机工作参数。

4.检验确定辅助人工、机具、工具、模具种类和数量，确定合理的施工组织形式和人员编制。

5.通过试铺，建立原材料和新拌混凝土的各项技术指标，如坍落度、含气量和路面弯拉强度、平整度、构造深度等检验手段，并熟悉检验方法。

6.通过试铺，掌握各种接缝设置和施工方法抗滑构造施工工艺、养生方式；检验全套施工工艺流程。

在试铺过程中，施工单位应做好记录、监理应检查施工质量，及时和施工方商定有关结果，待试铺结束后，业主、监理、施工单位会商试验结果，提出改进意见和注意事项，以便在正式施工中加以改进。

三、施工过程中的质量控制与检查

混凝土路面应检查平整度、弯拉强度和板厚三大指标和其他指标。

1.平整度

3m直尺检测平整度只能反映小波长的不平整度，不能反映大波长的不平整度，在施工过程中，因每天摊铺长度并不太长，因此从施工成本考虑，可采用3m直尺量验作为施工过程中平整度控制的检测项目，在验收时必须采用精度较高，能客观反映路面行车过程中平整度实际情况的平整度仪检测动态平整度，作为验收时工程质量评定依据。

施工时，一级以上公路，3m直尺量验结果90%以上≤3mm，二级以下公路量验90%以上≤5mm。3m直尺量验频率应为单车道每100m两处10尺，在检测时若发现平整度不符合要求，应在10d内使用最粗磨头的水磨机磨平，并应做出微观抗滑构造和宏观抗滑槽，此种处理方法，只能用于小面积少量处理。

2.弯拉强度

抗折强度是混凝土路面的第一强度指标，混凝土路面板的开裂破坏多是因弯拉应力超过弯拉强度极限而造成的，因此抗折强度达到设计要求是混凝土路面长寿命的重要保证。在施工过程必须严格控制，对其评价应以搅拌机生产中随机取得混凝土在振动台上制作的小梁弯拉强度为准。在过去试验中发现振动棒插入振动孔严重降低混凝土的嵌锁能力，简易自制振动板的振动能量无法控制，因此在制作试件时推测结果，不能反映实际路面弯拉强度，不得采用。弯拉强度检测频率应按 200m³ 混凝土制作一组试件，每组 3 块小梁，每天施工开始、中间和结束各一组，按照标准方法养生 28d，先测弯拉强度，再测抗压强度。

3. 板厚

混凝土路面在施工中应严格控制板厚，测量人员将两侧基准线定好以后，用直尺检查基准线到基层距离，即为板厚，每 100m 测两个断面，若符合要求，经监理确认后即可摊铺。若板厚不足，面积不大时，可采用铣刨机铣刨基层。若大面积基层偏高，允许在 50m 以外通过调整路面、高程控制板厚。使用模板施工时，应在两横板槽间设一板厚刮板，通过纵向走一遍进行板厚控制，通过上述做法在于杜绝摊铺后，因平均板厚误差超过 1 cm 而返工。将问题消灭在摊铺之前。

除上述三大指标外，还应通过检查控制接缝、切缝、灌缝、抗滑构造。摊铺中线高程和横坡。

四、工程质量检查验收

工程施工完之后，施工单位应将全线按每千米一个评价段，规定的检验项目和 1/3 频率进行自检，准备好总结报告、自检结果、原始记录等完整资料，申请验收。

工程质量应以设计文件要求为标准。为了保证混凝土路面的施工质量，要求在施工过程中对每一道工序进行严格的检查和控制。对已完成的路面要求进行外观检查，并量测其几何尺寸，根据设计文件要求进行核对。此外还要查阅施工记录，其中包括原材料试验和试件强度资料、配合比、隐蔽构造（各种钢筋的位置等）等，作为工程质量鉴定的依据。业主、监理和质监站收到施工单位验收申请，确认资料完整后，应首先对照施工中的抽检数据，检查交工报告中数据是否与其吻合，然后再按规定的检查项目和验收频率进行检查和验收。混凝土面层质量验收的允许误差应符合现行规范的有关要求。

第六章 公路施工生态保障技术

第一节 生态公路概述

一、生态公路产生的条件和背景

在全社会牢固树立生态文明观念，努力提高全社会生态文明程度。这对推动生态文明建设理论在我国的研究和实践有着重大的历史和现实意义。

人类来源于自然，生存于自然，自然界对于人类发展的重要意义不言而喻。但是，长期以来人类无视自然界的承载力，盲目滥用自己的智慧和力量，给自然界造成了严重的生态破坏。特别是在经历了数百年的工业文明之后，在 21 世纪的今天，严峻的生态危机已使人类真的面对"生存还是毁灭"这一严峻现实。但是，人类终将继续发展下去，特别是对于我国来说，我们要在 21 世纪建设全面的小康社会，实现中国特色社会主义现代化，继续创造造福于人民的更高级的文明成果，就必须在发展的道路上摆脱环境污染、能源短缺、人口膨胀、耕地减少等工业化带来的严重后果。我们必须努力创造一种人与自然相和谐的文明模式。

生态文明建设的提出是党中央站在更高层面上，对文明建设体系的深化，是深入贯彻、落实科学发展观，全面建设小康社会，实现社会和谐的必然要求。科学发展观的第一要义是发展，核心是以人为本，基本要求是全面协调可持续，根本方法是统筹兼顾。这就要求我们必须坚持生产发展、生活富裕、生态良好的文明发展道路。只有实现了生态良好，小康社会才有坚实的生态基础；只有人与自然和谐，社会和谐才能得以实现。因此，必须从全局的高度认识生态文明的意义，并把生态文明建设摆到更加重要的战略地位。

公路建设是人类发展与社会进步的内在要求，随着人类社会的进步，人们对公路服务质量的要求越来越高。然而传统的公路发展只注重公路的技术指标，强调公路运输的服务能力及服务质量和对国民经济产生的效益。公路规划、设计人员主要以满足交通功能要求、降低建设造价和维护费用、节省交通时间和运行费用、减少交通事故损失等为目标，进行路线方案论证及勘测设计；施工期间对项目的施工组织设计只注重工期的长短，而对施工活动过程挖方填土、借土弃方、改移河道、清理表土、开采料场等造成地表植被破坏、地形改变、沟谷大量消失，恶化生物栖息的生态环境，加速地表侵蚀，增大地表径流，增加水土流失，改变自然流水形态，加剧水质恶化，从而直接导致对自然环境的破坏常常被忽视。

公路在建设施工过程中，由于各种原因，包括施工方法和组织管理措施不当，在早期由于经济力量有限，只是把公路里程作为第一要务，延伸公路通达深度，人们往往只是追求公路的数量，而忽视了公路的综合质量。在当时也是符合历史条件和特定的环境，于是由于公路建设破坏沿线环境，污染水源，施工中带来的有害物质和施工原因都会影响公路沿线树木花草等植物生长，同时会对周边原有生活习性和人们的居住环境形成一定的影响和改变。甚至有时公路在选线时不当，建设中会带来很多难度和采取一些措施，加大沿线环境的破坏力度，如深挖深填的原因，对原有的生态环境造成一定影响，引发局部自然生态失调，加之公路建成营运后，由于大量的人流和车流的作用，人们活动增多，同时随着公路沿线经济带的开发，也会使原有生态平衡被打破，从而成为局部地区生态环境失调新的诱发因素。

分析产生公路生态性问题的实质，主要在于人们对生态理念的认识不足、重视不够。纵观人类以往的发展，主要存在以下两个问题：一方面人类从自然索取的资源只有少部分转化成产品并参与生态循环，多数滞留在环境中形成污染如大气污染、垃圾污染和噪声污染等；另一方面人类从大自然索取过多而投入过少，导致生态退化如水土流失、景观破坏、生物多样性减少等。公路建设也不例外，公路环境问题的根源是单纯追求经济效益，对环境的重视不够，对公路所产生的环境问题估计不足。公路的外在形式是公路的网络结构、线形等技术指标，而其内涵是公路环境总体对人类运输活动的服务和支持，把环境与公路割裂开来考虑是不全面的，因此建设与环境协调可持续发展的公路发展模式应运而生。

我国是一个多山国家，大部分地区生态环境脆弱，公路建设与营运对生态环境的影响较明显。所以，只有科学评价公路交通对生态环境的影响，并采取有效的防治措施，将公路交通的建设、管理与保护生态环境密切结合起来，才能使公路交通与区域环境实现可持续协调发展。

长期以来，对于公路的环保问题如何解决没有给予足够的重视，忽视了公路对环境的负面影响，对其设计、建设和运营过程中所产生的污染和破坏认识不足。近年来我国经济的快速发展，公路运输业发展迅猛，公路里程（特别是高等级公路）有了明显的增加。然而公路发展的非生态性产生了严重的公路生态负效应，如气候热岛、环境污染、能量耗散、景观割裂、生物多样性减少、廊道效应等，对生态环境产生了巨大的破坏作用。

二、生态公路的发展及现状

（一）国外公路生态保护情况

当前国外一些发达国家在公路生态保护方面做得很好，充分体现了自然的观念，很值得我们国家借鉴和学习，比如说"尊重自然、恢复自然"的理念在加拿大、美国、德国、英国、法国、日本等一些发达国家中的公路建设中得到了充分的体现，那就是非常重视公路生态环境的恢复，在路域绿化的生态工程实施方面，依靠高新技术，形成了路域环境综合治理、有限的水土资源合理利用、配套完善的持续整治及集约化发展经营的技术和管理体制。表现在设计、施工中，将对自然的扰动、破坏努力控制在最小的限度内，如在施工前先将树木或树桩移走，建成后搬回原地栽植；在动物出没的地段建设动物通道，避免对动物栖息地的分割；尽量避绕森林、湿地、草原等重要生态区域等均已成为公路从业人员的自觉行为。

在公路生态环境保护方面，为保证公路建设与环境保护持续健康发展，如加拿大在环境战略计划中，将最大限度地减少公路对自然和人文环境的负面影响作为公路建设的重点目标。加拿大是森林、植被覆盖率相当高的国家，公路线形设计基本按照原地形、地貌走向设计，尽量避免高填、深挖，因而很少发生水土流失现象。对边坡、急流槽、挡墙的处理均采取以石块或箱石处理方式，因此，看不到国内最常见的浆砌片石结构。

为避免生态环境在公路建设和维护中遭破坏，加拿大交通运输部门在承包合同中明确规定承包商必须承担的环保义务。对施工中受影响的地区，事后要通过选种适宜的花草树木等措施使其恢复生态平衡。针对野生动物经常出没的路段，有针对性地设置了环保标志；采取一切措施，尽快地恢复原来的自然群落。尽量避免人工痕迹，使路域植被与周围环境融为一体。公路绿化以保护沿线生活环境和自然环境，提高行车安全性和舒适性，提供和谐的公路景观为根本目的，不"哗众取宠"。因此，在其公路上见不到"行道树"等明显的人工绿化痕迹，一般的立交也没有树木，一切回归自然。

此外，在高速公路服务区为避免生活污水排放污染环境，服务区都建立了污水处理系统。服务区污水的排放必须达标，对无排放去向的污水，则经处理后采用漫灌方式在地下通过渗管排入地下。

对要进入河流的路面径流则经沉淀和过滤后排入天然水体。

国外一些发达国家在公路环境保护与生态维护方面有许多成功的经验归纳起来主要有以下几点：

（1）线路布设尽量避开环境敏感区域，随地形地势布设，以减少对植被的破坏。

（2）加大投入，增大桥隧比例，避免深挖路堑和高填路基。

（3）被破坏的植被，尽快予以恢复。

（4）顾及野生动物栖息地，按动物习性布设迁移通道。

（5）加强立法，树立全民自然保护意识。

（二）我国生态公路发展现状

近些年，我国也十分重视对公路建设沿线生态环境的保护，并把此事作为一项重要任务来落实，特别是在当前构建和谐社会的进程中，以生态文明全新理念的提出将会把生态环境的保护放在重要位置，过去由于体制和经济的原因，国家处于经济快速发展的阶段，由于社会发展的需要，交通条件的改善是经济发展的重要瓶颈，如何用最少的经济发挥最大的公路交通经济和社会效益一直是困扰我们公路建设部门的难题，然而随着国家"五纵七横"大公路布局的形成，交通条件得到了显著改善，国家综合国力的增强，社会财政基础的加大，已经有了一定的经济条件对公路建设进行宏观冷静的分析，充分认识到保护也是发展的最直接环境生态效应。

川（主寺）至九（寨沟）公路可以说是我国第一条环保示范样板公路，第一条舒适、美观的高原生态公路。四川省川主寺至九寨沟公路长 94.14 公里，概算投资 4.1 亿元，主体为山区二级路标准，是交通部重点向全国推出的第一条环保示范样板公路。

川九路在设计和建设过程中，以保护生态环境为核心，坚持以人为本的理念，积极探索，取得了许多宝贵经验，在行业内具有示范意义，其主要做法是：

（1）以"保护自然、融入自然"作为项目的基本准则，提出"三最"的建设原则，即设计上最大限度保护，施工中最小限度破坏和最大限度恢复。

（2）施工中采取"三同时"的原则，即主体工程和绿化工程施工同时招标、同时入场、同步进行。

（3）遵循"保证质量、贴切自然、平整美观、安全舒适"的原则。采用土质碟形边沟、贴切自然的缓边坡及圆滑边坡，减少和避免生硬高大的挡防结构；采用有旅游特色的指路标志；强调与自然景观相协调，引种花草树木与当地植被生态相一致；引入园林绿化的小品设计，克服大色块景观点单调性；借鉴家装工艺，装饰美化呆板厚重的挡土墙等。

川九公路建设中也形成了普通公路生态环境保护的部分新理念，这种理念概括起来体现在以下各方面：

①川九路的建设，探索了山区旅游公路建设的新理念。体现了以人为本的观念，实现了公路建设与旅客运输安全性、舒适性、愉悦性的和谐统一；体现了可持续发展的观念，实现了公路建设与环境保护的协调发展；体现了公路文化的观念，实现了公路建设与自然景观和人文景观的完美结合；体现了开拓创新的观念，实现了公路建设与时俱进。

②探索了山区旅游公路设计新理念。路线设计遵循"随弯就势、标准灵活、合理优化、保护环境"的原则；路基路面设计遵循"保证质量、贴切自然、平整美观、安全舒适"的原则；交通工程设计遵循"突出特点、协调环境、保证安全、形式多样"的原则；环境保护与景观设计遵循"突出个性、自然协调"的原则。

③探索了公路建设管理的新模式。业主定位从管理型业主转向管理服务型业主；设

计单位从封闭式独家设计转向开放式动态设计；施工和监理单位从被动接受管理向主动参与管理；专家组从局部咨询服务转向全过程咨询服务。

④公路施工新理念。在环保上坚持"整洁、灵活、细致、节约"的原则；在绿化上坚持"露、透、封、诱"相结合的原则；质量上坚持"高标准、严要求、抓重点、抓细"。

虽然以上粗浅的理念或者做法只是我国生态公路建设理念的雏形，但是这些思想对以后公路建设的生态保护和恢复起到了积极的推动作用和深远的影响，重要的是人们已经意识到了生态环境的保护对公路建设来说，是一个非常有必要而且必须去做的一件事情，如果不去做，建设再多的公路虽然方便了群众出行，繁荣了经济发展．促进了社会进步，相反所带来的损失也是非常巨大的，付出的代价也会很大，因为稳定的自然生态系统一旦遭到破坏，会形成很多灾难，如山体滑坡、泥石流、山洪等。

由川九路的建设经验可得出，公路建设一定要体现人性化的理念，一定要保护所经地域的生态环境；在设计中要考虑到不破坏生态，在建设中要切实保护好生态环境，在建成后要尽快恢复生态环境；对穿越景区的交通设施，不仅要保护好生态，还要利用好生态，建设观景设施，满足人们对出行更高层次的需求。人性化的理念，结合自然来说就是要体现自然特色，公路作为自然的一部分，虽然是人为因素形成的，在给人们带来便利的同时，我们要注重对自然界的保护，因为公路涉及占用土地，破坏沿线相应的生态结构，对于建设者来说如何最小限度地破坏自然生态环境是最重要的，将生态环境放在第一位，在公路的设计和施工中尽量做到少破坏水土资源，不影响周围环境要素。

另外，宁杭高速公路也可以说是我国第一条生态高速公路，在其建设过程中，在国内首次提出了"生态高速公路"的建设理念。宁杭高速公路是中国首条依据可持续发展观修建的高速公路，引进了英国伟信公司"珠链"设计理念，通过"借景、引景、造景、遮景"等一系列手段使高速公路与周围环境有机结合，为广大使用者提供了安全舒适、畅通，快捷、赏心悦目的行车环境。

正因为在公路建设过程注重对环境的保护，充分体现人与自然、路与自然的有机统一，努力做到和谐、有序、健康、自然，把公路建设和生态环境保护作为同一内容一起实施，在公路建设中做到自然生态的充分利用，减少对大自然的无序破坏，实现路与自然的共处，展示生态公路的魅力。交通部把宁杭高速公路江苏段作为向全国大力推广的又一条生态公路。

宁杭高速公路在建设中一些新观点的提出很具有代表性，对今后我国高速公路的建设和发展有着重要的参考意义。

首先在公路建设中第一次提出生态高速公路理念，对于路面中分带，一改往常清一色的蜀桧品种，而是分别以紫薇、棕榈、龙柏、月季、桂花为主要树种，辅之以白三叶、金叶女贞、丝兰、木兰、葱兰、美人蕉等多类景观植物。

在开挖土方的路段，建设者们从优化环境考虑，把填筑路堤尽可能做成放缓坡度，通过绿化、美化使大道两侧更加贴近自然生态环境，使沿线裸露地段的植被覆盖率达到

96.1%。"生态高速公路"理念可以理解为：以尊重生态为原则、运用生态方法设计的高速公路，主要特点是不破坏自然生态系统的连续性和周围环境的生物多样性，将高速公路融入良性自然生态环境系统之中，以有特色的生态环境作为高速公路的主要景观，以使高速公路成为自然环境中的一道景观。

其次充分体现以人为本的精神，在收费站、服务区、跨线桥的外形设计上做到以人为本。宁杭高速每一个收费站、服务区都进行了专门的景观设计，使其与自然和谐统一，并具有一定的象征意义。

每一座跨线桥外形设计都全然不同，新颖别致，并与周围景观和建筑融为一体，每座跨线桥都成为道亮丽的风景。

就目前我国生态公路建设的情况来看，虽然取得了一定成果，但与西方发达国家相比仍有差距，通过近七八年的发展，我们在生态公路建设方面也积累了一定经验，主要是：

（1）三同步和三同时的原则。在工程设计时，景观设计与景观保护、景观恢复同步；在施工中，采取同时招标、同时施工、同时竣工。

（2）灵活运用技术指标，合理优化设计。

（3）营造和谐公路运营环境。

（4）重视对自然环境保护。

三、生态公路概念辨析

"生态公路"这一概念虽出现不久，但已受到多方关注。许多以生态公路为名的公路建设项目也已陆续上马。然而关于"生态公路"的概念，目前并没有一个比较公认的确切定义，围绕着这一概念存在很多争论。对这个概念的不同理解直接影响到公路建设的思想、理念和实践。因此，首先明确这一概念正确的、合理的、全面的内涵，是非常必要的。

"生态"一词源于希腊文"Oikos"，原意为"家"和"住所"。德国学者赫克尔首次提出生态学是一门研究生物之间、生物与环境之间相互关系的科学。人类生态学把生态学的研究领域从传统的动植物领域扩展为人与环境之间相互关系的研究。生态城市、生态建筑理论的发展即是生态学原理在规划建筑领域的应用。之后，"生态"这一概念不断地被丰富拓展，现已更多被用来描述一种和谐、健康、可持续发展的状态。英国生态学家坦斯利在1935年就提出了"生态系统"的概念，他把物理学上的系统整体性概念引入生态学，认为"生态系统"既包括有机复合体，也包括形成环境的整个物理因素的复合体，它的组成结构主要有生物群落和自然环境，生态系统的这种结构决定它的基本功能，即物质生产、物质循环、能量流动和信息传递。在生态平衡受到破坏后，由自然环境的生态调整系统开始一种信息的传递，并通过相应的能量变化达到生态平衡的目的，然而当今社会由于自然被破坏的原因众多、程度之重，破坏的自然生态系统短时间内很难进行恢复，于是生态修复作为一种理念被很好地应用开来，生态修复的提出就是调整生态重建的思路，摆正人与自然的关系，以自然演化为主，进行人为引导，加速自然的演替过程，遏制生态系统的进一步退化，加速恢复地表植被的覆盖，防治水土流失，从而保护自然使其得到一种自我的平衡，这也是生态学的基本思想。

"生态公路"中的"生态"二字，实际上就是"生态"概念的发展与深化。"生态"二字首先唤起一种新的生态意识，是人类向自然生态系统学习的过程，是把生态学思想注入公路体系。从生态学的角度来看，生态公路系统作为按人类的需要建立起来的人工生态系统，是对原有自然生态系统的入侵，形成了以交通运输为主体的新的生态系统，它是一个开放的不完整的生态系统，生物因子主要由消费者构成，非生物环境也主要是由人类为了满足自身需要而建造的人工构造物所组成，这样的系统是不能自身维持的，它只有从其他系统输入能量，才能维持其自身的运行。经过长期的生态演替处于顶级群落的自然生态系统中，其系统内的生物与生物、生物与环境之间处于相对平衡状态，整个生态系统中没有废物和污染产生。公路生态系统作为一个以消费为主的人工生态系统，如果按传统的发展模式，单纯考虑公路对人类运输需求的满足，则它的发展方向是反自然、高投入与开放性，并且以现在的科技能力和人类的意识形态，人工生态系统所产生的环境问题如对非生物资源的消耗，物质循环的不完全性、系统的开放性与不稳定性是不可避免的。生态公路的提出是强调公路的生态性，并不是要求也不可能要求生态公路像健康的自然生态系统那样能够自维持稳定性，而是以生态学的理论指导生态公路的发展，注重其在现有条件下最大生态化的实现。

生态公路系统是建立在交通发展与环境相互协调的基础上，以自然生态系统的良性循环为基本原则，综合考虑决策、设计、施工、运营、管理的全过程，在一定区域范围内结合环境、经济和社会发展状况而建立起来的公路系统。它是生态学与公路建设相结合的产物，其发展应遵循自然生态规律与区域公路的发展要求。

2002年，美国景观生态学之父——哈佛大学Forman教授，出版了专著《道路生态学：理论与实践》。目前，公路生态学的理论体系尚未成熟，多是借用其他学科理论，如景观生态学、生态学、美学、水文学、交通规划、生物学等方面的学科知识，加以应用和发展，并形成公路生态学的基础。

从宏观角度来讲，生态公路是由生态环境、社会经济和建设技术等多种构成因素相互作用、相互影响、相互制约而形成的综合体，是可持续发展战略在公路领域的具体体现，与区域的环境承载力相适应。

从微观（公路实体）角度来讲，生态公路是以生态学原则为指导，以生态环境和自然条件为取向所进行的一种既能获得社会经济效益，又能促进生态环境保护的边缘性生态工程和建造形式。

从实施过程来讲，生态公路是指在公路的设计、施工运营中与自然环境相融合，尽量减少对环境的破坏与污染。

针对公路的"路域生态系统"，明确以提高安全和舒适性以及美化、生态恢复和优化等为目的，按照事先设计的步骤，主要采用生物材料，这样进行的设计与实施，被称为"公路生态工程"。

其范围从仅限于原来的路侧扩大到包括公路征地范围内的用地，有中央分隔带、土路肩、上下边坡、排水沟、隔离栅隧道、桥梁、声屏障等构造物及其周围，以及立交区、服务区、管理所等，还有取弃土场地、临时道路等需要复垦的土地。

生态工程应注重层次感和长期效果，注重多样性。以生物防护为主，尽量减少人工支护痕迹。对不得以采用的满铺浆砌片石防护、隔离栅等也考虑采用攀缘植物覆盖，使道路与环境融合。

虽然目前关于生态公路建设没有形成统一的学科体系，但就西方国家和我国关于生态公路建设的情况而言，将众多议论综合分析，对"生态公路"的理解目前国内外主要有以下几个观点：

一是绿化说。这是目前大多数从事公路建设实际工作的人员所持的观点。他们认为生态公路就是要在路界范围内绿化美化，以草皮护坡、绿树分割防眩为特点，再加以大面积的路旁行道树减噪吸尘。持这种观点的人首先应肯定他们已认识到绿色植物作为生态系统初级生产力的重要性和由于人类所具有的与生俱来的绿色情节而产生的景观生态效应。这种观点其可操作性和现实性较强，然而却具有片面性和局限性，从而大大地弱化了生态公路的内涵。

二是质疑说。很多学者认为公路作为一种带状的人工构造物，如果以自然生态系统的结构标准衡量，公路是一个失衡的生态系统，它在建设过程中已经破坏了原生态结构，是不可能实现生态的自然调节的，因此生态公路的提法是不科学的。这实质上是一种形而上学的观点，这里的"生态"不是简单地把公路看作生态系统，它是一种新的发展理念，是以生态学的理论与规律指导公路这一人工生态系统的建设，使公路的发展与环境相协调。如果死抠"生态"二字的生物学意义，那么任何受人工影响的地方或事物都不能称为"生态"，像生态城市、生态建筑甚至生态农业等概念都不具有严格的科学意义。

三是替换说。这些人认为"生态公路"这一概念有些含糊不清，主张用"生态化公路"或"生态型公路"代替生态公路的概念。"化"强调转变过程，"型"强调状态模式，二者都有一定道理，但又都不全面，因为公路的建设与营运既有过程又是状态。还有人干脆不提生态公路只提公路生态工程，从工程的角度研究环境保护。这种提法概念具体，含义明确，易于操作，然而却根本无法代替"生态公路"。因为首先它们是针对两个事物的不同概念，一个是公路而另一个是公路工程；其次公路生态工程与生态公路的关系是子集与母体的关系，前者从属于后者，生态公路工程是实现生态公路的工程手段，公路生态工程的有益研究和实践必将对生态公路的发展起到了良好的促进作用；最后"公路生态工程"只是一个点或至多可称为一条线，却难以形成面的概念，难以形成系统和体系也必将局限于狭小的空间发展，用"生态公路"意义更全面，也与现存的"生态城市""生态建筑"等相近学科的提法一致。"生态公路"在概念上具有一定的含糊性，也许这正是其力量所在，因为定义过于精确反而限制了它的扩展空间和影响力。

事实上，把握生态公路并不应在表面上死抠字眼儿，而主要应深刻理解它的思想精髓，要把握住它的神而不是形。生态公路主要是为我们指明了未来公路发展的方向，从这一点来看其基本思想和总体思路是相当明确的，具体的细节问题要由我们在实践中不断探索和充实。因此，称谓和说法倒是次要的，关键在于在公路建设中要充分体现生态的发展标准，坚持人与自然相和谐的思想，树立可持续发展的战略意识，使公路既能高效、快捷、安全、舒适地提供良好的行车环境，又能与自然生态系统和谐相容。因此，与其说"生态公路"是一个类型概念，不如说它是一个评价性的概念，即它主要不是指某一种、某一类公路，而是指一种公路营建的思想和理念，是公路建设的方向和目标。

从哲学观点来看"生态公路"有三种主要的哲学思想。

其一是可持续发展的宏观理念。"可持续发展思想"是生态公路最高的指导思想，是贯穿于生态公路建设全过程的思想。可持续发展就是要实现发展的可持续性，它要求公路建设必须从全局出发，从"既满足当代人的需求又不影响后代人的利益"的思想出发，从代际公平、代内公平、物种公平的生态伦理出发在满足社会发展对其更高要求的同时（包括适度超前），既能满足公路交通运输系统内部和综合运输体系的协调发展，又使公路与经济、环境和社会各系统的长期动态协调发展。最终目的是保证公路交通的发展能力和持续的发展状态，以满足和促进国民经济的需要和社会的全面进步。

其二是"天人合一"辩证的自然观。这里的"人"主要是指"公路"这个人工构造物。即公路与自然达到最大融合的思想。这一思想要求人们要充分地尊重自然，正确认识自然，合理而有效地利用自然规律去建设、管理公路，使公路建设对自然产生的破坏最小，人工恢复自然生态系统的效能最大。一方面使公路从景观上与自然融合，做到"路中有景，景中有路"，将代表自然的绿色植物引入路界，弱化公路的界限，并根据周围地形、地貌以及本土植物的生长特点选择植物种类、设计景观格局；另一方面更要使公路与自然生态系统相互融合。如公路产生的廊道效应一方面使系统更为开放，起着通道作用，促进景观间的物质和能量交换；另一方面，四通八达的道路网将均质的景观单元分割成众多的岛状斑块，在一定程度上影响景观的连通性，阻碍生态系统间物质和能量的交换，导致物质和能量的时空分异，增加景观的异质性。"天人合一"的自然观就是运用自然规律，根据生态学的原理设计公路，减少公路系统对自然生态系统的不良影响。

其三是辩证的系统观。公路系统是一个由多层次、多变量组成的时间和空间相协调的系统，是一个与环境、资源相联系的开放系统。公路运输系统与社会经济系统及自然生态系统之间的关系是辩证统一的。公路构筑于自然系统之中，其本身受到自然条件的制约，但同时公路建设又极大地改变着自然，当两种系统产生冲突时，谋求一种平衡发展则是生态公路最终要达到的目的。这里我们必须明确一点，虽然公路系统是人工系统但它并不完全是自然生态系统的对立面，从某种角度来说，应用哲学观点把它们看成一对既对立又相互统一的矛盾则更为贴切。如果公路建设无视生态环境，破坏超出了环境的承载力阈值，那最终必将受到自然的惩罚，由于不合理的高填深挖破坏植被、改变地貌、改变自然排水系统而造成的边坡失稳、路基塌陷、水土流失甚至泥石流冲毁路段就是非常惨痛的教训。相反如果能够充分地尊重自然，利用公路建设的契机改良不利的自然条件，则是对自然生态系统平衡稳定的促进和贡献。将公路系统置于整个区域系统之中，确保在公路建设的同时，充分维护自然生态系统和社会系统的协调统一，尽量减少对自然生态环境的破坏和扰动，实现区域经济、生态环境和社会系统健康可持续发展，这也是生态公路建设的主要宗旨。

基于上述分析，可将生态公路界定为：生态公路是指建设者在公路规划设计和建设过程中，将自然、人和公路进行有机的结合，融入了生态设计方法，不会以牺牲生态资源为代价进行开发和建设，不仅考虑到人的活动和公路之间的相互影响，也特别注重维护人们与生存的自然条件相互融洽和遵循其自然发展规律，形成行车安全舒适，运输高效便利，景观完整和谐，保护自然的可持续的公路发展模式。

生态公路的内涵是非常丰富的。由于认识的原因，理解会有一定的区别，但生态公路要达到公路与自然环境相互协调发展从而实现人类的可持续发展的基本思路却是人所共识的。有了这样一个共同的基点，就不难完成探索生态公路真谛，指导生态公路实践的理想和目标。

四、生态公路的特征

事物的内涵是其特征的最本质、最集中、最突出的表现。要界定生态公路的概念，不能忽视对生态公路特征的明晰。生态公路与传统公路相比，从思想理念到实践行动都存在着较大差别。从侧重公路的功能因素（安全、迅速），强调经济效益传统的狭隘的建设思想转变为整体考虑区域经济、环境、社会综合系统的可持续发展思想；由传统的以填方为主节约工程造价的建设模式转变为利用各种高新技术、生物工艺、材料以减小对生态系统影响的建设模式。从单纯注重公路经济合理性、技术可行性的陈旧的评价方法转变为综合经济、线形、环境、景观、可持续发展的多目标评价体系。因此，生态公路的出现标志着人类公路建设的生态意识从觉醒走向自觉的里程碑。然而由于它的宏观性和抽象性往往使人不易去理解和把握，因此需要分析生态公路的具体特征。

生态公路从字面来看，其本身就有生态二字，这说明公路的生态属性不是自然产生的，它是随着公路建设过程中人的努力和对自然环境的考虑，需要从生态技术方面和人为方面对公路建设过程中给自然的破坏进行一种恢复和保护的所采取的相应措施。因此说，这种公路与普通的公路是有一定的区别，主要表现在生态公路的生态性，可见生态公路具有生态性和人工性的双重属性。

良好的生态环境：生态公路就是要在现有条件下，综合运用各种工程措施、生物措施、农艺措施、管理措施将公路建设的破坏限制在最小范围内，降到最低程度。对于已经造成的破坏，采取最大可能的恢复措施，重建新的生态系统，使其与原群落相容，并对占用土地进行补偿。

整体协调性：生态公路最终要实现经济效益、社会效益和环境效益的统一和综合最大化。在公路规划、设计、施工、营运、管理各个阶段统一思想，把研究对象放在地球环境、生物、资源、污染等诸要素构成的"公路—自然—经济—社会"复合系统中进行全面考虑，把性质不同的生态环境系统与公路经济系统研究有机结合起来，把对技术、经济、环境分析放在同等重要的地位，协调公路项目实施过程中遇到的各种关系和问题。

对生态环境最小破坏和最大恢复：公路建设受到地质、地形、水文等自然条件的制约，又受到现有生产力水平、生产工艺、生产工具等技术条件制约，还受到社会经济水平的制约，使公路建设不可避免地对沿线的生态环境造成一定的影响，如植被破坏、水土流失、土地分割等。生态公路就是要在设计施工中充分调研论证，进行优化选线，少破坏环境，努力做到对公路沿线斜丈限度恢复生态表征。当前我国对建设项目引起的自然资源破坏（如侵占森林、草原、湿地等）通常采用经济补偿措施，这虽可限制不合理的开发活动但却解决不了实质性问题。欧洲国家普遍实行生态补偿政策，即占怎样的林地在邻近的地方营建同样的林地，这种方法值得我国在建设生态公路中学习借鉴。

良好的景观效应：生态公路在景观层面上的特征是最直观、最易被人感知的特征。生态公路给行者的印象不应只是钢筋网、混凝土墙和沥青路面，生态公路要营造的是"脚下是路、周围是景"的行车环境。因此，生态公路必须通过合理选线和利用路线特点，使公路路线最佳地适应于景观，通过公路的布局和设计来展示和加强公路景观，通过科学的绿化美化来改善公路景观。一方面给行者带来美的感受，另一方面维护自然生态系统的平衡。

安全性与高效性：生态公路要求行车安全舒适、运输高效便利。因此，生态公路基础设施应该为货流、客流、能源流、信息流、价值流的运动创造必要的条件，并且在加速各种流的有序运动过程中，减少经济损耗及对公路沿线生态环境的污染。"生态"一词本身就代表着和谐与健康，生态公路自然也应是和谐健康之路。因为公路的基本职能就是为运输服务，所以这种"和谐健康"首先就应是公路系统的运输环境的和谐健康。

五、生态公路建设的模型

理解了生态公路的基本概念和特征后，如何通过对生态公路知识的领会和理解，在实际公路建设领域中，把对公路沿线的生态保护和生态恢复作为一项重要工作来对待，并结合工作实际提出一整套符合公路建设程序的生态恢复研究模型或者说是生态公路建设概念模型，对于公路生态技术研究和发展会起到积极的推动作用，公路生态技术就是要最大可能和最大限度地保护和恢复原有的生态环境，最小限度地减少因为公路施工所带来的环境破坏，一条路从设计到施工到建成，如何将路与自然有机地结合，使之成为自然的一部分，并充分融入自然非常重要。一条路从可行性研究到设计到施工到运营，有着非常紧密的运作体系，那么作为公路生态建设的范畴，我们也可以尝试运用一种体系来把公路生态建设固定下来，并在此基础上去升华它、运用它。

因此结合公路建设的模式，考虑到公路施工的实际情况，我们可以建立一种生态公路建设的模型，就是在公路建设中同步考虑公路生态工程研究和实施方案，通过这种模型的建立，来进一步明确在公路建设中如何把公路生态建设也一并纳入公路建设中去，从而有效地对公路生态建设提供最佳实施方法，考虑到公路建设中也要进行相应的综合体系，来完善公路建设的各种程序，做到有章可循，有法可依。同样对于生态公路的建设也要考虑一定的程序和办法，并努力形成生态公路建设的综合体系，为以后类似情况积累宝贵经验，形成中国公路建设中生态保护和恢复的一门重要学科，研究和分析并解决公路建设过程中所带来的环境破坏引发的一系列问题，从而更好地更加节约地在公路建设中少走弯路，以减少浪费和减少对自然的破坏，合理有效地保护我们生活的环境。

这种模型的主要思想就是体现生态公路建设的模式，在公路的建设中一开始就要有准备地将公路生态融入进来同步考虑，就是在项目之初要将生态公路作为一种建议来考虑并提出来，否则生态公路将无从谈起，提出了生态公路的建议后，就是要做一些相关的基础性工作对生态公路的可行性进行研究，分析其投资、生态保护和恢复等一系列的社会经济效益，通过了项目的可行性研究后，接下来就是要对公路工程的生态项目进行初步设计，按照相关的要求和结合当地的自然环境，对生态公路的项目进行符合自然思想的设计，同时组织有关专家技术人员对设计方案进行审查，并提出建议和修改措施后，根据公路施工的情况对生态公路项目也进行同步施工，这样便于公路工程的节约和环保效益，有利于公路工程的建设和生态建设，整个公路工程建设完成后，相应的其生态公路建设也会随之完成。从而一条完整地体现生态特色的生态公路项目就会一同呈现在人们面前，接下来就是公路建设项目运营后，会附带着对公路生态项目管理运营维护同时进行，经过一段时间的管理和运营后，会发现生态公路项目中还存在哪些问题，取得的社会经济效益有哪些，在经过相应的分析比较后，进一步修正和完善生态技术，再提出生态公路的综合评价，并为以后的生态公路建设项目提供有益的经验积累。

六、公路交通对生态环境的影响

我们常说的公路施工对环境的影响主要是指对生态环境和水文环境的影响、对社会环境的影响、对大气环境的影响、对景观环境的影响等，在这里我们主要探讨的是前者。一条公路施工期和营运期对生态环境的影响主要表现为土石方挖填、占用沿线大量土地、施工中临时用地等工程行为对沿线地形地貌的改变与原有植物的破坏，施工期间的爆破作业及工程机械产生的声音使动物远离原来的公路沿线栖息地，此外由于有的工程量很大，甚至很多高填方路段，会因工程施工破坏沿线森林、土壤、植被自然状态，使得原有地表产生变化，容易产生边坡不稳定和坍塌，这种现象在公路施工中非常普遍，同时大量的弃方堆积在山沟和山坡等处，一方面会造成新的植被破坏，另一方面如果处理不及时，也会引起水土流失，存在滑坡等安全隐患，有的路线会经过湖泊和河流区域，很容易造成对水生植物的环境破坏。还有就是在公路施工、运营与养护过程中，路基施工造成的排水、桥梁施工的排水、清洗车辆的排水、施工期的石料及混凝土搅拌产生的生产污水等有害物质进入土中，污染地下水，导致饮用水和农业用水质量下降；由于地下水位变化和土壤遭到污染，可能使农作物减产，使用消冰雪的盐对水、土壤和农作物都有不良影响；汽车尾气和盐类有害物质影响公路沿线树木花草等植物生长，公路附近的动物容易被汽车撞伤、压死；公路选线不当，会破坏地貌、休息场所、风景名胜、文化古迹和自然保护区等。

公路建设与营运过程中，对沿线一定范围内的生态环境因所处的地域不同会产生不同程度的影响。通常，山区公路建设难度大，对自然环境的影响远比平原地区大。而平原地区公路建设对人工生态系统影响明显，选线不当及施工中引起局部自然生态失调，会对沿线生态环境产生不良影响。公路建成营运后，沿线经济带开发引起人类活动的增加，也将成为局部地区生态环境失调的新的诱发因素，正因为如此，我们在公路施工中要高度重视原生态的保护。

七、我国公路交通环境保护的现状及存在的问题

谈到公路生态问题，就不能不说说公路的环境保护，从一定层面上说公路环境的保护正是生态公路研究的重要组成部分。近 20 年来我国虽然在公路交通环境保护方面取得了一定的成绩，在与公路交通环境保护相关的多个领域取得了许多进展，但从发展现状和发展趋势看，公路交通环境保护形势仍相当严峻：①机动车排放指标过高，对大气构成严重污染。②公路交通噪声日益严重，已成为主要公害之一。③一些地区公路交通干线环境地质问题日益突出。④一些地区公路路域生态环境恶化加剧。

通过对我国公路现状的认识和了解，存在以上问题主要原因是：

（一）管理体制不相适应

由于公路管理体现的原因，在公路的建设过程中，很少主动地去考虑公路对环境的影响，对环境造成的破坏，加之受国情的影响，把公路建设放在重要位置。具体来说表现为：公路环境的基础性研究薄弱，科技储备少；公路环保事业的科技创新不足。生物技术、信息技术和新材料技术等在公路环境保护方面缺少突破性应用；交通公路科技队伍总体实力薄弱，人员流失严重，特别是公路的环保型人才偏少；公路环保科技进步贡献率低，在大规模，大范围内推广，应用少。

（二）交通法规建设滞后

就公路交通环境保护而言，虽然交通部已制定出《交通环境保护管理办法》《交通建设项目环境保护管理办法》《公路建设项目环境影响评价规范（试行）》等法规及技术规范性文件，但从总体看，一是已出台的法规、技术规范数量太少，无法满足公路交通环境保护快速发展的需要；二是已出台法规因一些条款未能及时修改与调整，使得有的内容比较陈旧，难以适应当前环保形势发展的新要求，急需更新与补充；此外，有的条款因规定过于笼统，缺乏针对性，致使执行过程中适应性差、管理力度不够。

（三）环保科技投入不足

多年来，我国对公路交通环保科技的投入主要依赖于政府拨款，由于拨款数量少且渠道单一，致使其投入严重不足。加之投入公路环境保护行业后的回收效益低，致使我国公路交通环境保护技术发展潜力不足。与世界发达国家相比，我国公路环保科技的总体水平落后 20 年左右。

公路环保科技投入的整体水平偏低的现状既与人们的认识有关，也与环保科技的投入体制相关。首先，在过去很长一段时间里由于汽车数量少，行驶车辆废气排放对环境的影响较小，使得我国广大民众的公路交通环境保护意识淡薄；其次，由于对公路环保科技投资体制的研究，建设重视不够，致使一直未能形成多渠道、多形式、多层次的公路交通环保科技投入体制。

八、我国公路交通环境保护的基本目标

（一）公路交通环境保护内涵的扩展

人民群众对公路交通环境保护的理解过于狭窄，仅将公路交通环境保护主要局限于行驶车辆废气排放和噪声控制方面，加之汽车数量少，行驶车辆废气排放对环境的影响较小，导致对公路交通环境保护重视不够。随着社会、经济的发展及汽车的普及和公路交通环境保护问题的日益突出，保护和改善环境、促进公路交通运输与环境协调发展已成为公路交通运输行业共识的条件下，公路交通环境保护问题受到了越来越广泛的关注，从而使得公路交通环境保护的内涵得到广泛扩展和延伸。第一，公路交通环境保护既是可持续发展的基础产业，也是公路交通行业不可分割的一部分；第二，公路环境保护兼有多种功能，多种效益和多种价值，既是环境资源，又是基础资源，对促进国民经济发展，保障国家安全，防灾减灾，消除贫困，对外开放等方面都具有不可替代的作用；第三，公路作为一种文化、旅游、景观资源，在满足人民精神需求，增进人类身体健康，促进人类和自然和谐相处等方面具有重要作用和价值，是精神文明建设的重要组成部分。

（二）我国公路交通环境保护的基本目标

当前我国公路交通环境保护不尽如人意，没有上升到一定的理论高度来考虑研究公路交通环境关系。欣慰的是已经有人提出"公路交通资源、环境、产出"的三位一体，它是以公路交通资源为核心以公路路域环境为主体，以公路交通环境保护产业为龙头的相互关系。鉴于目前我国公路交通环境保护的现状，要使公路交通环境保护行业有一个根本性改变和跨越式发展。必须以科技进步为先导，通过实施三位一体综合发展效应，形成公路资源、公路交通环境、公路交通环保产业和科技相互促进、相辅相成的持续发展格局。为此，我国公路交通环境保护的基本目标为：以现代科学技术为基础，以加速公路路域环境的整治和绿化为手段，建立起较完备的公路生态保障体系，以推动公路交通环境保护行业进步为出发点，通过实施"公路交通资源、环境、产业"的三位一体可持续发展战略，建立起与社会主义市场经济要求相适应的较发达的公路环保产业体系，实现公路资源、公路交通环境、公路交通环保产业与科技的可持续发展和技术目标与国家的经济、社会、生态目标的有机统一。

九、西方国家与我国公路环境影响评价区制区别

公路环境是公路建设中不可忽视的重要问题，由于公路建设必然影响环境，特别是高等级公路建设，其施工、营运期造成的环境问题会更加严重，比如说公路选线不当破坏沿线生态环境；防护不当造成水土流失；公路带状延伸破坏路域的自然风貌，造成环境损失；公路施工带来的环境污染以及车辆通行营运期间车辆所造成的沿线污染等。对于出现的公路环境问题，如何通过有效的措施和方法进行评价就显得至关重要，环境影响评价是环境保护的一项重要工作，它是实现建设和开发活动的可持续发展战略的重要手段。公路环境影响评价就是通过对公路建设所产生的环境影响进行识别、预测和评价，以提出合适的清除或减轻不良环境影响的措施和对策。通过环境评价对公路建设项目活动可能带来的各种环境影响进行定量分析，为合理选线提供科学依据，通过损益分析，提出可行的环保措施并反馈于设计，以减轻和补偿公路建设项目活动所带来的不利影响。目前，无论是在西方发达国家还是我国对公路环境影响评价都有实质性的操作，但相对而言西方国家在环境保护和环境影响评价方面更为注重。

（一）西方发达国家环境评价制度与管理情况

在发达国家如美国、加拿大的环境法中，有关环境评价的法规占有重要的地位，因此，有必要重点对其环境评价制度进行了解。

环境影响评价又称环境影响质量预测评价，是指在某一地区进行可能影响环境的重大工程建设、规划或城市建设与发展、区域规划等活动之前，对这一活动可能对周围环境地区造成的影响进行调查、预测和评价，并提出防止污染和破坏的对策。其目的在于使环境保护与经济发展相协调，使行政机关对环境价值的考虑科学化、民主化、制度化、职能化。

环境影响评价制度是美国环境政策的核心制度，在美国环境法中占有特殊的地位。

美国自 20 世纪 70 年代初至今，不论是联邦一级还是州一级法律都建立了较完备的环境影响评价法律体系。

美国的环境影响评价制度，不仅为实施国家环境政策提供手段，而且为实现国家环境目标提供法律保障。美国环境影响评价的对象是很广泛的，凡是联邦政府的立法建议或其他对人类环境有重大影响的联邦行动，都必须进行环境影响评价。即是说，由联邦政府行政机关向国会提出的议案、立法建议、申请批准的条约，以及由联邦政府资助或批准的工程项目、制定的政策、规章、计划和行动方案，都必须进行环境影响评价。谁提出立法议案、规章、政策、计划或项目，谁就要进行环境影响评价。该环境影响评价报告无须经过环境保护管理部门批准，但必须经过他们审核或提出修改建议，最后由批准该议案、规章、政策、计划或项目的行政机关来批准环境影响评价报告。

加拿大的环境管理与美国的基本相似。加拿大的环境管理分为联邦、省和地方三级。在安大略省，根据省的《规划法》和省的《环境评价法》，与土地使用和开发有关的活动都必须进行环境评价。其《规划法》主要是指导省内地方政府准备一个官方计划，按照《规划法》开发商和政府必须准备一份环境影响报告，对 EIS 的要求类似于《环评法》类别评价下提供的 ESR 报告。安省的《环评法》于 1977 年生效，根据《环评法》对类似大型新建公路项目要进行个别评价，要求有综合的咨询程序、对路线及替代方案详细的环境检查以及对所有环境影响减缓措施的综合分析。个别评价要求首先完成工作大纲并提交环境与能源部长，在大纲批准后要进行包括咨询在内的详细的环境评价研究，并提交环境与能源部，在报纸上要发布消息，公众有 30 天的时间来发表意见，同时包括其他机构意见的政府检查也将被执行。

类似省级公路拓宽及地方道路项目只需进行类别评价，类别评价不要求进行个别评价那样详细地调查，其工作周期也较短。

（二）我国的环境评价制度与环境管理

我国 1979 年《环境保护法（试行）》最先引入了环境影响评价制度。现行《环境保护法》（1989）第 13 条和其他环境法律对环境影响评价制度做了进一步规定。1986 年颁布的《建设项目环境保护管理办法》及 1998 年 11 月颁布的《建设项目环境保护条例》，对环境影响评价制度做了修改、补充及更明确的规定，从而在我国确立了环境影响评价制度。1994 年国务院批准颁布的《中国 21 世纪议程》中提出："在有关立法中，规定建立'可持续发展影响评价制度'，要求政府部门对可持续发展可能产生的影响做出评估。"为促进环境与发展的综合决策，实现经济、社会和环境的协调发展，我国《环境影响评价法》已于 2003 年 9 月 1 日起施行。

我国环境影响评价制度的评价对象主要是建设项目。但目前法律、法规对区域开发如何适用环境影响评价制度缺乏具体规定，实际操作很难。新通过的《环境影响评价法》扩大了环境影响评价制度的适用范围，将对环境有显著影响的区域开发、产业发展、自然资源开发等制定了政府规范性文件，编制国土规划、土地利用总体规划、城市规划、区域、流域和海域开发利用规划以及工业、农业、林业、能源、水利、交通、旅游、自然资源开发的专项规划，列入环境影响评价之列，不能不说是环境立法的一大进步。

迄今为止，国家共颁布了 7 部环境保护法律、10 部相关资源法律和 30 多件环境保护法规，发布了 90 余件环境保护规章，制定了 427 项国家环境保护标准，地方性环境保护法规达 1020 件。

可以说，我们已建立了一套较完整的、有中国特色的环境保护法律法规体系，也制定了成套的较齐全的环境标准体系。环境保护工作的地位空前高涨，环境保护的意识已逐步深入人心，这也为今后的公路环境保护提供了有益的基础和制度规章的保证。因为时代要求无论何种行业，都要重视对环境的保护，对自然的保护，作为生活的这个世界的人们，任何一个人有责任也有义务来共同保护好这片蓝色的天空和生活的土地，正因为公路建设会对自然生态环境产生很大的影响，如果不加重视对生态环境的恢复和保护，那么全国的大规模公路建设可想而知对自然的破坏有多大，其负面作用会让人类深受其害。对此只要人人有了环保意识，相应的法律法规健全，生态公路作为公路建设中必不可少的程序和内容，并予以明确规定，同时人们去研究它关注它，对于公路建设来说，将会成为合理地利用自然的一种方式，为人们带来前所未有的方便和快捷，也会推动社会不断前进，并不断创造更加美好的生活。

第二节　公路建设对生态环境的影响

20 世纪 50 年代以来，日趋严重的生态环境问题引起了国内外工程界的广泛关注，各国都采用不同手段和措施进行环境保护与环境污染治理工作。与此同时，各国开展了对环境保护与污染防治的理论、技术、政策、法规等的研究，逐步形成了环境科学及各门类学科，以寻求人类社会与环境协同演化，持续发展。

一、公路对路域环境的综合影响

高速公路是社会文明和经济发展的产物，公路建设和营运在不同程度上对沿线的生态环境产生直接或间接影响。如何减少和消除这种影响所带来的负面作用，实现发展与保护的可持续，必须充分认识公路对路域综合环境的影响，并提出相应的措施和对策。

（一）噪声污染

噪声是指对人的生活、工作、心理和生理产生不利影响的声音，噪声污染具有分散性、地域性、时间性和无残留性等特点，是一种感觉性公害。公路建设过程中噪声来源主要是各种施工机械产生，对施工人员与附近居民的正常工作和生活造成影响。经济学家分析，高速公路噪声直接影响路域沿线的经济，特别是土地价格，交通噪声每增加 1dB，土地价格就会下降 0.08%~1.26%。在公路环境影响评价中对高速公路路域环境内噪声有强制性规定，噪声污染超标情况下必须制定防护措施。

尽管目前公路施工的机械化水平已经相当高，但是，各种施工机械施工时仍难免产生噪声，对施工人员与附近居民的正常工作和生活造成影响。

（1）施工现场的运输机械、筑路机械和其他施工机械以及进行爆破等作业时产生的噪声。

（2）稳定土拌和站、水泥混凝土拌和站和沥青混凝土拌和站工作时产生的噪声。

（二）水污染

建设过程中水污染主要有：

（1）道路施工中的弃土弃渣等固体废物直接排放水体，造成水污染；

（2）桥梁施工对河流的污染；

（3）施工时产生的施工、生活污水所造水污染。

（三）水土流失

高速公路每千米建设占地约 5.3h ㎡，在平原地区会占用大量的农田。建设初期由于公路线形需要根据设计要求在施工过程中需要进行大量路基挖填和土方异地运输，对原地面植被和地貌破坏较大，导致地表裸露，而在短时间内无法用植被方式进行有效覆盖，在重力、水力和风力作用下极易造成水土流失。

公路建设离不开土方石方作业。在施工过程中造成的水土流失有以下几点：

（1）破坏地面植被和原有地貌，导致地表裸露，造成新的水土流失。

（2）弃土、弃渣不采取适当措施妥善处理，而随意倾倒，加剧了水土流失。

（3）施工中使用的临时便道以及建筑材料，若不采取相应的水土保持措施，遇到暴雨或大风都会造成一定的水土流失。

（四）对土壤环境的影响

高速公路建设对土壤最重要的影响源于公路建设引起的水土流失，水土流失将导致土壤中有机质含量减少，大量无机元素流失，土层厚度变薄，土壤粒度变大，土壤结构和质地变差，最终导致土壤朝沙土和大团粒结构转化，对动植物和微生物产生直接或间接影响。另外，通过大气的迁移和扩散，水迁移和机械迁移等途径形成商高速公路对路域范围内土壤环境的污染，土壤环境污染的结果主要表现在：土壤理化性质和结构的改变，土壤微生物数量减少，土壤重金属、有毒有害元素含量增加和土壤肥力和保水力降低等。在高速公路施工期间，由于土方的频繁挖填和运输，严重破坏原肥沃表土层。裸露面土壤以生土为主，有机质含量低，土壤肥力差，土壤不疏松，不利于植被的生长。

（五）对动植物的影响

由于赤通鲁高速公路选线需要，道路通过草原、沙地、河流和湖泊等，引起路域范围内的生态环境发生很大的变化，从而导致当地部分生物种群由于生态环境变化而发生迁移和死亡等现象，种群数量、种类和种间交流也会发生相应的变化。

公路建设中的土方挖填和结构物施工及人的因素都会对路域环境内的植物种类、种群密度，植被覆盖等造成破坏，公路施工期产生的空气、水源、噪声和重金属污染给路域环境内的植物生长和繁殖产生很大的影响，严重时将导致部分物种消失，影响生态系统的稳定性。对公路建设破坏的生境进行植被恢复的过程中，还可能由于外来植物种类引进不当造成新的物种入侵现象。英国一项研究表明，固沙林释放出的含氮物能够影响100~200m 范围内的植物生长，附近农田带来的富氧化可以促进大量农田杂草的生长，并成为乡土植物种群的主要胁迫因素。

二、各类具体施工项目对路域环境的影响

在公路建设过程中，必然会对沿线一定范围内生态环境产生不同程度的影响。赤通鲁高速公路穿越生态环境脆弱的科尔沁草原。草原地区公路建设对自然生态系统影响明显，施工不当会引起局部自然生态失调，会对沿线生态环境产生不良影响。公路施工过程中因施工人员活动增多也将成为局部地区生态环境失调的新的诱发因素。

（一）路堤、路堑施工对自然环境的影响

公路施工有时需取土填筑路堤，开挖山丘形成路堑，必将破坏原有植被，干扰动物栖息环境，破坏土体的自然平衡，引起边坡失稳、水土流失。在施工期取土、弃土场及暴露的工作面成为水土流失的主要发生源，丘陵坡面弃土可带来长时间的水土流失，给自然生态环境造成一定的影响。

在施工期将进行土石方的挖掘和填筑，裸露的地面在旱季引起大量扬尘，覆盖于附近的农作物和树木枝叶上，将影响其光合作用，导致农作物减产。在花期，还影响植物坐果，减少产量。另外，施工便道两侧的农作物和树木也容易受到运输车辆引起扬尘的影响，覆盖其枝叶花果，影响其生长。雨季施工雨水冲刷松散土层流入施工场区周围的农田，造成淤积、掩埋农作物和植被，对农作物的生长和周围植被会产生不良影响。

（二）桥梁施工对自然环境的影响

桥梁施工时，使河床过水断面受到压缩形成桥前局部壅水，水流速度减缓，泥沙下沉。桥下水流速度加快，造成局部冲刷。此外，施工期间基坑开挖、筑捣钻孔、打桩，使河床受到扰动，泥沙上浮以及泥浆废渣排放，致使下游局部河段水质变差。

第三节　生态技术在公路工程建设中的应用

一、景观设计在公路工程的应用

公路景观是指导公路用地范围内公路本身形成的景观以及对用地范围内一定宽度的带状走廊里的自然景观和人文景观的保护、利用、开发、创造、设计与恢复，使公路建设和自然景观、人文景观浑然一体，相容协调，共同形成一个良好的公路景观环境。对此在做好公路建设景观设计工作中就要加强前期准备工作，按照公路选线和当地特点并结合风土人情，充分考虑自然、和谐、人本理念。做到景观设计应贯彻以防为主、以治为辅、综合治理的原则，因地制宜，针对不同路段的特点及与周边环境的关系，有针对性地提出景观设计、环境保护、水土保持和生态恢复的防治措施与设计方案；坚持"不破坏就是最大的保护"和"最小限度破坏和最大限度恢复"的基本原则。具体说来，在实际设计中要遵循以下几个原则。

安全性原则：所有的生态公路设计都要把安全作为重要的因素来考虑，安全是公路景观设计的基础和前提，路域防护首先要满足道路交通安全性要求，使行车视线良好，并有诱导驾驶员安全行车的功能。

恢复性原则：在公路景观设计运用多种科技手段来恢复因为公路施工等原因造成破坏的生态环境。针对高等级公路建设过程中形成的大量边坡，过去传统的做法是种植种类单一的草皮来固土护坡、减少水土流失，可是人工种植的草皮看似整洁优美但却不符合自然规律的要求，经过一定时间后，要么是枯黄消失，要么是被当地的野生植物所吞噬，效果均不理想。在边坡植物防护技术较为领先的日本，已将植物防护的新技术即"生态恢复设计"技术作为主导，在公路边坡设计初期，设计人员对边坡的地质条件、气候、水文条件和周围植被情况等因素进行综合考虑和调查，在此基础上再模拟原有植被类型的绿化植物选择设计方案，目的就是使之与原有的生态系统相适应，做到与原有的植被尽可能地相融合。

保护性与自然性原则：保护设计是指公路路域内的生态因子和生态关系进行科学地研究分析，通过合理设计减少公路建设对自然的破坏，从而保护现有良好的生态系统。公路景观环境要素包罗万象，应重点体现对原有景观资源的保护、利用和开发，以及公路主体与原有自然及社会环境的相融，"不破坏就是最大的保护"，除非不得已，否则任何通过后天的人为绿化方式也无法与经过长时间的自然形成的结构功能稳定、物种景观多样的自然植被相媲美，所以在设计中应强调对原有植被的保护和利用，因征地需要，非移走不可的树木、植被可集中先移植保护起来，等到工程差不多时再移植到原先生长条件相似的地方，达到"事半功倍"的效果。从长远自然经济效益考虑，尽量避免破坏古树名木、文物古迹等自然原始的风景区，要想办法从设计和线形选择上考虑保护各种动植物和名胜古迹，合理利用。在保护原有风景的同时，高等级公路它的设计要符合自然发展的规律，自然设计与传统设计相对应，通过植物群落设计，从形式上表现自然，立足于将公路景观充分融入自然环境中，创造和谐、自然、美观的新景观。自然式设计的核心就是运用生态的原理和技术，借鉴地域植物群落的组成情况、结构特点和演绎规律，科学而艺术地再现地带性群落特征的公路路域生态景观，它是顺应自然规律发展、能够实现自我维持和更新调节的一个生态小系统，增强植物群落的稳定性和抗变性，实现人工低度管理和景观的可持续稳定发展。

融合与协调原则：公路是一个有机整体，公路是一个具有线性特征的工程，纵向跨度大。在景观设计时既要注意内部各组成部分之间的协调，使其有机地融合在一起，又要注意与地形、环境等外部因素相协调。沿途景点、附属设施以及绿化植物要有统一性和连续性，使公路在满足运输功能的基本前提下，其生态功能基本恢复和完善到原有景观环境水平。

服务社会原则：公路建设应有利于社会进步和发展，对社会环境有重大影响路段，应根据可持续发展原则进行方案论证，主旨是服务经济发展和方便人民群众出行需要。

尊重地区特性原则：景观设计中要与当地风土人情、历史文化相协调，展现出当地的文化内涵与韵味，体现乡土特色和气息，使设计切合当地的自然条件，反映当地的景观特征，特别是植被选择上要遵循"乡土树种为主""适地种树"的原则，否则绿化树种引入不当，会带来灾害性的后果，这一点在我国华东、华南作为饲料引进的水葫芦等大量蔓延，开始对本地的生物多样性造成了巨大威胁，已经到了难以控制的程度。因此，在公路路域生态树木的选用上更要考虑实际情况和生长环境，要符合周围生态条件。

经济性与动态性原则：贯彻生态景观学的思想，走可持续发展之路。在公路景观的塑造过程中，坚持动态性原则，既要达到景观效果，又要经济合理。

统一与变化原则：公路的景观设计要在统一的主题下表现出各自的特色和韵味，适当的风格、造型、色彩变化及线形起伏等，都会使人感受到沿途景观富有韵律感、多变性，达到消除疲劳的目的，在统一中变化，在变化中统一。

精心设计和严格实施是生态公路付诸的重要内容，没有这两条，生态公路只能是空说白说。设计部门在结合地方规划设计取弃土石方案时，应综合考虑地质、水文、挡护等情况，做到不造成水土流失，不诱发地质灾害。在实施过程中，建设单位应责成施工单位严格按照设计方案的要求取、弃土石。

概括来说，在公路设计中对景观生态的研究要注重实际，将应用与理论相结合，正确分析和掌握第一手资料，搞清情况，结合经济发展现状，做到切实坚持以人为本，按照科学发展观的要求，既结合当前我们国家公路建设的实际情况，又兼顾目前社会经济发展的现状，对于适当完善改善公路生态体系建设会大有益处，从而在公路建设中能够做到从优从快。在公路设计中要做到"七至"理念,即安全至上、目标至高、环境至尊、设计至优、质量至严、景观至美、成本至廉。如果都能做到以上几个观点,相信我们的公路在设计过程中会按照良好的态势发展下去,对公路生态的保护会有利无害。

对于设计中的环境保护要贯彻以人为本、保护优先、治理为辅、再生结合的原则,在公路建设中必须超前考虑,将环保工作贯穿于设计之中,切实把好工程设计这一关键环节,重点是优化设计方案,把建设项目对沿线自然环境和社会环境的不利影响降到最低,对沿线房屋、电力设施、通信设施、水利设施等的拆迁改建,要充分重视和听取公众合理意见,力求把影响降低到最低限度,以求长远协调发展,公路线位的选择尽可能调到离环境敏感点较远的位置,合理使用和规划公路用地,重视路基、路面的排水设计,桥梁位置和结构不宜明显改变河道流向,加强设计过程中的水文调查和分析,尽可能掌握详细的资料,设置适当的排水构造物,保护较好的生态环境。在考虑公路景观设计的同时,更要在公路设计特别是干线公路设计中环境保护与创建中重点抓好以下工作:

(一)自然环境的保护

路线的选择要综合考虑地形、地质与环保情况,合理利用地形既可减少工程量又减轻对环境的破坏,规避不良地质可避免地质灾害的发生,上述两方面与环保紧密相关。湖北在沪蓉西高速公路设计中提出了"地形选线""地质选线"与"环保选线"的设计原则,三者互为条件、有机结合,有利于减少路基填挖,规避地质灾害,保护自然环境,创建优美的公路营运环境。

路基设计应视地形、地质情况合理选取断面形式,避免大填大挖。在山坡陡峭的坡面尽可能采用半路半桥或路基分幅形式,减少路基土石方的挖填;路基的石方开炸应进行科学爆破,尽量减少对岩体的扰动;路基深挖地段应根据路基边坡的稳定情况采取不同的防护形式,对于顺层、滑坡等不良地质地段应对边坡稳定性进行定性与定理的分析,确定边坡的防护形式,应把工程防护和生物防护结合起来,并尽可能减少工程防护;路堑的边坡建议不拘于相同的坡比,应根据具体的情况做适当的调整,对于开挖边坡地段为荒山荒地时,应尽可能降低边坡坡度,有利于进行生物防护,减少或取消工程防护,既可减少工程造价又可最大限度地恢复原始地貌。

隧道洞口设置要遵循"早进晚出"的原则,尽可能与自然保持一致,减少对山体的切割;隧道选线应充分考虑水文地质情况,通过钻探、物探等多种形式超前探明地下水联通及流通情况,对影响环保、人畜用水的隧道,宜贯彻"以堵为主、限量排水"的原则对隧道内涌水进行治理,确保隧道开挖不影响当地群众生产生活,不影响山体的稳定,不影响工程的安全。

桥梁要视地质情况选取合理桥型和基础以及施工工艺,避免地质灾害的发生,当桥基位于山体完整性、稳定性差的斜坡上时,应对斜坡的稳定性进行分析研究。如桥基位于顺层坡面时,应选择对坡面扰动小的桥基形式,桥基的开挖或钻孔应选用对坡面振动小的施工工艺。

（二）生态环境与营运环境的创建

生态环境的创建：山区公路特别是高等级公路所能利用的地形往往是当地群众赖以生存的宝地，在设计中，一是尽可能减少占用耕地，要对修建路基与架设桥梁两个方案进行比较，如建桥对工程量增加不大时尽可能采用建桥方案，少占耕地；二是要充分利用隧道、路基的废方为群众造地，要结合当地的规划，对弃渣场的位置、规模、地形、地质、排水、挡护、绿化及复耕等方面进行全面科学合理的设计，做到变废为宝，变害为利。

营运环境的创建：由于地形地质条件复杂，公路线形难以达到理想的水平，小半径、长大纵坡不可避免。加之高等级公路重车比例大，山区气候条件复杂，驾驶员操作失误等多方原因，极易引发交通事故。因此，创造山区高等级公路良好的运营环境十分必要，在以下几方面应引起足够的重视。

（1）要设计完善的引导标志、警示标志与禁令标志，引起驾驶员的注意。

（2）长、大纵坡下坡路段应考虑安全避险车道。

（3）公路设计除平、纵、横立体线形外，尚需引入"时间"要素，形成顺畅、连续和可知性的优美三维空间；对连续下坡路段平曲线半径不宜过小，应控制在600m以上。

（4）应对长、大纵坡路段的路面抗滑进行研究，确定路面的结构形式。

（5）长大隧道设计中，应以司乘人员的安全、舒适为目标，其线形不宜设置过长的直线段，以减少司机因注意力降低而渐渐不觉得加速所带来的风险。同时有必要采取变化的灯光或投影景观等措施消除司乘人员在隧道内运行时因视野局限所带来的烦躁和单调感。于2000年建成的世界上最长的挪威米尔多公路隧道（长达24.5km），自1990年起就开始了对长公路隧道内司机行为的研究，他们认为解决隧道内给司乘人员带来的"烦躁和单调"的最好办法是寻找和运用刺激物，在该隧道的设计中设拐点15处，隧道内的任意点安全视距在100m以上，隧道线形以短直线和缓和曲线相接，另辅之以灯光综合作用，以此减少在隧道内运行的单调感。

（6）对公路营运安全环境进行综合研究，确定合理的安全技术指标。

公路运行所需的时间，一般习惯于以"绝对时间"来计，往往忽视"相对时间"，运行时间应该是两者有机的结合。大家在旅途中都有这样的体会，如果一路风景会让人感到时间的短暂。若在行进中环境单调甚至给人一种严重的不舒适感，便感到时间的漫长。建议在公路设计时有必要引入"相对时间"的设计理念，不能把绝对运行时间作为衡量某路段行车时间的唯一标准。创建优美的营运环境，会让司乘人员感到旅途愉快，心态平和，不知旅途疲倦，觉得时间短暂。要创建优美的公路环境，一是要把周边环境与公路线形相结合，与动中观景相协调。静止观察的美景，在高速的车上观察可能会让人眼花缭乱，甚至有头晕之感，必须通过三维动画设计出动态的景观环境。二是要考虑隧道中噪声、废气及视野的局限给司乘人员不良的影响，特别是长大隧道与隧道群带来的不舒适感，建议尽可能少设隧道，对隧道中路面应进行降噪设计，减少或降低噪声源的噪声能量；对大隧道和隧道群应进行隧道内景观设计研究，要充分利用现代的光电技术创建隧道景观，达到能在洞中见景又能实现景观引导视线的目的。三是路基边坡的防护、绿化及隧道进口的设计应有特色，富于变化。四是路基、桥梁、隧道应与地形相协调，左、右两幅路基应有分幅的变化，实现分与合的巧妙的结合，消除行车的单调感、疲劳感，让驾驶员始终保持清醒的意识。

二、生态管理制度在公路工程的应用

搞好环境保护与创建的关键在于设计，抓实施是搞好该项工作的重点。在以往的公路建设中，对环境保护工作强调多，具体抓得不细，责任不明确，约束机制不力，没有环保专职管理，基本上是兼职管理，更谈不上对生态公路技术的研究和掌握，公路施工中只管建设，不顾环保。现行的公路建设就是要在现有的体制下，建立一套适合我国国情的公路建设生态指标硬性要求，从制度上予以保证和完善，注重对生态管理机构的约束和建立，重点是建立生态管理制度体系，把生态公路的制度和公路建设纳入一起实施，在审查公路设计的同时，要审查公路生态工程的设计方案，认可后方能进行下一步的工作。着力从机制上、制度上、机构上给予保证和约束，形成强有力的管理措施。不符合生态公路工程技术指标要求的一律不得开工，只有待各项准备工作妥当，通过专家验收认可后再开工。在以后的公路建设中应从完善管理机构和管理措施入手，重点抓好以下几方面的工作：

（一）加强合同管理，强化环境保护与创建责任

施工单位主要是以创造利润为目的，环境保护与创建意识一般较淡薄，业主必须在承包合同条款中明确环保的具体内容与有关的责任，形成约束机制。

（二）制订环境保护与创建行动计划

在工程尚未动工之前，按照设计要求制订明确的实施计划，以此指导工程施工。如在不稳定山体上爆破石方时，应明确爆破方式及相关的规定要求，实行科学爆破，避免扰动山体；在路基清除表土时，应要求施工单位对地表沃土集中存放，用于取、弃土场复耕。

（三）成立环保管理专班

业主、承包商及监理单位应安排是够数量的环保管理人员，成立环保专班，建立管理制度及管理措施，明确职责和义务，对环保工作进行动态的管理。

（四）加强环保工作检查

要适时的开展环保工作检查，及时予以纠正环保工作中存在的问题，不能以环保验收代替管理，避免造成难以弥补甚至无法弥补的缺陷。如在弃土不及时处理防排水问题，

以致无法恢复水土流失后造成其他土地沙化。有些施工单位在路基及取土场清表时，对地表层土随意弃放，以致在取弃土场复耕时难以找到适合耕种的表层土。

（五）尽快实施环保监理

要切实搞好环保工作，必须进行严格的环保监理。但目前公路环境保护监理工作刚刚起步，管理体制、办法不健全，须尽快形成环保监理机制，形成完整的环保监理规范，对工程环保工作实施规范性管理。

在保护自然生态环境的同时，要以人为本创建环境，优美与安全的营运环境可由公路建设单位要求设计部门完成，而生态环境的创建则需要地方政府、设计单位与施工单位及相关部门的密切配合，存在着较多的组织、协调、管理工作。

要树立把握公路建设契机创建生态环境的意识。在以往的公路建设中，建设单位只是从环保出发对公路取、弃土石方案提出原则性的要求，基本上由施工单位从有利于自身利益出发确定取弃土石方案，对利用废弃的土石方创建新的生态环境考虑较少。而地方政府对此基本上不予关心。但实际上公路建设大量土石方的取、弃在对自然环境造成影响时也对创建环境带来了很好的机会，可取土蓄水、弃土造地，是变废为宝、变害为利、造福子孙后代的大事，应当引起有关方面的高度重视。

科学规划，共商创建。公路建设单位应与当地政府及相关部门沟通有关创建情况，地方政府应组织有关部门积极与公路建设单位配合，共同商定取、弃土石的方案。对在创建生态环境时可能增加的工程费用，地方政府应从长计议，组织必要的人力、财力抓住公路建设的契机创建生态环境。

三、生态监控与环评在公路工程的应用

山区较之平原、丘陵地区的公路又有着许多不同的特点，公路建成后，工程安全与运营安全及环境污染上可能存在着某些不安定的因素，因此必须通过现代信息技术加强监控，完善监控系统设计，及时掌握有关的情况，以便对不利情况进行处理：

（一）环境污染监控

除对沿线收费站、停车区、服务区及隧道内污水和噪声污染进行监控外，更重要的是要对隧道内受污染的空气进行监控，汽车排放的CO是一种无色、无味而人体感觉器官又不能分辨的毒性较强的气体，对隧道内该气体超过人体的承受能力时应实行自动报警控制。

（二）营运安全监控

山区公路营运安全受多方面的影响，必须对有关方面监控，应对雾区的分布、路段的冰冻情况、隧道内火灾等情况及时提供信息，让驾驶员预知前进方向的道路状况，以便提前采取相应的处理措施。

（三）工程安全监控

山区公路高、陡边坡较为多，顺层、泥石流、滑坡等地质病害较普遍，应对影响路基稳定和危及桥梁、隧道安全的隐患建立信息化管理，掌握工程安全动态，以便及时采取有关保护措施，避免重大事故的发生。

公路与环境是有机的结合体，公路建设离不开环境的影响，因此应将公路建设与环境影响评价有机结合起来，尽量做到"三个同时"，那就是在项目前期施工阶段，坚持公路建设项目与环境影响评价同时立项、同时建设、同时运营的制度。在工可研究阶段委托有相应资质的环评机构对项目沿线的弃土、弃渣、噪声、尾气、灰尘、生态恢复等进行综合评价，预可、工可、施工图设计等方案的审查论证都邀请并认真听取部门专家的意见，并把节约耕地和有利于环保作为方案评比的重要指标，在项目招标文件中明确约定中标单位的施工行为必须符合环保要求，否则将采取相应措施，项目开工前，可以聘请有关环保专家讲解环保要求和注意事项，特别是在项目实施过程中要经常加强环保检查和巡查，一旦发现问题要及时处理和整改，项目完成后，组织有关人员进行验收，达不到要求的一律不准参加交工和竣工验收，从制度上进行严格约束。

四、公路边坡的生态防护应用

考虑公路施工对周边环境的影响很大，特别是如果处置不当，很可能因为施工本身的原因造成对公路沿线本身地质的破坏，比如边坡不稳定导致沿线自然环境的破坏，如塌方、滑坡、泥石流等诸多破坏因素对公路造成的损害，由于公路施工中难免会有大量的填、挖方，甚至桥梁、隧道、新改线路段的存在，必然会在一定程度上给原来的生态环境造成破坏，当然破坏的程度会有所不同，如何有效地把生态破坏以后的路段适当恢复，或者加大对公路本身的抗灾害程度，通过一些手段的运用，来达到对公路沿线环境的最大保护和恢复，本身也就是对公路生态保护的最好应用，主要来说在技术上目前分为生态防护和工程防护两种，生态防护是对自然环境的拓展，而工程防护是对生态防护的最大保护，并通过一定的技术处理，让工程防护和生态防护相互运用，相互作用，相互结合，两者相辅相成，相互补充。

（一）公路边坡的生态防护

边坡生态防护即边坡植被，主要是靠植物根茎与土壤间的附着力以及根茎间的互相缠绕来达到加固边坡、提高坡表抗冲刷的能力，保护路基边坡免受大气降水与地表径流的冲刷。公路边坡生态恢复技术目前较为成熟，概括起来有以下几类措施：人工植被、植生带、液压喷播、厚层喷播、锚固三维网复合植被、框格工程、挖沟钻孔工程、有机基材喷播。生态防护不仅可以涵养水源，减少水土流失，还可以净化空气，保护生态，美化环境，保证行车安全，具有良好的经济效益、社会效益和生态效益，在我国越来重视环境保护和人们生存质量的今天，生态防护已成了公路边坡防护的一种趋势，代表着边坡防护的发展方向。因此，对公路边坡用植物的选择进行探讨是必要的，它必将促进我国公路边坡生态防护事业进一步地发展，具有重要的现实意义。

采用植物防护，增加植被面积，减少地表径流，可从根本上减少路基的水土流失。植物覆盖对于地表径流和水土冲刷有极大的减缓作用。枝叶繁茂的树冠能够截留一部分降水量，庞大的根系能直接吸收和涵蓄一部分水分，还可稳定地表土层。而没有植被覆盖的地方，降水量全部落在地表面，形成径流，造成水土侵蚀和冲刷。植被的根系能与土层密切地结合，根系与根系的盘根错节，使地表层土壤形成不同深度的、牢固的稳定层，从而有效地稳定土层，固定沟坡，阻挡冲刷和塌陷，起到很好的防护作用。

在我国温暖多雨的南方地区，植物防护已较多地用于土质上下边坡的防护中，既保护了边坡，又美化了环境。在北方地区，植物防护措施还仅限于下边坡的防护，上边坡经常干旱缺水，不易养护，况且坡度较陡不利于植物生长。在西北黄土地区，黄土路堑边坡往往陡于1：0.75，边坡较高时才放缓到1：1。在河北，土质边坡坡度一般采用1：1，靠边坡自然降水维持植物生长往往比较困难，因坡面较陡，水分难以保持，植被成活率较低。

近年来有不少绿化专家试图在北方较陡的上边坡搞公路的绿化防护，像辽宁的抚顺市就对东部山区公路的植物生态防护技术进行了课题研究，取得了较好效果，他们主要是以公路边坡坡面防护为切入点，针对不同的地域特点，利用植被涵水固土的原理稳定岩土边坡同时美化生态环境，根据不同土壤性质分别栽种火炬树、青杨等不同树种，采取既经济又适用和环保的生态植物坡面防护措施，以提高公路的整体减灾、抗灾能力，同时改善公路绿化效果。与传统土木硬防护相比，植物防护虽然材料及其强度不同，但在防护功能上却一点也不逊色，对于降低公路的养护成本、减低公路养护的资金压力有着重要意义，同时对于在全国范围进行推广也有广阔前景。另外有的采用三维土工网等措施，但没有在公路上大面积推广。因此，上边坡植物防护问题仍需进一步研究，给北方地区光秃秃的上边坡披上绿装。实践证明，对于路基冲刷和崩塌等病害，利用植物防护，通过选取不同的绿化树种，方案设计、个别地区路段的处理和栽植技术研究的应用，会对以上公路的边坡防护起到积极有益的保护作用。

植物防护包括在边坡上种草、植草皮、植树等。在河北，由于一般地区供挖取使用的草皮缺乏，所以，种草、植树更便利一些。种草一般选取多年生、耐寒、耐旱、根系发达的草种，植树优选容易成活的树种（包括灌木）。黑麦、小冠花均是耐寒、耐旱植物，黑麦、小冠花联合种植技术在北方较寒冷、干旱的一些地区获得了成功，较适用于北方地区的气候条件。黑麦生长快，当年就能长成，但其扎根较浅，适宜短期防护；小冠花生长慢，一年以后才能长成，但扎根较深，尤其耐旱，并且其蔓延繁殖能力强，适合于路基边坡的长期防护，二者结合起来就能达到短期防护与长期防护相结合的目的。

公路沿线植树我们习惯上称之为行道树，一般是指沿公路两侧带状用地范围内所栽植的乔灌木等植物的总称，是公路绿化系统的重要组成部分，具有促进交通安全、维护路基稳定、保护路域环境、改善公路景观等作用。应该说我国沿道路两侧栽种植物的历史十分悠久，近年来交通行业的发展特别是生态公路理念的提出对公路两侧绿化也提出了新的更高的要求，其重视程度也是逐年提高，科学发展及与环境和谐统一发展的新思路新理念也是深入人心，仅公路绿化而言行道树的选择也是十分重要，并得到充分的利用和体现。近年来河北省在多条公路边坡上栽种紫穗槐，已经取得了许多宝贵的经验，如京石高速公路、石黄高速公路等，都采用了这种防护措施，并取得了成功，既防护了边坡，又美化绿化了公路。行道树的功能主要有以下几方面，向驾驶员及时预告公路线形的变化、增进行车安全，同时具有防眩、防撞、缓冲事故车辆的效果，还有稳定路基，防止水土流失，丰富公路景观，改善行车环境，一定程度上消除司乘人员的视觉和旅途疲劳，吸收日光辐射，减少路面光的反射，使路面温度下降，延长公路的使用寿命，此外还可以种植一些经济作物，从而产生一定的经济收入，等等。然而在沿线种植植物的同时，传统的公路行道树也存在一些共性问题，主要有树种单调，千路一树，没有地域特色，能反映地方优。良树种得不到很好的应用，栽种的形式也非常单一，有的栽种不考虑当地的气候和土质条件，所栽种的树木难以成活，甚至部分不规范地栽种。当树木长大的时候，大的枝干侵占路面或者挡住标志牌，十字路口因为树木过多导致视线不良等情况时有发生，带来了一定的交通安全隐患。此外，有的公路两侧栽种树木没有系统考虑公路所处的环境，为了增加绿化的视觉效果，大量征用土地，将公路和周边的环境分隔开来，既浪费了大量的可用土地，也使整个公路景观协调性差，公路内的过往车辆人员很难有效看到沿线美丽的风光和风土人情，一定程度上降低了公路的使用舒适度，如何解决此类问题，使得公路沿线的绿化也能遵循科学发展的理念，使道路真正意义上成为美丽的风景线，单就公路绿化而言现在也形成了一定的发展理念值得我们注意。综合来说，目前有以下四种理念，一是以人为本的理念，那就是行道树的栽植不能仅考虑路的主体因素，而是充分体现人的因素，主要是为公路沿线的居民和过往的司乘人员提供良好的公路绿化环境；二是尊重自然的理念，按照自然发展的规律办事，体现在公路植物的选择上充分考虑公路原有沿线的物种，这一点后面还将强调，将体现地方特色和乡土、适合当地生长的好的植物作为行道树的第一选择，比如，在西北干旱的地区、南方水网地区、北方平原地区、热带地区、山区和丘陵地区的树木选择和种植的方式和方法都有所区别；三是最大化保护理念，不破坏就是最大的保护同样也适于行道树的发展理念，那就是在公路建设过程中也充分保护原有的公路沿线植物，最大限度地利用原有植物，使其成为公路行道树的有机组成部分，达到事半功倍的效果；四是和谐统一的理念，在选择能够体现地方特色的行道树的基础上，科学合理地设计行道树的栽种方式成为决定一条公路绿化风格的重要环节。与传统的公路两侧栽种植物行道树不同的是新的绿化理念更多地强调公路绿化与公路线形和公路周边环境的和谐统一，在平原区可引入"景观走廊"的手法，隔一定距离可以取消行道树栽植，提供一定区域的观景区；在以自然景观为主的微丘和重丘区，可以结合用地情况和周围自然植物的分布生长情况，采用仿自然生长的效果方式进行种植，在树种的选择和搭配上都以自然植物群落为目标，从而形成和谐统一的公路行道树绿化带，并完全地融入自然环境之中。

公路植物防护简单的理解也可认为是一种公路绿化工程或者说是一个生态绿化系统，是交通环境的重要组成部分，当前我们国家公路建设中公路绿化往往是以种植乔木、灌木、藤本、花卉等植物为主要手段，其树种的选用非常重要，一般来说是根据公路的地理位置及植物的生态性、公路的功能要求、针对性、长远性、经济性的原则进行选择。就植物本身而言，它们在公路绿化中体现的效果也会不同，因此选用时要"适地而树、适树而树"，所选树种间树形、色彩、线条、质地等方面要有一定差异，也要有一定的配合和联系，在统一中变化，在变化中统一，从而通过多样性、相似性，产生出自然协调、鲜明突出的感受。了解了树种的特点后，我们就要结合有关公路的实际情况合理地选取树种，大致说来是要结合公路的地理位置及植物生态特性、公路的使用功能、公路的特点和经济性方面来选择树种。其选择应充分考虑到因地制宜、适地植树和自然生长环境特点以及长远规划等因素。种一片成一片，能够适应沿线环境并能很好地融入原有的生态体系中去，便于管理和养护，使之适应自然的成长。

公路边坡植物选择的依据，主要是气候条件和土壤条件。光照、气温、湿度、降水、风等气候条件都影响着边坡植物的生长发育，但是在选择边坡植物时主要应考虑的气候因素是气温和降水。最高气温和最低气温决定着植物能否正常生长发育，能否顺利越夏、越冬等；降雨（雪）的时期及雨量也是决定采用植物种类的重要依据。

目前我国公路边坡坡度一般都较大。由于边坡坡度较大，降水落于坡表后，极易由于重力的作用，沿坡面往下流失，造成坡体土壤缺水干旱，直接影响植物的正常生长发育，甚至导致植物的死亡，这一点在北方干旱地区的边坡上表现得尤为突出。

土壤成分、肥力、土壤结构、酸碱性、盐碱性、土壤厚度等土壤因素与植物的生长发育密切相关，从而决定着边坡植物能否良好地生长。其中，在选择植物时比较重要的因素是土壤肥力状况、土壤结构和土壤 pH 酸碱度等。

公路在施工过程中，因开挖使地表植被完全遭到破坏，原有表土与植被之间的平衡关系失调，表土抗蚀能力减弱，在雨滴、重力和风蚀作用下水土极易流失，植物种子定植困难；公路边坡土壤一般为没有熟化的生土，养分含量一般很低。同时由于坡度大，土壤渗透性差等原因，边坡土壤对降水截流较小，造成水土和养分流失，使坡面土壤变得贫瘠，立地条件差，不利于植物生长；另外，公路边坡土壤有机质含量一般很少，结构不良，经过一定时期的沉降作用后，容重增加，孔隙度降低，不利于土壤中水分和空气的有效运移以及肥料的协调转移，从而对草坪植物正常生长产生不利影响。

公路边坡植被的主要目的是固土护坡，防止公路边坡水毁，稳定公路路基，以及美化公路沿线景观环境。因此，要求边坡植物根系深，能快速覆盖地表。

公路边坡植物应具备的条件：

植物品种选择应以本土化为原则，根据公路沿线的自然条件，合理确定物种配置方案。根据公路边坡的特点和边坡种植的目的，边坡生态防护的植物一般应满足以下要求：适应当地气候，抗旱性强；根系发达、扩展性强；耐瘠薄、耐粗放管理；种子丰富，发芽力强，容易更新；生长快，绿期长，多年生；育苗容易并能大量繁殖；播种栽植的时间较长；不会在当地恶性生长，造成生态危害。价格低，无须养护或便于养护；草灌花结合，点缀乔木。

绿化物种选择的原则：

顺利实现公路路域植被恢复，科学合理地利用植物。物种选择原则应遵循生态适宜性原则、生物多样性原则、经济适用性原则、交通安全性原则、道路美学性原则。达到空间绿化和三季常绿、四季有花的效果。护坡植物的选择首先要分析不同种类护坡植物，然后再讨论有关植物的选择，这对正确选取适合公路沿线植被是非常重要的。

公路边坡可用的植物种类较多，主要有草本植物、灌木、藤本植物，以及乔木等。目前我国的公路边坡一般坡度较大，坡比一般为 1：1，即 45°，有的甚至达到 60° 以上，栽植乔木会提高坡面负载，增加土体下滑力和正滑力，在有风的情况下，树木把风力转变为地面的推力，造成坡面的不稳定和坡面的破坏，同时，边坡栽植乔木还可能影响司乘人员观测公路两侧景观的视野，因此一般不宜在公路边坡栽植乔木。

目前，我国公路边坡生态防护用植物在多数情况下是采用草本植物，在国外草本植物也仍被广泛使用。草本植物的选择：可用于护坡的草本植物大部分属于禾本科和豆科。禾本科植物一般生长较快，根量大，护坡效果好，但需肥较多。而豆科植物苗期生长较慢，但由于可以固氮，故较耐瘠薄，耐粗放管理。其花色较鲜艳，开花期景观效果较好。根据各草种对季节性温度变化的适应性，可分为暖季型与冷季型两类。冷季型草比较耐寒，但耐热性和耐旱性较差。而暖季型草较耐热耐旱，但不耐寒，以地下茎或匍匐茎过冬，故冬季景观效果较差，但其管理较冷季型草粗放。草本植物的繁殖可采用营养繁殖，也可采用种子繁殖。

草本植物的优点在于：

（1）草本植物种植不仅方法简便，而且费用低廉；

（2）早期生长快，对防止初期的土壤侵蚀效果较好；

（3）作为生态系统恢复的起点，有利于初期表土层的形成。

但是，草本植物与灌木相比具有以下缺点：

（1）草本植物具有根系较浅，抗拉强度较小，固坡护坡效果较差。在持续的雨季里，高陡边坡有的会出现草皮层和基层剥落现象。

（2）群落易发生衰退，且衰退后二次植被困难。

（3）开发利用的痕迹长期难以改变，与自然景观不协调，改善周围环境的功能差等。

（4）坡地生态系统恢复的进程难以持续进行，易成为藤本植物滋生的温床。

（5）需要采取持续性的管理措施等，维护和管理作业量大。因此，单纯的草本植物用于公路边坡的绿化并不理想。

由于草本植物作为护坡植物的缺点，因此在某些发达国家已开始重视灌木的护坡作用，并做了大量研究。灌木的选择：日本对灌木护坡进行了大量研究，且在边坡防护中得到了大量的应用。我国目前在边坡生态防护中使用的灌木较少，目前已使用的灌木主要有紫穗槐、柠条、沙棘、胡枝子、红柳和坡柳等。灌木的种植可以采用杆插的方式，也可采用播种的方式。灌木宜和草本植物混合种植，以充分发挥两者的优势，又避免两者的弊端，达到快速持久护坡的效果，同时具有良好的景观效果。灌木作为护坡植物主要的缺点是成本较高，早期生长慢，植被覆盖度低，对早期的土壤侵蚀防治效果不佳。但是可以通过与草本植物混播，草本植物早期迅速覆盖地面防止土壤侵蚀，后期由灌木发挥作用的方式解决。

当草本植物和灌木采用种子混合播种时有时会遭到失败，主要原因是由于草本植物生长比较快，在草本植物生长茂盛的状况下，引起以下几种后果：

（1）灌木的幼苗被草本植物所覆盖，其后由于光线不足而死掉；

（2）有些灌木在其幼苗期对于枯萎病的抵抗力很差，在过分潮湿状态下会因菌害而致枯死；

（3）由于土壤含氮过多引起枯萎病菌危害致死；

（4）在草本植物的根部和灌木的根部处于同一土层时，由于彼此进行竞争，所以灌木会枯死。

对于以上情况可采取限制草本植物株数和采用含氮量少的肥料类型限制草本植物生长的方法加以控制解决，通常情况下草本植物株数应控制在 200~500 株 /m^2 范围内。

藤本植物主要应用于坚硬岩石边坡或土石混合边坡的垂直绿化，垂直绿化是公路边坡生态防护的特殊形式。藤本植物的选择，目前，我国的垂直绿化主要应用于城市园林中，公路边坡采用垂直绿化的还较少。藤本植物宜栽植在靠山一侧裸露岩石下一般不易坍方或滑坡的地段，或者坡度较缓的土石边坡。可用于公路边坡垂直绿化的藤本植物主要包括爬山虎、五叶地锦、蛇葡萄、三裂叶蛇葡菊、藤叶蛇葡萄、东北蛇葡萄、地锦、葛藤、扶芳藤、常春藤和中华常春藤等。藤本植物主要采用杆插的方式进行繁殖，用藤本植物进行垂直绿化的好处是投资少，用地少，美化效果好，缺点是由于边坡一般较长，藤本植物完全覆盖坡面的时间长。

（二）公路边坡的工程防护

公路边坡对公路路基的稳定性非常重要，一旦遇到边坡破坏，对公路的损害和影响是非常之大，甚至导致公路交通中断，影响行车安全，从目前有关情况看，公路边坡破坏的主要形式与机理有以下几种。

1. 公路下边坡

路基下边坡一般为填土路堤。受力稳定的路堤边坡的破坏，主要表现为边坡坡面及坡脚的冲刷。坡面冲刷主要来自大气降水对边坡的直接冲刷和坡面径流的冲刷，使路基边坡沿坡面流水方向形成冲沟，冲沟不断发展导致路基发生破坏；沿河路堤及修筑在河滩上、滞洪区内的路堤，还要受到洪水的威胁，这种威胁表现为冲毁路堤坡脚导致边坡破坏。

边坡破坏还与路基填料的性质、路基边坡高度、路基压实度有关系。一般来说，砂性土边坡较黏性土边坡易于遭受冲刷而破坏，较高的路基边坡较低的路基边坡更容易遭受坡面流水冲刷，压实度较好的边坡，比压实度较低的边坡耐冲刷。

2. 公路上边坡

上边坡是人工开挖的斜坡，其强度应满足稳定边坡的要求，这样的稳定边坡在降雨、融雪、冻胀及其他形式的风化等作用下，容易发生病害，其主要破坏形式为冲刷、崩坍等。

冲刷破坏一般发生于较缓的土质边坡，如砂性土边坡、亚黏土边坡、黄土边坡等，在大气降水的作用下，沿坡面径流方向形成许多小冲沟，如不采取任何防护措施，有逐年扩大的趋势；在边坡坡脚，冬季往往发生积雪，造成坡脚湿软，强度降低，上部土体失去支撑，发生破坏；同时，高速行驶的汽车溅起的雨雪水，也冲刷坡脚。总之，土质边坡的坡脚部位，是边坡的最薄弱环节。

边坡的崩坍，一般分为三类：落石型、滑坡型、流动形。有时在一次崩坍中会同时具有这三种形式。

落石型崩坍一般指较陡的岩石边坡，易产生落石的岩层必然是节理、层理或断层影响下裂隙发育，被大小不一的裂面分割成软弱的断块，这些裂面宽而平滑，有方向性。落石和岩石滑动易沿陡的裂面发生。裂隙张开的程度用肉眼不一定就能识别，但能渗水，由于反复冻融，长时间的微小移动，裂缝逐渐扩大，由于降雨，裂缝中充满水，产生侧向静水压力作用，造成崩坍。一般裂隙发育岩体，更易发生落石现象，此外硬岩下卧软弱层时，也会发生这种现象。此类破坏形式必须严格控制，崩坍滚落的岩石极易对行车构成威胁。

滑坡型崩坍，指岩层在外力作用下剪断，沿层间软岩发生顺层滑动，多发生于倾向于路基、层间有软弱夹层的岩体中。另外，当基岩上伏岩屑层、岩堆等松散的堆积物时，堆积物也易沿岩层的层理面、节理面或断层面发生崩坍。

流动型崩坍多因大雨的原因，砂、岩屑、页岩风化土等松散沉积土，多会受水的影响而产生崩坍，流动型崩坍没有明显的剪切滑动面。

很显然，边坡高度大时，以上边坡破坏的类型都较低边坡容易发生。

由上面的分析可知在边坡的防护设计中，既要做好坡面防护设计、排水防水设计、控制好水的问题，又要根据地质条件、岩体性质、岩层产状、边坡高度做好边坡坡面设计。

目前公路边坡主要有以下几种工程防护措施：

（1）框格防护

框格防护是用混凝土、浆砌块（片）石等材料，在边坡上形成骨架，能有效地防止路基边坡在坡面水冲刷下形成冲沟，同时，提高了边坡表面地表粗度系数，减缓了水流速度。一般冲刷仅限于框格内局部范围，采用框格防护与种草防护结合起来的方法，提高了防护效果，同时美化了环境。

框格防护多用于路基下边坡，是一种辅助性的防护措施，除具有对路基边坡的一定防护作用外，还有对路容的美化效果，尤其在互通立交范围内边坡应用最多，近年来人们越来越重视公路对环境的影响，重视路容美化，因此往往采用这种防护形式。

框格形状可根据人们的想象及人们对美的追求，做出各式各样的造型，如斜45度大框格，六角形混凝土预制块防护，浆砌片石拱形防护，浆砌片石或预制块做成的麦穗形等。

框格防护措施同时可用于土质上边坡防护，既增加美的效果，又可防止边坡出现冲刷，但由于框格需在上边坡中嵌槽镶进，施工难度大，仅在重要景点使用，一般较少采用。

沪宁高速公路部分路段和贵阳至黄果树高速公路下边坡均采用了浆砌片石拱形防护，北京八达岭高速公路下边坡部分路段采用大45度框格内镶六角形混凝土预制块的小框格，河北省石黄高速公路部分路段的麦穗型，都给人以美的享受。

（2）护坡

在稳定的边坡上铺砌（浆砌或干砌）片石、块石或混凝土预制块等材料以防止地表径流或坡面水流对边坡的冲刷称之为护坡。铺砌方式一般采用浆砌，冲刷轻微时，可采用干砌。

位于河滩或滞洪区内的路基，往往处于洪水的直接威胁之下，因此必须采用护坡防护措施，防护高度应至少在路基设计洪水位加浪高、壅水高及0.5m安全值以上。另外当路基沿溪，路基边坡侵占河道时，也要采取护坡防护措施。

在软土地基上的路堤护坡，无水流冲刷影响时，可采用干砌片石护坡，以适应地基沉降引起的路堤边坡变形。

（3）封面

封面包括抹面、捶面、喷浆、喷射混凝土等防护形式。

①抹面防护与捶面防护

抹面防护、捶面防护由于其使用年限较短，各等级公路上使用较少，尤其在高速公路的边坡上尚未采用过这样防护措施。不过当路基较低时采用抹面防护合理掺加草籽，既能起到建设初期的防护作用，又能起到运营期的防护与绿化作用，在今后的建设中可做尝试。

②喷浆防护与喷射混凝土防护

喷浆防护和喷射混凝土防护适用于边坡易风化、裂隙和节理发育、坡面不平整的岩石边坡，其主要作用是封闭边坡岩石裂隙，阻止大气降水及坡面流水侵入，从而阻止裂隙中侧向水压和冰裂，防止边坡岩石继续风化，保护边坡不发生落石崩坍。

在公路上广泛采用的封面防护措施是喷射混凝土，该防护要求在混凝土内设置菱形金属网或高强度聚合物土工格栅，并通过锚杆或锚固墩固定于边坡上，这主要是为防止混凝土硬化收缩产生裂缝或剥落。在河北石太高速公路及山西太旧高速公路上处理裂隙发育岩石边坡，效果很好，尤其是河北用于处理蚀变安山岩边坡，非常成功，处理后落石崩坍不再发生。但在某段坡体采用喷射混凝土防护，亦产生了剥落现象。该岩体为全风化石灰岩，新喷射混凝土与之结合不好，接触不均匀，局部强度很低，加之喷射混凝土未加设金属网或土工格栅，整体性不好，从而在内部与外界双重因素作用下，产生局部剥落。

由此，在施工喷射混凝土防护前，坡面不应有风化碎渣、风化土层，全风化岩石不宜采用喷射混凝土防护措施，为防止喷射混凝土硬化收缩产生裂缝或剥落，加设防裂金属网或高强聚合物土工格栅是必要的。当岩体具有沿倾向路面的岩层顺层滑动的潜在危险时还应采取加抗剪锚杆的锚固措施。

（3）护面墙

为了覆盖各种软质岩层和较破碎岩石的挖方边坡以及坡面易受侵蚀的土质边坡，免受大气影响而修建的墙，称为护面墙。

护面墙多用于易风化的云母片岩、绿泥片岩、泥质灰岩、千枚岩及其他风化严重的软质岩层和较破碎的岩石地段，以防止继续风化。可以有效地防止边坡冲刷，防止滑动型、流动型及落石型边坡崩坍，是上边坡最常见的一种防护形式。

护面墙除自重外，不担负其他荷载，亦不承受墙后土压力，因此护面墙所防护的挖方边坡坡度应符合极限稳定边坡的要求。护面墙有实体护面墙、孔窗式护面墙、拱式护面墙等。实体护面墙用于一般土质及破碎岩石边坡；孔窗式护面墙用于坡度缓于1：0.75的边坡，孔窗内可捶面（坡面干燥时）或干砌片石，拱式护面墙用于边坡下部岩层较完整而需要防护上部边坡者，用护面墙防护的挖方边坡不宜陡于1：0.5。

为增强护面墙的稳定性，在护面墙较高时应分级砌筑，视断面上基岩的好坏，每6~10m高作为一级，并在墙顶设≥1m的平台；墙背每4~6m高设一耳墙，耳墙宽0.5~1m。

护面墙顶部应用原土夯实或铺砌，以免边坡水流冲刷，渗入墙后引起破坏。修筑护面墙前，对所防护的边坡应清除松动岩石、松散土层。对风化迅速的岩层如云母岩、绿泥片岩等边坡，清挖出新鲜岩面后，应立即修筑护面墙。

在我国山区高等级公路的防护设施中，护面墙是上边坡采用较多的防护形式，而且多是实体护面墙，一般根据边坡的高度、岩石的风化程度及岩土的工程地质特性采取半防护或全防护措施。在半防护措施中，有时采用坡脚护面墙，由于路堑的开挖，改变了空气的流向，在路堑内形成旋转气流，雨雪天气，该气流携带着雨雪对坡脚的冲刷破坏能力最大，同时汽车高速行驶溅起的雨雪水也直接冲刷坡脚；自然降水自坡顶沿坡面向下流，流至坡脚时，速度最大，冲刷最严重，因此在坡脚处设置矮墙是最起码的防护措施。

从另一方面讲，在坡脚设置护面墙还起到诱导行车视线的作用。对于土质边坡，技术、经济条件允许时，还可以搞绿化，种植一些藤本植物，美化环境。

做好公路的排水和防护设计。近年来，公路排水问题已成为公路建设中环保要求的主要制约因素，通常会因水的原因造成公路两边的破坏，进而影响到公路沿线的环境变化，作为公路的重要附属设施排水系统非常重要，其类型的选择应从安全、视觉效果及周围环境协调角度综合考虑，重点为做好路基排水、路面排水及中央分隔带排水，同时兼顾边坡防护工程的应用，使得公路的排水系统和排水工程防护有机地结合统一起来，防护工程的应用，确保了路基的稳定，减少了水土流失，直接起到了保护环境的效果，同时通过适当的绿化处理，改善了排水系统的环境状况。

总之，搞好公路建设，确保公路边坡稳定、安全、搞好环境保护是非常重要的，如何才能做到以上要求，这就要求我们在平时的公路边坡治理中要深入了解公路边坡破坏的形式与机理，并结合不同情况按照相关要求，加强分析和梳理，找准针对不同工程对象的土质、水文、气候等特点，灵活采用不同的防护形式，加强设计理念的更新和适应，加强施工建设管理，建安全之路、生态之路、优美之路。

五、公路"安全示范保障工程"的应用

坚持以人为本，树立全面、协调、可持续的发展观，对新时期公路交通工作提出了更高、更新的要求。公路行车安全与否事关人民群众的生命财产安全，事关人民群众安居乐业。加强和完善公路防护设施，保障人民群众生命财产安全，是实现好、维护好、发展好最广大人民群众的根本利益的实际行动。

针对不同的路线特点，考虑交通事故类型，因地制宜地确定技术方案是安保工程的关键环节，只有提升设计思想与理念，才能将安保工程做得实用、具有特色。

安保工程的设计思想与理念："安全、经济、环保、有效"。

这个理念体现着"经济上可能、技术上可行、方案上有效"的思想，即必须从实际出发，注重环境保护，因地制宜，采用合理的技术措施，达到"主动引导、突出重点、适度防护"的目的。

安全是一个复杂的问题，交通事故是由人、车、路、环境等多方面因素不协调而产生的。安全保障的工作应在没有发生事故前进行主动的安全引导；在发生事故后进行被动的安全防护，最大限度地保证道路使用者的生命与财产安全。

主动安全引导。通过（禁止、警告、指示）标志、标线、线形诱导标、轮廓标、主动降速设施的合理运用，提前将相关道路交通信息告知道路使用者，使其安全通过危险路段。部分地段可采用提高道路表面的摩擦系数、弯道处适当设置超高等方法提高道路的安全性。公路安全保障工程是在不同地理、地质和气候条件下，针对不同道路安全隐患实施的，具有较大的差异性，因而深入调查研究、注重工程质量是关键要素。

确定技术方案时，应在全面分析交通安全隐患的基础上，合理确定技术方案，注重环境保护和综合处置措施，充分考虑部分地区生态环境的脆弱性。重视现场调研和科学分析，采用主动与被动安全措施相结合的综合性方法，达到"安全、经济、环保、有效"的目的。由于安保工程实施的内容非常广泛，其采取的相应措施也很多，集中起来主要有交通标志、交通标线、视线诱导设施、减速设施、安全护栏、其他综合措施等，这里面的安全护栏的选择和应用与公路生态环保的联系非常紧密。

护栏形式的选择。应针对每条公路的具体情况，充分比较各种护栏的性能，分析行驶安全感、压迫感、视线诱导、瞭望的舒适性，并考虑与公路周围环境的协调，结合经济性、施工条件及养护维修等因素，在综合分析的基础上确定。

——波形梁护栏刚柔相兼，具有较强的吸收碰撞能量的能力，具有较好的视线诱导功能，能与道路线形相协调，外形美观，损坏处容易更换。较混凝土护栏具有一定的通透性，可用于美观性要求较高的一般路段和沙漠、积雪地区。

——混凝土护栏防止车辆越出路（桥）外的效果好。由于混凝土护栏几乎不变形，因而维修费用很低。但当车辆与护栏的碰撞角度较大时，对车辆和乘员的伤害大。可用于山区急弯路段外侧、路侧为深沟、陡崖，车辆冲出将导致严重伤亡事故的部分路段。

——缆索护栏属柔性结构，车辆碰撞时缆索在弹性范围内工作，可以重复使用。缆索护栏立柱间距比较灵活，受不均匀沉陷的影响较小。积雪地区缆索护栏对扫雪的障碍少，但缆索护栏施工复杂，端部立柱损坏修理困难，不适合在小半径曲线路段使用。缆索护栏视线诱导性较差，架设长度短时不经济。风景区公路采用缆索护栏较为美观。

——考虑到山岭重丘区的施工、材料运输、维修便利，可采用经验证的其他形式的护栏，如钢管护栏、木制抗冲撞护栏、石砌护栏等。

六、公路地质防治工程的应用

自然界内外动力的地质作用所产生的环境地质灾害，如地震、崩塌、滑坡、泥石流等，虽然是自然原因引起的，但它们与公路工程活动是相互联系、相互影响、相互制约的，而且直接影响公路的运营环境。从形式来看，地质原因造成对公路的损害主要有：一是自然灾害，比如，因为泥石流和水毁期间的影响导致路基不稳定而造成的公路路基被冲毁、路基上下塌方等都是因为自然原因产生的公路灾害，这一类的灾害就本身而言，其公路沿线的边坡和护坡本身结构就很脆弱，一旦遇到其他外因的影响，地质结构会发生相应变化，加上内部的自然力作用，于是就会发生一系列公路灾害，影响公路的通行，这一点在山区公路特别是有地质灾害隐患路段极为常见。对此可以通过实施地质灾害防治工程对公路沿线环境进行有效治理，并采取相应的处理措施，交通部已经在着手建立干线公路地质灾害防治相关方面的工作和方案，目前正处于探索和试验阶段，从目前所实施的路段情况看，其理论应用大都来源于生态技术和相应的观点，并且获得较为明显的成效，通过实施相应的防治后，路段的环境得到了很大改观，路段的抗灾害能力大大提高，这也充分说明了生态技术和理论在公路灾害防治中的应用是有着重要的地位和作用，也对今后这样的路段提供了很多技术经验和借鉴。二是人为灾害，人为的灾害显然是人的原因造成的，是因为在公路建设项目中，没有采用正确的方法和措施，破坏了主要是公路建设过程中产生的地质变化，比如对地块的结构进行开挖，像公路的纵断面和横断面开挖，公路的降坡，路线的改线，软土路基的填筑等，因为这方面施工的原因导致地质结构发生相应的变化，破坏了原有的地质结构，在某些作用力的影响下，导致地质灾害的发生，影响了公路的沿线环境，甚至可以产生生态性的破坏。对于这一类的灾害，要求建设单位和设计单位在进行工程可行性研究前后对公路线形的选择要高度重视，同时对公路沿线的地质情况要进行深入了解走访，掌握第一手资料，便于为下一步设计做好充分准备，在设计中尽量不破坏原有的地质结构体系。

从而在以后的工程施工中尽可能做到最小限度地破坏原有环境。当然对实在不能避免的公路沿线的地质灾害路段，那就要求施工单位和建设单位在公路建设的同时充分考虑到地质灾害可能产生的后果，提前准备并采取相应处置措施，保证不因地质原因而发生公路灾害，同时在后期施工中加强对公路生态的恢复。

七、公路交通噪声的治理

公路噪声的来源很多，有施工过程中机械工作的声音，有车辆运行时发出的声音，也有车辆轮胎与公路路面接触摩擦所产生的声音，等等。此类声音的产生对周边群众和行人及过往车辆都有很大影响。因此，在公路建设设计时可以考虑采用声屏障、加强路面的平整度、改善车辆性能等一系列措施减少各类噪声产生的途径和分散声音传播路径。尽量减少这种声音源的产生，通过各种措施减小因公路建设运营后带来的噪声污染，影响到沿线和周边群众的生活，这是生态公路建设的要求所在，同时也是路域生态公路恢复研究的重要课题之一，不能简单地把公路生态研究作为生态景观学的延伸和发展，因为还要考虑到美学、生物学、设计和环境保护的方方面面，对此就公路噪声的防治也显得十分重要。在施工期间对居民点较多的地点应合理安排施工场地、时间和运料通道，降低声音的影响，加强对路面的质量把关和控制，选用较好的路面材料减少公路施工和今后运营期产生的噪声，对于公路附近的居民处根据路线情况修建声屏障，其高度和长度根据影响居民区的范围而定。根据公路沿线的风貌和自然环境，还要结合当地的风土人情，所以就选择材料和形式而言，也要充分考虑生态环境的因素，借助声学的原理，科学合理地设计声屏障的建立和设置的问题。总的来说，就是要通过一系列的技术处理和相应的声音减噪措施，来进一步美化和改善公路沿线的人居环境，为人们提供文明、健康、有序的生活作息环境，同时这也是符合建立生态文明和构建和谐社会的要求。

第七章　公路工程项目管理概述

第一节　公路建设项目及其分类

一、基本建设项目

（一）基本建设项目的概念

基本建设项目是投资行为与建设行为相结合的投资项目。投资是项目建设的起点，没有投资就没有建设；反过来，没有建设行为，投资的目的就不可能实现，建设的过程就是投资目的实现的过程，是把投入的货币转换成实物资产的过程（这是直接投资的特征）。

基本建设项目是投资项目中最重要的一类。一个建设项目就是一项固定资产投资项目，既有基本建设项目（新建、扩建、改建、迁建、重建等工程），又有更新改造项。什么是基本建设项目，目前理论界的看法并不一致，多数认为基本建设项目是添置新固定资产的投资活动，包括固定资产的新建、扩建和改建等，属于固定资产外延扩大再生产的范畴。但实际上，没有纯外延的基本建设项目。更新改造项目是以节约产品生产成本、提高产品质量、增加新产品品种、治理"三废"和改善劳动安全条件为主要内容的投资项目，属于固定资产内涵扩大再生产的范畴，但也有设备更新的简单再生产及包括部分扩大再生产的成分。

总之，建设项目是指需要投入一定量的资本、实物资产，有预期的社会经济目标，在一定的约束条件下，经过研究决策和实施（设计和施工等）等一系列程序，形成固定资产的一次性事业。

从管理的角度来看，一个建设项目应是在一个总体设计及总核算范围内，由一个或若干个互有联系的单项工程组成的，建设中实行统一核算、统一管理的投资建设工程。

（二）基本建设项目的特征

基本建设项目一般应具有下列特征：

1.具有明确的建设目标。建设目标既有宏观目标，又有微观目标。政府审核建设项目，主要审核建设项目的宏观经济效果和社会效果。企业则更多地重视建设项目的盈利能力等微观的财务目标。

2. 是在众多约束条件下实现项目的建设目标。主要的约束条件有：①时间约束。即一项工程要有合理的建设工期时限。②资源约束。即一项工程要在一定的投资额度、物力、人力条件下来完成建设任务。③质量约束。即一项工程要有预期的生产能力、技术水平、产品（工程）质量或工程使用效益的要求。

3. 具有一次性和不可逆性。表现为投资建设地点的一次性固定，建成后不可移动。设计的单一性，施工的单件性。工程建设与一般商品生产不同，不是批量生产。工程项目（尤其是公路项目）建设一旦完成，一般不可能改变用途。

4. 投资巨大，建设周期长，投资回收期长，工程寿命周期长，其质量优劣的影响面大，作用时间长。

5. 风险大。由于工程项目建设是一次性的，建设过程中的各种不确定性因素很多，因此投资的风险性很大。

6. 项目的内部结构存在许多结合部，是项目管理的薄弱环节，给参加建设的各单位之间的沟通、协调造成了许多困难，这也是工程实施中容易出现事故和质量问题的地方。

（三）基本建设项目与投资项目的关系

基本建设项目的建设是一种投资行为，工程建设项目属于投资项目的一种类型。因此，研究建设项目就必须从投资项目说起。

投资项目有广义与狭义之分。广义的投资项目是泛指在一定的约束条件下（如资金、技术、资源、时间、空间、政策等），投资主体为获得未来预期效益，将货币资本或实物资本投入营利性或非营利性事业，从事生产或服务等经济活动，具有明确目标要求的一次性事业。在社会经济活动中，在不同的场合，投资项目有不同的含义。如在建设领域，有以投资建设活动为内容的工程建设项目；在生产经营领域，有企业新产品开发项目、技术引进项目、设备更新项目；在流通领域，有以物资流通为内容的销售网络建设项目；在科研领域，有以研究与开发为内容的高新技术研究开发项目；在军事领域，有各种军事项目等。有些投资项目只有投资行为而没有建设行为，如金融投资项目。

狭义的投资项目是指既有投资行为，又有建设行为的工程建设项目。

二、公路建设项目的分类

公路建设项目属于基本建设项目的一种，具有基本建设项目的特性。公路建设项目按划分的标准不同，有以下几种不同的分类方法。

（一）按投资的再生产性质划分

可分为基本建设项目和更新改造项目。属于基本建设项目的有新建、扩建、改建、迁建和重建等；属于更新改造项目的有技术改造项目、技术引进项目和设备技术更新项目等。

1. 新建项目

新建项目是指从无到有，"平地起家"的项目。即在原有固定资产为零的基础上投资建设的项目。按国家规定，若建设项目的原有基础很小，扩大建设规模后，其新增固定资产的价值超过原有固定资产价值 3 倍的，也当作新建项目。

2. 扩建项目

扩建项目是指企、事业单位在原有的基础上，投资扩大建设的项目。如在企业原场地的范围内或其他地点，为扩大原有产品的生产能力或增加新产品的生产能力而建设的主要生产车间、独立的生产线或总厂下的分厂；事业单位和行政单位增建的业务用房等。对于交通建设项目来讲，像道路的加宽、交通设施的增加和完善等都可以看成是扩建项目。

3. 改建项目

改建项目是指企、事业单位对原有设施、工艺条件等进行改造的项目。我国的相关规定，企业为消除各工序或各车间之间生产能力的不平衡，增建或扩建的不直接增加本企业主要产品生产能力的车间为改建项目。现有企业、事业、行政单位增加或扩建部分辅助工程和生活福利设施并不增加本单位主要效益的，也为改建项目。对于交通建设项目来讲，如局部路线的改移、改渡口为桥梁、改越岭线为隧道等，可以看成是改建项目。

4. 迁建项目

迁建项目是指原有企、事业单位，为改变生产力布局，迁移到另地建设的项目，不论其建设规模是否扩大，都属于迁建项目。对于交通建设项目来讲，由于重新考虑路网布局的需要，废除原有道路，重新建设的路线走向，可以看成是迁建项目。

5. 重建项目

重建项目是指原有企、事业单位，因自然灾害、战争等原因，使建成的固定资产的全部或部分报废以后又重新投资建设的项目。但是尚未建成投产的项目，因自然灾害损坏再重建的，仍按原项目看待，不属于重建项目。

6. 技术改造项目

技术改造项目是指企业采用先进的技术、工艺、设备和管理方法，为增加产品品种、提高产品质量、扩大生产能力、降低生产成本、改善劳动条件而投资建设的改造项目。例如，对于道路交通设施的改造，对于交通流的重新组织，以增加道路通行能力的项目，可以看成是技术改造项目。

7. 技术引进项目

技术引进项目是技术改造项目的一种，少数是新建项目，主要特点是由国外引进专利、技术许可证和先进设备，再配合国内投资建设的项目。例如引进成套的施工设备等项目。

（二）按建设规模（设计规模或投资规模）划分

依据国家颁布的《基本建设项目大中小型划分标准》，对于公路建设项目，新、扩中华人民共和国国防、边防和跨省干线长度＞200km，独立公路大桥＞1000m的，为大、中型项目。对于公路更新改造项目，总投资＞5000万元的，为限额以上项目；总投资在100~5000万元的，为限额以下项目；总投资＜100万元的，为小型项目。

依据《公路工程技术标准》（JTJ 001—97），公路隧道：长度＞23000m的为特K隧道；长度在1000~3000m之间的为长隧道；长度在250~1000m之间的为中隧道；长度在250m以下的为短隧道。公路桥梁：总长8~30m，或单孔跨径5~20m的为小桥；总长30~100m，或单孔跨径20~40m的为中桥；总长100~500m，或单孔跨径40~100m的为大桥；总长2500m，或单孔跨径2100m的为特大桥。

（三）按建设阶段划分

可分为预备项目（投资前期项目）或筹建项目、新开工项目、施工项目、续建项目、投产项目、收尾项目、停建项目。

（四）按投资建设的用途划分

可分为生产性建设项目和非生产性建设项目。

1. 生产性建设项目

即用于物质产品生产的建设项目。如工业项目、运输项目等。交通运输项目是直接为生产和流通服务的，是国民经济的重要基础设施，应该看成是生产性建设项目。

2. 非生产性建设项目

非生产性建设项目是指为满足人们物质文化生活需要的项目。非生产性项目还可分为经营性项目和非经营性项目。

（五）按资金来源划分

可分为国家预算拨款项目、国家拨改贷项目、银行贷款项目、企业联合投资项目、企业自有资金项目、利用外资项目、外资项目。

（六）竞争性、基础性和公益性项目

1. 竞争性项目

竞争性项目是指投资收益和风险比较高，市场调节比较灵敏，竞争性较强的建设项目，主要是制造业和房地产项目。

2. 基础性项目

基础性项目是指建设周期长、投资量较大的基础设施和部分基础工业项目，如交通、通信、能源、水利、城市公用设施等。一些基础性项目具有自然垄断性，有些基础性项目收益较低。

3. 公益性项目

公益性项目是指那些主要为社会发展服务、难以产生直接回报的建设项目，如科研、教育、医疗保健、文化等社会事业，也包括某些公路建设项目。

（七）按公路技术等级划分

按照《公路工程技术标准》（JTJ 001—97），公路根据使用的任务、功能和适应的交通量分为高速公路、一级公路、二级公路、三级公路、四级公路五个等级。

高速公路为专供汽车分向、分车道行驶并全部控制出入的干线公路。

四车道高速公路一般能适应按各种汽车折合成小客车的远景设计年限，年平均昼夜交通量为 25000~55000 辆；六车道高速公路一般能适应按各种汽车折合成小客车的远景设计年限，年平均昼夜交通量为 45000~80000 辆；八车道高速公路一般能适应按各种汽车折合成小客车的远景设计年限，年平均昼夜交通量为 60000~100000 辆。

一级公路为供汽车分向、分车道行驶的公路，一般能适应按各种汽车折合成小客车的远景设计年限，年平均昼夜交通量为 15000~30000 辆。

二级公路一般能适应按各种车辆折合成中型载重汽车的远景设计年限，年平均昼夜交通量为 3000~7500 辆。

三级公路一般能适应按各种车辆折合成中型载重汽车的远景设计年限，年平均昼夜交通量为 1000~4000 辆。

四级公路一般能适应按各种车辆折合成中型载重汽车的远景设计年限，年平均昼夜交通量为：双车道 1500 辆以下；单车道 200 辆以下。

公路技术等级的选用，应根据交通量调查、预测交通量和公路网整体规划，从全局出发，结合公路的使用任务、性质综合确定。在公路设计时，我国规定高速公路、一级公路设计年限为 20 年；二级公路为 15 年；三级公路为 10 年；四级公路一般不超过 10 年，也可根据具体情况做适当调整。

根据《公路法》及有关的公路法规、规章、标准的规定，公路技术等级的选用，应根据公路网的规划，从全局出发，按照公路的使用任务、功能和远景交通量综合确定。在同一条公路中，可根据交通员等情况，分段采用不同的车道数或不同的公路等级。根据《公路法》和《公路工程技术标准》（JTJ 001—97）的规定，对于不符合技术等级标准规定的已有公路，应根据需要与可能的原则，按照公路网发展规划，有计划地进行改建，提高其通行能力和使用质量，以达到相应的等级公路标准的规定指标。新建公路，应当符合公路工程的技术等级标准的要求。

（八）按公路的行政隶属关系划分

《中华人民共和国公路管理条例实施细则》第三条规定："公路分为国家干线公路（以下简称国道），省、自治区、直辖市干线公路（以下简称省道），县公路（以下简称县道），乡公路（以下简称乡道）和专用公路五个行政等级。"这就是我国按照行政管理体制，根据公路所处的地理位置、公路在国民经济中的地位和作用以及公路交通运输的特点所作的公路行政分级。这种分级影响和决定了我国公路投资体制、公路建设与管理体制等一系列法规、制度的形成。总的来说，我国公路系统实行"统一领导、分级管理"的原则。中华人民共和国交通部主管全国的公路事业。

1. 国道

国道是指具有全国性政治、经济意义的主要干线公路，包括重要的国际公路、国防公路，联结首都与各省、自治区首府和直辖市的公路，联结各大经济中心、港站枢纽、商品生产基地和战略要地的公路。它由中央政府统一规划，由各所在地省、自治区、直辖市负责建设、管理和养护；维修养护的资金目前由养路费解决，费改税后由燃油税提供资金，大中型新建、改建项目以国家投资、部分养路费及其他集资、融资方式解决。

2. 省道

省道是指具有全省（自治区、直辖市）政治、经济意义，以省会城市为中心，联结省内各重要城市、交通枢纽、主要经济区的干线道路，以及不属于国道的省际重要公路，它们是在中央政府颁布国道后，由省、自治区、直辖市的交通主管部门对具有全省意义的干线公路加以规划，并负责建设、养护和改造的公路。

3. 县道

县道是指具有全县政治、经济意义，联结县城和县内主要乡（镇）、主要商品生产和集散地的公路，以及不属于国道、省道的县际的公路。大部分县道山县政府自行负责规划、建设、养护及使用，少部分县道由省级政府规划、建设及养护。

4. 乡道

乡道是直接或主要为乡、村内部的经济、文化、行政服务的公路和乡、村与外部联系的公路。乡道要由县级政府统一规划，并由县、乡组织建设、养护、管理和使用。

5. 专用公路

专用公路就是专供或主要供某特定工厂、矿山、农场、林场、油田、电站、旅游区、军事要地等与外部联结的公路，它由专用部门或单位自行规划、建设、使用和维护。省专用公路的专用性质因故发生变化时，由专用部门或单位申请，经省级政府公路主管部门批准，可以改划为省道或县道。

（九）按公路的经济性质划分

按公路的经济性质划分为经营性公路和非经营性公路。

把公路划分为经营性公路和非经营性公路是改革开放以后才提出的。在加快我国公路交通事业发展的过程中，为了解决资金不足的问题，国家出台了一系列公路投资、融资的改革措施，尤其是大胆利用外资和吸引私人、企业及社会各方面的资金参与公路基础设施的建设。随着改革的深入，先后进行了沪宁高速公路股份有限公司、沪杭甬高速公路股份有限公司、深汕高速公路股份有限公司的试点。在这样的背景下，为了准确表达高速公路的经营性质，提出了经营性公路和非经营性公路的分类。

"经营"在《辞海》中的解释是"经度营造，筹划营谋"。一般的理解，经营是在商品经济条件下的一种企业行为，即企业根据其外部环境和内部条件，制定应采取的目标、方针、策略的系统活动，其目的是追求较大利润。企业、私人或国外投资者之所以愿意拿出钱来投资公路建设，其目的也是追求利润。因此，经营性公路，就是以追求实现利润最大化为目标的竞争性投资的公路项目。

从公路的技术经济属性可知，公路属于公共产品的范畴，它是国家的重要基础结构。我国投资项目划分为三类，即竞争性投资项目、基础性投资项目和社会公益性投资项目。作为国家基础结构的公路，应划分为基础性投资项目或者社会公益性投资项目。高等级公路有比较显著的"级差效益"，同时要考虑到我国处于社会主义初级阶段，底子薄，缺少全面大规模发展公路现代化交通事业的资金，为了解决资金问题，加快公路建设速度，也不排除在高等级公路建设过程中，选择部分条件适合的高速公路项目，作为竞争性投资项目来操作和运行，只要政府政策对头，引导得法，管理有效，控制适当，就能做到既能吸引中外经济单位资金，加快我国高速公路建设，又不会影响国家对公路基础设施的控制。经营性公路就是在这种指导思想及实践的基础上出现的。

当前，从经营性质的角度，可以将公路划分为两类：第一类是经营性公路，它主要包括有偿转让经营权的公路，实施公路企业资本化（股份制等）经营的公路和实施 BOT项目建设经营的公路。由于公路是国家的基础结构，上述公路的经营与市场上一般商品的经营还有很大区别，我们可以把经营性公路统称为政府对公路基础设施的特许经营。这些项目之所以称为经营性公路，主要特征是经营公路的主体是公司制企业，他们经营的目的是盈利。按照国家对投资项目的分类，经营性公路项目属于竞争性投资项目。第二类是非经营性公路，在非经营性公路里又可以细分为两种，一种是收费性的高等级公路（包括收费桥梁和隧道）。收费性高等级公路的投资除含有政府拨款外，还含有政府担保的社会集资、向银行的借款、贷款及各种形式引进的外资。为了偿还公路建设的借贷资金及用于公路维护成本、收费开支等，这些高等级公路要向使用者收费。这类收费公路并不是以营利为目的，建设这类收费公路的单位无论如何称呼，他们都是政府交通主管部门委托的专门机构。其收费的目的，中央政府也有明文规定，就是为了偿还借贷款，一旦借贷款还清本息之后，要立即停止收费；如果还清借贷款后继续收费，必须得到省级人民政府批准，所得收入，只能用于公路建设，实行滚动发展。为了区别于不收费的社会公益性公路，我们可把这类收费的公路称为基础性公路，它们可以归为中央政府划分投资项目类别里的基础性投资项目。非经营性公路的第二种是不收费的社会公益性公路。它们是由国家财政拨款投资、养路费投资、民工建勤、以工代赈或者个人及社会捐资修建的公路。这些公路不收取过路费，其养护管理成本从征收的养路费中开支，即社会公益性公路的价值补偿和实物补偿要通过收取税费的方式解决，实行路政与养护相互协作的管养结合的体制。目前，我国的社会公益性公路主要是中、低等级的普通公路，实行混合交通。

根据高等级公路级差效益原理，目前我国使用这个标准界定收费公路基本上是合适的。由于过去沿用的习惯，公路交通行业一直把所有的收费公路都一概称为经营性公路，这种称谓容易把以盈利为目的经营性公路和以收费还贷为目的的基础性公路混淆起来，理论上是不合适的。

对公路项目进行不同的分类，有利于观察、分析和研究基本建设的投资结构，加强基本建设的宏观管理和调控，能更好地发挥投资项目的经济效益和社会效益。

第二节　公路建设项目系统分析

每个建设项目都有其特定的建设意图和使用功能要求。大中型建设项目往往包括诸多形体独立、功能关联、共同作用的单体工程。就公路项目的单体工程而言，一般也由路基、路面、桥梁、隧道和交通工程设施共同构成一个有机的整体。

每个建设项目都需要投入巨大的人力、物力和财力等社会资源进行建设，并经历着路网规划、项目策划、决策立项、勘察设计、建设准备和施工生产活动等环节，最后才能交付使用。也就是说，它有自身的产生、形成和发展的过程。整个过程的各个环节相互联系、相互制约、并受到建设条件的影响。

每个建设项目都处在社会经济系统中，它和外部环境发生着各种各样的联系，项目的建设过程渗透着社会经济、政治、技术、文化、道德和伦理观念的影响和作用。

因此，实施一个建设项目管理，必须用系统工程学的原理，去研究分析项目的内部系统构成、外部系统环境、项目总目标和子目标、各个子系统和子目标之间，以及子系统、子目标和总体系统、总体目标之间的关系和运行管理问题，期求系统目标的总体优化以及与外部环境的相互关联和协调发展。

一、内部工程系统

为了使工程建设各有关部门（包括建设、设计、施工、管理、计划、统计、财务）对工程建设统一规划，国家计划和建设主管部门对建设项目的组成和划分原则做了统一规定。

（一）建设项目

建设项目，又称基本建设项目，一般指符合国家总体建设规划，能独立发挥生产功能或满足生活需要，其项目建议书经批准立项，可行性研究报告经过批准的建设任务。如一座工厂，一个矿山，一条公路，都可称为一个建设项目。

公路建设项目，也称公路基本建设项目，一般是指在一个总体设计或初步设计范围内，由一个或若干个互相有内在联系的单项工程组成，实行统一核算、统一管理的建设单位，如一个完整的公路项目、渡口改桥项目等都可以看成一个公路工程项目。属于一个总体设计中的主体工程和相应的附属配套工程、综合利用工程、环境保护工程等，只能作为一个单项工程，如公路工程中的通信设施、安全设施、公路标志、公路声屏障等设施，它附属于主体工程，不能作为一个工程项目。同时也不能把不属于一个总体设计内的分别核算的项目，按地区"捆在一起"，作为一个建设项目。在一个总体设计内，分期建设的工程，也只能作为一个工程项目，不得按年度分期另立项目，只能标明××工程项目第一期工程或第二期工程。

（二）单项工程

单项工程，又称为工程项目，它是建设项目的组成部分，是具有独立的设计文件，在竣工后能独立发挥设计所规定的生产能力或效益的工程。公路建设的单项工程一般指独立的桥梁工程、隧道工程，这些工程一般包括与已有公路的接线，建成后可以独立发挥交通功能。但一条路线中的桥梁或隧道，在整个路线未修通前，并不能发挥交通功能，就不能作为一个单项工程。

（三）单位工程

在建设项目中，根据签订的合同，具有独立施工条件，可以单独作为成本核算对象的工程。公路项目被划分为路基工程、路面工程、大中桥梁工程、互通立交工程、隧道工程和交通安全设施六个单位工程。

（四）分部工程

在单位工程中，按结构部位、路段长度及施工特点或施工任务划分为若干个分部工程。如在路基工程中，又划分为路基土石方工程、排水工程、小桥、涵洞工程、砌筑工程及大型挡土墙等分部工程。

（五）分项工程

在分项工程中，按施工方法、材料、工序及路段长度等划分为若干个分项工程。如路基土石方工程又划分为土方路基、石方路基、软土地基处理、土工合成材料处置等分项工程。

建设单位、施工单位、监理单位和质量监督部门应当按照《公路工程质量检验评定标准》（JTJ 071—98）的规定对公路项目进行划分，逐级进行计划安排、费用计算、质量监控、建设管理和施工管理。

二、外部关联系统

一个工程项目的建设，是一项有计划有组织的系统活动，也是人的劳动和建筑材料、构配件、机具设备、施工技术方法以及建设环境条件等有机结合的过程。因此，从物质生产角度看，就是劳动者和劳动手段、劳动对象（劳动资料）的结合过程。这就必然涉及工程建设市场，包括工程建设招投标市场和建筑生产要素市场的各方主体，通过一定的交易方式形成以经济合同，包括工程勘察设计合同、施工承发包合同、监理承发包合同等为纽带的种种经济关系或责任权利关系，从而构成了建设项目和其外部各相关系统的关联关系。

（一）项目业主

项目业主，即项目的投资者或出资者，由业主代表组成项目法人机构、取得项目法人资格。从投资者的利益出发，根据建设意图和建设条件，对项目投资和建设方案做出既符合自身利益，又适应建设法规和政策规定的决策，并在项目的实施过程中履行业主应尽的责任和义务，为项目的实施者创造必要的条件。业主的决策水平、业主行为的规范性等，对一个项目的建设起着重要的作用。

（二）项目使用者

公路项目作为公共项目，其使用者不仅是业主，更主要的是广大人民群众。使用者对公路项目使用功能和质量的要求，随着社会生产力的发展和经济水平的提高而提高，也就是说，公路项目质量的潜在需要是发展变化的，这对建设项目的策划、决策、设计以及施工质量的形成过程不断提出更高的要求。从质量管理的思想来说，要把"用户第一""想到最终使用者"作为基本的指导方针，并且以使用者的最终评价作为评价公路建设质量的重要依据。

（三）研究单位

科学技术是第一生产力，公路科学技术的发展不断推动着公路建设水平和管理水平的发展。一个公路建设项目的实施，往往也是新技术、新工艺、新材料、新设备以及新的管理思想、方法和手段等自然科学和社会科学的最新成果转化为社会生产力的过程。因此，研究机构是建设项目的后盾，它为项目的建设策划、决策、设计、施工等各方面，提供社会化的、直接或间接方式的技术支援。无论在项目决策和实施的哪个阶段，项目管理者都必须充分重视社会生产力发展的最新动向和最新成果的应用。它不但对项目的投资、质量、进度目标产生积极的影响和作用，还对项目建成后的生产运营、使用和社会效益都具有极为重要的意义。

（四）设计单位

设计单位是将业主的建设意图、政府建设法律法规要求、建设条件作为基础，经过智力的投入进行建设项目技术、经济方案的综合创作，编制出川以指导建设项目施工活动的设计文件。设计联系着项目决策和项目施工两个阶段，设计文件既是项目决策方案的体现，也是项目施工方案的依据。因此，设计过程是确定项目总投资目标和项目质量目标，包括建设规模、使用功能、技术标准、质量规格等。设计先于施工，然而设计单位的工作还延伸于施工过程，指导并处理施工过程中可能出现的设计变更或技术变更，确认各项施工结果与设计要求的一致性。

（五）施工单位

施工单位是以承建工程施工为主要经营活动的公路产品的生产者和经营者，在市场经济体制下，施工单位通过工程投标竞争，取得承包合同后，以其技术和管理的综合实力，通过制订最经济合理的施工方案，组织人力、物力和财力进行工程的施工生产活动，以求在规定的工期内，全面完成质量符合业主明确标准的施工任务。通过工程移交，实现其生产经营目标。因此，施工单位是将建设项目的、建设意图和目标转变成具体工程目的的生产经营者，是一个项目实施过程的主要参与者。

在社会化大生产和专业化分工条件下，施工行业从其生产特点出发，推行多种模式的承发包体制，不同专业性质和不同施工能力的施工企业，通过招投标和合约过程，结合成相互联系相互制约的施工生产组织系统，共同承担着一个建设项目的施工任务。

（六）材料、设备供应商

生产者包括建筑材料、构配件、工程用品与设备的生产厂家和供应商。他们为项目实施提供生产要素。其交易过程、产品质量、价格、服务体系等，直接关系到项目的投资、质量和进度目标。通过市场机制配置建设资源，是项目管理按经济规律办事的重要方面。在项目管理目标的制定、物资资源的询价、采购、合约和供应等环节，都必须充分注意到供应商与建设项目之间的这种技术、经济上的关联性对项目实施的作用和影响。

（七）建设监理单位

我国实行建设监理制，依照国际惯例的做法，社会监理单位依法登记注册取得工程监理资质，承接工程监理任务，为项目法人提供高层次项目管理咨询服务，实施业主方的工程项目管理。包括项目策划和投资决策阶段的咨询服务和项目实施阶段的合同管理、信息管理和项目目标控制。因此，监理单位的水平和工作质量，对项目建设过程的作用和影响也是非常重要的。

（八）政府主管与质量监督机构

公路工程产品具有强烈的社会性，政府代表社会公众利益，要依法对建设行为进行监督与管理，以保证工程建设的规范性及其质量标准。政府主管部门通过执行基本建设程序，对建设立项、规划、设计方案进行审查批准；政府主管部门派出工程质量监督站，实施工程施工质量监督。因此，在公路项目的决策和实施过程中，同政府主管部门及其派出机构等的联络沟通是非常密切的。在执行建设法规和质量标准方面取得政府主管部门的审查认可，是公路项目管理过程中必须遵守的规矩，不能疏忽和违背。

（九）质量检测机构

我国实行工程质量检测制度，由国家技术监督部门认证批准的国家、省、自治区、直辖市以及地区级工程质量检测中心，按其资质依法接受委托，承担有关工程质量的检测试验工作，出具有关检测试验报告，为工程质量的认定和评价、对质量事故的分析和处理、为质量争端和调解与仲裁等提供科学的测试数据和有权威性的证据。由此可知，公路项目同质量检测机构，同样也有密切的关系。

（十）地方政府与社会公众

公路建设点多、线长、面广，离不开地方政府与社会公众的支持与配合。如项目内部交通与外部的衔接，与农林、土管、矿产、财税、供电、供水、消防、环保、邮电、通信等部门的关系，都必须和地方政府的有关方面进行联络、沟通和协商，使建设项目的各个子系统能够按照规定的要求和流程，与外部相应系统进行衔接，为项目创造良好的外部环境。

此外，在公路项目的全面施工过程中，还必须得到周边近邻单位，包括附近居民及过往人员、车辆等方方面面的配合与理解，以创造良好和安全的施工环境，这都需要在项目管理中充分注意公共关系及做好沟通协调工作。

第三节　公路建设项目的影响因素

建设一个什么项目，从根本上说要取决于国民经济和社会发展的客观需要。如何建好一个有特定使用目的和功能要求的项目，这取决于建设方案的合理选择。能否按既定的目标建成一个项目，这又取决于建设项目实施过程中的组织管理方法和目标控制的效果。因此，从一个公路项目的提出，到这个项目的最终建成，我们必须了解分析对项目策划、决策、规划、设计、施工等活动内容、方法和实际效果的影响因素。我们把这些因素统称为公路建设项目的影响因素。

一、技术因素

技术因素，指公路建设项目本身的内在因素，它包括：

（1）项目的建设意图、使用功能和目的；

（2）项目的建设规模、内部工程系统的构成、生产技术工艺流程或项目使用功能的组织：

（3）项目的科技含量、复杂程度和特殊要求：

（4）项目沿线的地质水文状况与自然环境条件；

（5）新材料、新工艺、新设备、新技术等在公路项目中的应用程度。

以上各项决定了公路建设项目内在的技术特征，关系到项目的总投资，同时对项目的设计、施工质量和工期控制提出相应的要求。公路建设项目的技术含量，特别是高新技术含量越高，对项目建设过程实施的组织管理和目标控制的要求就越高，对项目策划者、设计者、施工者以及监理者的总体素质要求也就越高。

随着社会生产力的发展和科学技术的进步，现代公路建设项目，尤其是高速公路项目，其技术特征也将更加突出。在我国实行改革开放的年代，建在设项目投资体制的改革和引进外资过程中，也引进了国外的许多先进技术和设备，从而推进了公路建设现代化的技术水准向着更新的高度发展，促使公路建设项目的技术因素发生了新的变化。也就是说技术的发展，影响着公路建设项目的投资规模、施工工艺、使用功能；影响决策、设计和施工活动的方式方法和工程质量、建设进度等目标。项目管理者应能把根据项目的技术特点来实施项目管理。

二、社会因素

社会因素，即公路建设项目的外在因素，它包括以下几项。

（一）宏观政策

基本建投资规模、投资结构和社会生产力布局的宏观政策，关系到一个具体建设项目的投资机会，关系到建设方案和建设地点的选择。也就是说一个建设项目不仅要有投资来源，而且投资必须纳入国家基本建设投资总规模进行考虑，还必须符合国家经济结构和产业结构的要求。公路建设项目还必须按照国家综合运输规划网络的要求，确定主要控制点和路线的走向。

（二）公路科技发展水平

它包括项目的策划、规划设计的总体水平和公路施工技术与组织管理的总体水平。在以往科技和生产力不发达的年代，既无能力设计出具有现代设施与功能的高速公路，也无相应施工设备和手段满足建设需要。改革开放以来，我国的公路科技水平有了很大提高，许多新技术、新工艺、新材料、新结构、新设备得到了充分应用，绝大部分技术达到了国际先进水平。遥感技术、路线控制、地理信息系统（简称 3S 技术）在公路勘测中得到应用；改性沥青、新型沥青混合料在公路建设中得到应用；水泥混凝土路面在传统的摊铺法施工的基础上发展了碾压式混凝土路面（RCCP）和滑模摊铺水泥混凝土路面等设计、施工新技术；同时，在公路路基、公路 CAD、公路规划评价理论、现代施工技术装备和公路项目管理等方面的技术水平也达到了一个新的高度。这为公路建设项目向更高水平发展，带来了技术和组织管理上的可能性。

（三）工程承包市场的培育程度

工程承发包市场采用招标承包制，使竞争机制得以发挥。优胜劣汰以及风险压力，促使工程承包商和材料、构配件、设备等生产要素供应商注重提高技术、降低成本、保证质量、完善服务，这是公路建设项目外部的重要环境因素。在过去的计划经济体制下，公路建设任务靠行政手段进行分配，建设物资靠计划指标随着项目投资指令下达。设计、施工、物资单位，可以说都只有兵的概念，服从上级指派调遣；无商的意识，不讲效率和效益。因此，公路建设项目的实施都缺少应有的内在活力和遵循客观规律办事的动力机制与约束机制，严重阻碍了公路项目投资的经济效益和社会效益，也损害了项目各参与实施单位的合法利益和权益。改革开放和社会主义市场经济体制的建立，以及项目法人主体、设计、施工单位经营机制的转换，为公路建设创造了市场条件，促进了建设项目管理的思想观念、组织制度、方法手段的新变化，也为公路建设项目管理方式与国际惯例接轨带来了可能性。

（四）项目所在地区的技术经济条件和社会条件

一个公路项目的实施，特别是施工阶段，应该因地制宜，充分利用当地的技术经济条件，既有利于降低工程成本，节约建设投资，又有利于促进当地施工行业的发展和生产要素市场的繁荣，使建设项目对所在地区产生良好的经济效益和社会效益。由于各个地区的技术经济基础和条件不同，例如施工企业的资质结构，总体技术水平和管理能力，劳动者的素质，地方资源的开发，建材、构配件的生产和加工能力，施工机械设备的生产、租赁、维修保养的厂家情况，等等，这都直接关系到建设项目对地区技术经济条件利用的可能性和利用的程度。项目与地区之间在供电、供水、交通运输、通信设施的联结并网条件等，也是项目建设过程的重要因素。

（五）项目投资者或决策者的主观追求

例如公路等级的选择，路线起讫点和控制点的确定，交通服务设施的要求等，固然有其内在的设计规律和相应的技术规格标准作为策划和设计的依据，然而在诸多方案都能满足基本使用功能的情况下，具体方案的选择，在风格、档次、价值观念等的追求方面，还是因人而异，因投资者的经济实力而异。在计划经济年代，缺乏投资责任制，往往出现争投资上项目，敞开花钱，缺乏论证，造成项目投资失控，基本建设总规模膨胀、比例失调。现在实行项目法人责任制，项目法人要对投资负责，固然可以起到遏制浪费、讲求投资效益的作用，但项目投资决策者的主观意志仍然是一个重要的影响因素。

第四节　公路建设项目管理

公路建设项目管理是为使项目取得成功（实现所要求的质量、所规定的时限和费用）所进行的全过程、全方位的规划、组织、控制与协调。公路建设项目管理的职能同所有管理的职能是相同的。需要特别指出的是，由于公路项目的一次性，项目只能成功，不许失败，这就要求项目管理的程序性、全面性和科学性。要运用系统工程的观念、理论和方法进行管理。管理学的一般原理在公路项目管理中也是适用的。项目管理的目标就是项目的目标，该目标界定了项目管理的主要内容，就是"三控制、二管理、一协调"，即进度控制、质量控制、费用控制，合同管理、信息管理和组织协调，以及与上述"三控制"相适应的配套管理工作（如物资、设备、技术、劳务等方面的管理工作）。

一、公路建设项目管理的要求

公路作为国民经济的基础设施，其项目管理有以下几项要求：

（一）实行工程质量行政领导人责任制

对基础设施项目工程质量，实行行业主管部门、主管地区行政领导责任人制度。中央项目的工程质量，由国务院有关行业主管部门的行政领导人负责；地方项目的工程质量，按照项目所属关系，分别由各级地方政府行政领导人负责。如发生重大工程质量事故，除追究当事单位和当事人的直接责任外，还要追究相关行政领导人在项目审批、执行建设程序、干部任用和工程建设监督管理等方面失察的领导责任。

（二）实行项目法人责任制

基础设施项目，除军事工程等特殊情况外，都要按政企分开的原则组成项目法人，实行建设项目法人责任制，由项目法定代表人对工程质量负总责。凡没有实行项目法人责任制的在建项目，要限期进行整改。项目法定代表人必须具备相应的政治、业务素质和组织能力，具备项目管理工作的实际经验。项目法人单位的人员素质、内部组织机构，必须满足工程管理和技术上的要求。

（三）实行参建单位工程质量领导人责任制

勘察设计、施工、监理等单位的法定代表人，要按各自职责对所承建项目的工程质量负领导责任。因参建单位工作失误导致重大工程质量事故的，除追究直接责任人的责任外，还要追究参建单位法定代表人的领导责任。

（四）实行工程质量终身责任制

项目工程质量的行政领导责任人，项目法定代表人，勘察设计、施工、监理等单位的法定代表人，要按各自的职责对其经手的工程质量负终身责任。如发生重大工程质量事故，不管调到哪里工作，担任什么职务，都要追究相应的行政和法律责任。

二、公路建设项目管理的特点

根据前面对公路建设项目的定义，并参照世界各国有关工程项目管理的资料，对构成公路建设项目的主要条件及其特点概括如下：

（1）按是否属于一个总体设计或初步设计范围，是否统一核算、统一管理作为划分公路建设项目的基本依据。

（2）工程项目有明确的目标任务。主要有：①建成工期目标；②按质量标准和设计要求完成项目，达到交付验收使用标准；③投资控制目标，即项目必须在预算投资控制范围内完成；④安全生产，安全营运目标。

（3）必须是兴工动料的施工活动。

（4）公路建设项目是按任务，而不是按职能组织起来的，任务是一次性的，或者说每次任务都具有区别于其他任务的特点，需要专门的可行性研究、专门的设计、专门的施工组织与管理。每个项目都有其时间、地点、技术、经济等特殊性，不可能像工业产品一样重复批量生产，因此需要运用项目管理理论和方法，因地制宜，重视项目特性，采用不同的管理方法。

（5）尽管公路建设项目的类型繁多，但项目的建设程序是一致的。即经过规划立项、可行性研究、设计、施工、项目总结评价等阶段。而项目管理就是以工程项目为研究对象，对项目建设的全过程的管理活动。

三、公路建设项目管理的内容

公路建设项目管理是以公路工程项目为研究对象，按项目组建管理机构，对项目实施管理，项目完成后，其管理机构随之撤销的一种管理方法。

广义的公路项目管理，包括从规划、立项到交付使用后评价的全过程的管理，主要包括以下工作内容：

（1）确定项目建设意图；

（2）调查研究，如交通量调查，工程地质、水文地质勘察，地形测量，科学研究，工程和工艺技术研究试验，地震、气象、环境保护资料收集及各类建筑材料供应调查等；

（3）路线走向及主要控制点的确定；

（4）公路项目可行性研究，包括预可行性研究和工程可行性研究两个阶段，在技术、经济和生产力布局上对公路工程项目进行可行性论证，并比较多方案，推荐最佳方案，为投资决策和进一步编制设计任务书提供依据；

（5）投资决策和资金筹措；

（6）编制项目建设规划；

（7）编制设计任务书；

（8）评选方案和委托设计；

（9）进行项目设计和审批，包括初步设计、施工图设计；

（10）项目施工；

（11）项目交（竣）工验收、交付使用和后评价。

以上这些过程，有些是依次进行的，有些是平行交叉进行的。在投资决策以前的各项工作，属于建设项目投资决策阶段研究的范畴；投资决策以后的工作，属于建设项目实施阶段研究的范畴。

狭义的公路建设项目管理，是指公路项目实施阶段的管理。在该阶段，以实施管理的参与者来划分，主要有业主的项目管理、监理方的项目管理和施工单位的项目管理。

本书重点研究业主方面的项目管理。对于同一个公路项目，上述各方的管理任务和管理目标是不同的，同时各方之间需要建立起相互制约、相互协作的关系，这种关系是通过经济合同的形式来体现的。

第八章 公路工程项目管理实践

第一节 公路工程施工进度管理

一、公路工程进度计划编制

（一）公路工程进度计划编制的依据、步骤及内容

1.公路工程进度计划编制的依据。合同规定的开工竣工日期、里程碑事件或阶段目标；工程的设计文件和图纸；施工总体部署和主要工程的施工方案、施工顺序；各种有关水文、地质、气象和其他技术经济资料；各类定额数据；劳动力、材料、机械供应情况。

2.公路工程进度计划的主要形式

（1）横道图：公路工程的进度横道图是以时间为横坐标，以用工程分解结构WBS（work break-down structure）方法划分的各分部（项）工程或工作内容为纵坐标，按一定的先后施工顺序，用带时间比例的水平横线表示对应工作内容持续时间的进度计划图表。为便于计算资源需求，公路工程中常常在横道图的对应分项的横线下方表示当月计划应完成的累计工程量或工作量百分数，横线上方表示当月实际完成的累计工程量或工作量百分数。

（2）工程管理曲线：工程管理曲线线形像"S"形，故将工程管理曲线称为"S"曲线。"S"曲线是以时间为横轴，以累计完成的工程费用的百分数为纵轴的图表化曲线。一般在图上标注有一条计划曲线和实际支付曲线，实际支付线高于计划线则实际进度快于计划，否则慢；曲线本身的斜率也反映进度推进的快慢。

（3）斜率图：斜率图是以时间（月份）为横轴，以累计完成的工程量的百分数为纵轴，将各个分项工程的施工进度相应地用不同斜率的图表化曲（折）线表示。斜率图主要是作为公路工程投标文件中施工组织设计的附表，以反映公路工程的施工进度。

（4）网络图：网络图计划是在网络图上加注工作的时间参数而编制成的进度计划。采用网络图表达施工计划，工序之间的逻辑关系明确，可以反映出关键工序和关键路线。同时网络图计划能用计算机计算和输出图表，更便于对计划进度进行调整优化。但网络

图不便于计算各项资源需求。由于计算机技术的普及，通常用网络图求得最佳优化计划，再整理成时标网络图，相当于横道图，再进行所需资源的计算与平衡。

3.公路工程进度计划编制的步骤及内容。如下：研究招投标文件和施工图纸、施工条件及相关资料；用 WBS 方法将工程分解为各个施工细目并计算实际工程量；确定合理的施工顺序；计算各个施工过程的实际劳动量；确定各施工过程的工种人数、机械规格与数量以及班制选择并确定持续时间；编制公路施工进度计划图（横道图、斜率图、网络图等）；检查与调整公路施工进度计划以及评价；施工进度资源保障计划。

（二）公路施工过程组织方法和特点

公路施工过程基本组织方法有顺序作业法（也称为依次作业法）、平行作业法、流水作业法。这三种基本组织方法可以单独运用也可综合运用，从而出现平行顺序法、平行流水法、立体交叉平行流水法。

1.顺序作业法（依次作业法）。主要特点：没有充分利用工作面进行施工，（总）工期较长；每天投入施工的劳动力、材料和机具的种类比较少，有利于资源供应的组织工作；施工现场的组织、管理比较简单；不强调分工协作，若由一个作业队完成全部施工任务，不能实现专业化生产，不利于提高劳动生产率；若按工艺专业化原则成立专业作业队（班组），各专业队不能连续作业，劳动力和材料的使用可能不均衡。

2.平行作业法。主要特点：充分利用工作面进行施工，（总）工期较短；每天同时投入施工的劳动力、材料和机具数量较大，影响资源供应的组织工作；如果各工作面之间需共用某种资源时施工现场的组织管理比较复杂、协调工作量大；不强调分工协作，此点与顺序作业法相同。这种方法的实质是用增加资源的方法来达到缩短（总）工期的目的，一般适用于需要突击性施工时施工作业的组织。

3.流水作业法。主要特点：必须按工艺专业化原则成立专业作业队（班组），实现了专业化生产，有利于提高劳动生产率，保证工程质量；专业化作业队能够连续作业，相邻作业队的施工时间能最大限度地搭接；尽可能地利用了工作面进行施工，工期比较短；每天投入的资源量较为均衡，有利于资源供应的组织工作；需要较强的组织管理能力。

这种方法可以充分利用工作面，有效地缩短工期，般适用于工序繁多、工程量大而又集中的大型构筑物的施工，如大型桥梁工程、立交桥、隧道工程路面等施工的组织。

（三）流水施工组织

1.公路工程常用的流水参数。如下：工艺参数：施工过程数 n（工序个数），流水强度 V；空间参数：工作面、施工段施工层；时间参数：流水节拍、流水步距、技术间歇、组织间歇、搭接时间。

2.公路工程流水施工分类。按节拍的流水施工分类，可分为有节拍流水和无节拍流水。有节拍流水又分为等节拍流水和异节拍流水。其中异节拍流水又分为等步距异节拍流水、异步距异节拍流水。按施工段在空间分布形式的流水施工分类，可分为流水段法流水施工和流水线法流水施工。

3.公路工程常用的流水施工组织。

（1）路面工程的线性流水施工组织：一般路面各结构层施工的速度不同，从而持续时间往往不相同。组织路面流水施工时应注意的要点：

1）各结构层的施工速度和持续时间。要考虑影响每个施工段的因素，水泥稳定碎石的延迟时间、沥青拌和能力、温度要求、摊铺速度、养生时间、最小工作面的要求等。

2）相邻结构层之间的速度决定了相邻结构层之间的搭接类型，前道工序的速度快于后道工序时选用开始到开始搭接类型；否则选用完成到完成搭接类型。

3）相邻结构层工序之间的搭接时距的计算。时距＝最小工作面长度／两者中快的速度。

（2）通道和涵洞的流水段施工组织：在实际的公路通道和涵洞施工中，全等节拍流水较少见，更多的是异节拍流水和无节拍流水。对于通道和涵洞的流水组织主要是以流水段方式组织流水施工，而流水段方式的流水施工往往会存在窝工（资源的闲置）或间歇（工作面的闲置）。根据流水施工的组织原理，异步距异节拍流水实质上是按无节拍流水组织，引入流水步距概念的目的就是消除流水施工中存在的窝工现象。消除窝工和消除间歇的方法都采用累加数列错位相加取大差的方法，构成累加数列的方法，当不窝工的流水组织时，其流水步距计算是同工序各节拍值累加构成数列；当不间歇的流水组织时，其施工段的段间间隔计算是同段各节拍值累加构成数列；错位相减取大差的计算方法，两种计算方法相同。

无窝工的无节拍流水工期＝流水步距和＋最后一道工序的节拍和

无间歇的无节拍流水工期＝施工段间间隔和最后一个施工段的节拍和

有窝工并且有间歇的无节拍流水工期，一般无法计算，只能绘横道图来确定；如果是异节拍流水往往是不窝工或者不间歇流水中的最小值。

（3）桥梁工程流水施工组织：多跨桥梁的桥梁基础或桥梁下部结构施工由于受到专业设备数量的限制，不宜配备多台平行施工，因此采取流水施工更适宜。桥梁的流水施工也是属于流水段方式流水施工，应注意尽可能按照有节拍流水方式组织流水施工。工期计算与通道涵洞相同。

二、公路工程进度控制

1.进度计划的审批

（1）进度计划的提交

1）总体性进度计划：在中标通知书发出后合同规定的时间内，承包人应向监理工程师书面提交以下文件：一份详细和格式符合要求的工程总体进度计划及必要的各项关键工程的进度计划；一份有关全部支付的现金流估算；一份有关施工方案和施工方法的总说明（可通过施工组织设计提出）。

2）阶段性进度计划：在将要开工以前或在开工以后合理的时间内，承包人应向监理工程师提交以下文件：年、月（季）度进度计划及现金流估算和分项（或分部）工程的进度计划。

（2）进度计划的审查要点。施工单位编写完进度计划后，应组织有关人员进行审查，审查要点如下：

1）工期和时间安排的合理性：施工总工期的安排应符合合同工期；各施工阶段或单位工程（包括分部分项工程）的施工顺序和时间安排与材料和设备的进场计划相协调；易受冰冻、低温、炎热、雨季等气候影响的工程应安排在适宜的时间，并应采取有效的预防和保护措施；对动员、清场、假日及天气影响的时间，应有充分的考虑并留有余地。

2）施工准备的可靠性：所需主要材料和设备的运送日期已有保证；主要骨干人员及施工队伍的进场日期已经落实；施工测量、材料检查及标准试验的工作已经安排；驻地建设、进场道路及供电、供水等已经解决或已有可靠的解决方案。

3）计划目标与施工能力的适应性：各阶段或单位工程计划完成的工程量及投资额应与设备和人力实际状况相适应；各项施工方案和施工方法应与施工经验和技术水平相适应；关键线路上的施工力量安排应与非关键线路上的施工力量安排相适应。

2. 进度计划的检查

项目部每天按单位工程、分项工程或工点对实际进度进行记录，并予以检查，以作为掌握工程进度和进行决策的依据，并及时向监理和建设单位汇报。

3. 工程施工延误的处理

处理延误事件，首先可采用进度检查方法，判断其延误是否造成误期影响，工期将拖延多少，对于无误期影响的延误事件一般无须处理，但对延误较大虽然还未造成误期影响的这些准关键工作（已接近关键工作的工作）要极为关注。其次应通过现场记录和有关文件或资料分析这些延误事件的原因或责任。由于延误原因或责任有两类，与之相对应的也有两种不同处理方式。

（1）施工单位自身原因或责任的延误引起误期影响的处理。施工单位自身原因的延误引起工期拖延，没有超过一定比例时，施工单位一般可通过加强内部管理来自身消化。达到或超过一定比例，施工单位提出和采取的加快工程进度的措施必须经过监理工程师批准。

（2）非承包人原因或责任的延误引起误期影响的延期申请条件。处理方式有：由于非承包人的责任，工程不能按原定工期完工；可获延期的情况发生后，承包人在合同规定期限内向监理工程师提交工程延期的意向通知书；承包人承诺继续按合同规定向监理工程师提交有关造成工期拖延的详细资料，并根据监理工程师需求随时提交有关证明；可获延期的事件终止后，承包人在合同规定的期限内，向监理工程师提交正式的延期申请报告。

4.进度计划的调整

如果发现工程现场的组织安排、施工顺序和人力、设备与进度计划上的方案有较大不一致时，应对原工程进度计划及现金流动计划予以调整，调整后的工程进度计划应符合工程现场实际，并应保证满足合同工期的要求。

进度计划的调整，根据调整的原因分为两种，一种是延期后应按新合同工期调整计划；另一种是延误了工期却又无权获得延期，因此需要调整计划使后续计划的工作内容改变或缩短时间以符合合同工期。前一种相当于给定的工期内以原来计划为参考重新编制符合新合同工期的计划；后一种是在原计划的基础上压缩工期，使计划的计算工期符合合同工期。压缩工期就是网络计划优化中的工期优化，就是压缩关键线路，所以调整计划就是调整关键线路。

（1）压缩工期的两种主要途径与方法

1）改变原计划中关键工作之间的逻辑关系：可将顺序施工关系改为平行施工关系或将顺序施工关系改为搭接施工关系。

2）压缩关键工作的持续时间：通过网络图直接进行压缩工期很方便，在压缩时首先要考虑的是，要选择哪个关键工作进行压缩并且应压缩多少才合适。

（2）压缩关键工作持续时间的措施

1）组织措施：增加工作面，组织更多的施工队伍；增加每天的施工时间（多班制或加班）；增加关键工作的资源投入（劳力、设备等）。

2）技术措施：改进施工工艺和技术，缩短工艺技术间歇时间（如混凝土的早强剂等）；采用更先进的施工方法以缩短施工过程的时间（如现浇方案改为预制装配）；采用先进的施工机械。

3）经济措施或行政措施：用物质刺激和精神刺激的方法提高效率；对所采取的技术措施给予相应经济补偿。

4）其他配套条件：改善外部配套条件；改善劳动条件；实施强有力的调度等。

（3）调整计划压缩工期的步骤。如下：用进度检查的方法计算出工期拖延量，以确定压缩天数；简化网络图，去掉已执行的部分，以进度检查日期作为新起始节点起算时间，并将尚需日的实际数据代入正施工的工作的持续时间，保留原计划后续部分；以简化的网络图及代入的尚需日为基础的网络图计算各工作最早开始时间；以计算工期值反向计算各工作最迟结束时间；计算各工作的总时差和自由时差，以便于计算线路的长短；线路与关键线路长度之差称为该线路时差，其数值在双代号网络图中等于该线路上各工作的所有自由时差和；借助自由时差来比较线路长短的方法：多次压缩关键工作的持续时间，保证做到关键工作每压缩一定值，工期也随之缩短一定值，一直压缩到合同工期为止。

第二节　公路工程施工质量管理

一、工程质量控制方法

（一）工程质控制方法

现场质量检查控制的方法主要是测量、试验、观察分析、记录监督、总结改进。

1. 审核与分析有关技术文件、报告或报表。对技术文件、报告、报表的审核与分析是对工程质量进行全面控制的重要手段，项目经理应负总责，各相关部门应恪守职责，做好本职工作，确保控制有效。

2. 现场质量检查控制。现场工程质量检查分开工前检查、施工过程中检查和分项工程完成后的检查。

（1）开工前检查：开工前首先要对上一道工序的完成情况进行检查，主要检查上道工序是否经过验收，如上道工序为隐检工序，验收手续是否齐备，上道工序中是否有需要处理的质量问题尚未处理，只有上道工序的所有工作全部完成后才能开始下道工序的施工。针对拟开工工序的开工前检查一般包括五个方面的内容：人员准备检查，劳动力需求是否能满足要求，是否需要特殊工种，特殊工种有没有证件，质量管理人员是否有相应资格并熟悉相关规范；操作班组是否经过交底，必要时经过相关培训；机械设备检查，拟进行工序所需机械设备是否齐备，设备性能满足施工规范和施工方案要求，状态完好；材料检查，现场材料准备是否充足，需经试验才能使用的材料是否经试验合格；施工方案和施工方法检查，施工方案是否经过审批，是否经过三级交底，交底手续是否齐全，必要时与现场监理沟通。关键质量控制点的参数要了解；施工环境检查，现场是否具备足够的工作面，特别是冬、雨季施工天气条件是否满足施工工艺参数的要求。

（2）施工过程中检查：施工过程中检查的内容同施工前的检查，除落实开工前检查的各项内容外，重点检查以下方面的内容：各项技术参数是否正常，操作工作有无误操作；过程中应该做的试验检验工作有没有完成；可能影响施工质量的紧急突发情况。

（3）施工后检查：施工后的检查除按工艺标准或规范要求必须进行的检查、检测外，检查重点为对后续验收、检验评定和下道工序的支持作用及成品保护工作。同时要注重施工过程中可追溯性资料的收集整理工作。

（4）停工后复工前的检查：因处理质量问题或某种原因停工后再复工时，均应检查认可后方可复工。

（5）分项、分部工程完工后的检查：应按规定的程序和要求，经检查认可并签署验收记录后，才允许进行下一工程项目施工。

（6）巡视检查：对施工操作质量应进行巡视检查，必要时还应进行跟踪检查。

3. 工程质量评定方法。公路工程质量评定方法是根据建设任务、施工管理和质量检验评定的需要将工程划分为单位工程、分部工程和分项工程，依据质量检验评定标准对分项工程进行评分，采用加权平均值计算方法确定分部或单位工程相应的评分值。

工程质量情况依据得分情况按照分项、分部、单位工程、合同段和建设项目逐级评定，工程质量等级评定分为合格、不合格两个等级。

（二）工程质控制关键点的设置

公路工程质量控制关键点要根据设计文件项目专用技术规范和施工质量控制计划的要求设置，通过公路质量控制关键点的设置确保建造出符合设计和规范要求的工程。公路工程质量管理必须以预防为主，加强因素控制，确定特定特殊工序的质量控制关键点，实施公路工程施工的动态管理。

1. 质量控制关键点的设置。应根据不同管理层次和职能，按以下原则分级设置：施工过程中的重要项目、薄弱环节和关键部位；影响工期、质量、成本、安全、材料消耗等重要因素的环节；新材料、新技术、新工艺的施工环节；质量信息反馈中缺陷频数较多的项目。关键点应随着施工进度和影响因素的变化而调整。

2. 质量控制关键点的控制。如下：制定质量控制关键点的管理办法；落实质量控制关键点的质量责任；开展质量控制关键点 QC 小组活动；在质量控制关键点上开展一次抽检合格管理和检查上道工序、保证本道工序、服务下道工序的"三工序"活动；认真填写质量控制关键点的质量记录；落实与经济责任相结合的检查考核制度。

3. 质量控制关键点的文件。包括：质量控制关键点作业流程图；质量控制关键点明细表；质量控制关键点（岗位）质量因素分析表；质量控制关键点作业指导书；自检、交接检、专业检查记录以及控制图表；工序质量统计与分析；质量保证与质量改进的措施与实施记录；工序质量信息。

4. 质量控制关键点实际效果的考查。质量控制关键点的实际效果表现在施工质量管理水平和各项指标的实现情况上。要运用数理统计方法绘制工程项目总体质量情况分析图表，该图表要反映动态控制过程与施工项目实际质量情况。各阶段质量分析要纳入施工项目方针目标管理。

5. 土方路基工程施工中常见质量控制关键点。如下：施工放样与断面测量；路基原地面处理，按施工技术合同或规范规定要求处理，并平整压实；使用适宜材料，必须采用设计和规范规定的适用材料，保证原材料合格，正确确定土的最大干密度和最佳含水量；每层的松铺厚度，横坡；分层压实，控制填土的含水量，确保压实度达到设计要求。

6. 路面基层（底基层）施工中常见的质量控制关键点。如下：基层施工所采用设备组合；路面基层（底基层）所用结合料（如水泥、石灰）剂量；路面基层（底基层）材料的含水量、拌和均匀性、配合比；路面基层（底基层）的压实度、弯沉值、平整度及横坡等；如采用级配碎（砾）石还需要注意集料的级配和石料的压碎值。

7.水泥混凝土路面施工中常见质量控制关键点。如下：基层强度、平整度、高程的检查与控制；混凝土材料的检查与试验；混凝土配合比设计和试件的试验。混凝土的水灰比、外掺剂掺加量、坍落度应控制；混凝土的摊铺、振捣、成型及避免离析；锯缝时间和养生的掌握。

8.沥青混凝土路面施工中常见质量控制关键点。如下：基层强度、平整度、高程的检查与控制；沥青材料的检查与试验；集料的级配、沥青混凝土配合比设计和试验；路面施工机械设备配置与组合；沥青混凝土的运输及摊铺温度控制；沥青混凝土摊铺厚度的控制和摊铺中离析控制；沥青混凝土的碾压与接缝施工。

9.桥梁基础工程施工中常见质量控制点。如下：扩大基础：基底地基承载力的确认，满足设计要求；基底表面松散层的清理；及时浇筑垫层混凝土，减少基底暴露时间；大体积混凝土施工裂缝控制；钻孔桩：桩位坐标控制；垂直度的控制；孔径的控制，防止缩径；清孔质量（嵌岩桩与摩擦桩要求不同）；钢筋笼接头质量；水下混凝土的灌筑质量。

10.桥梁下部结构施工中常见质量控制点。如下：实心墩：墩身锚固钢筋预埋质量控制；墩身平面位置控制；墩身垂直度控制；模板接缝错台控制；墩顶支座预埋件位置、数量控制；薄壁墩：墩身锚固钢筋预埋质量控制；墩身平面位置控制；墩身垂直度控制；模板接缝错台控制；墩顶支座预埋件位置、数量控制；墩身与承台联结处混凝土裂缝控制；墩顶实心段混凝土裂缝控制。

11.桥梁上部结构施工中常见质量控制点。如下：简支梁桥、连续梁桥、拱桥。

12.公路隧道施工中常见质量控制关键点。如下：洞口工程质量控制关键点；洞身开挖质量控制关键点。

（三）工程质量缺陷处理方法

在公路行业施工过程中，机械化程度相对较低，在施工过程中，难免出现各种各样的质量缺陷，如何确定质量缺陷的性质，针对不同性质的缺陷采取相应的处理措施，是保证工程质量的一项重要内容。

1.质量缺陷性质的确定。质量缺陷性质的确定，是最终确定缺陷问题处理办法的首要工作和根本依据。一般通过下列方法来确定缺陷的性质。

（1）观察和查阅记录资料：是指对有缺陷的工程现场情况、施工过程、施工设备和施工操作情况等进行现场观察和检查。主要包括查阅试验检测报告、施工技术资料施工过程记录施工日志，施工工艺流程、施工方案、施工机械运转记录等相关记录，同时在特殊季节关注天气情况等。

（2）检验与试验：通过检查和了解可以发现一些表面的问题，得出初步结论，但往往需要进一步的检验与试验来加以验证。

（3）专题调研：有些质量问题，仅仅通过以上两种方法仍不能确定。如某大桥在交工后不到一年的时间里出现了超过规范要求的裂缝，仅通过简单地观察和查阅现有资料很难确定产生裂缝的根本原因，找不到原因也就无从确定进一步的处理措施，在这种情况下就需要采用专项调研，通过对勘测、设计、施工各个环节的调查、分析研究，辅之以辅助的检测手段，确定质量问题的性质和为随后采取的措施提供依据。

在这种情况下，为了查明产生问题的根本原因，有必要组织有关方面的专家或专题调查组提出检测方案，对所得到的一系列参考依据和指标进行综合分析研究，找出产生缺陷的原因，确定缺陷的性质。这种专题研究，对缺陷问题的妥善解决作用重大，因此经常被采用。

2. 质量缺陷处理方法

（1）整修与返工：缺陷的整修，主要是针对局部性的轻微的且不会给整体工程质量带来严重影响的缺陷。如水泥混凝土结构的局部蜂窝、麻面，道路结构层的局部压实度不足等。这类缺陷一般可以比较简单地通过修整得到处理，不会影响工程总体的关键性技术指标。由于这类缺陷很容易出现，因而修补处理方法最为常用。

返工的决定应建立在认真调查研究的基础上。是否返工，应视缺陷经过补救后能否达到规范标准而定，对于补救后不能满足标准的工程必须返工。如某承包人为赶工期，曾在雨中铺筑沥青混凝土，监理工程师只得责令承包人将已经铺完的沥青面层全部推除重铺；一些无法补救的低质涵洞也被炸掉重建；温度过低或过高的沥青混合料在现场被监理工程师责令报废等。

（2）综合处理办法：主要是针对较大的质量事故而言的。这种处理办法不像返工和整修那样简单具体，其是一种综合的缺陷（事故）补救措施。能够使得工程缺陷（事故）以最小的经济代价和工期损失，重新满足规范要求。处理的办法因工程缺陷（事故）的性质而异，性质的确定则以大量的调查及丰富的施工经验和技术理论为基础。具体做法可组织联合调查组、召开专家论证会等方式。实践证明，这是一条合理解决这类问题的有效途径。

（四）施工技术管理制度

1. 图纸会审制度

（1）概述：搞好图纸会审工作，首先要求参加会审的人员应熟悉图纸。各专业技术人员必须全面认真地了解图纸，充分理解设计图及技术标准的规定要求，熟悉工艺流程和结构特点等重要环节，必要时，还要到现场进行详细地调查，看设计图是否符合现场要求。

图纸会审包括初审、内部会审和综合会审三个阶段。

（2）图纸会审的主要内容：在各阶段会审工作中，抓住施工图的主要内容，与现行的国家技术标准及经济政策对照进行会审。会审的主要内容如下：施工图是否符合国家现行的有关标准、经济政策的有关规定；施工的技术设备条件能否满足设计要求；当采取特殊的施工技术措施时，现有的技术力量及现场条件有无困难，能否保证工程质量和安全施工的要求；有关特殊技术或新材料的要求，其品种、规格、数量能否满足需要及工艺规定要求；建筑结构与安装工程的设备与管线的接合部位是否符合技术要求；安装工程各分项专业之间有无重大矛盾；图纸的份数及说明是否齐全、清楚、明确，图纸上标注的尺寸、坐标、标高及地上地下工程和道路交会点等有无遗漏和矛盾。

（3）图纸会审记录：图纸经过会审后，会审组织者，应及时将会审中提出的有关设计问题的建议，做好详细的记录。图纸会审记录上应填写单位工程名称、设计单位、建设单位和主持单位及参加审核人员名单等。对会审提出的问题，凡是设计单位变更修改的，应在会审记录"解决意见"栏内填写清楚，尽快请设计部门发"设计变更通知单"，施工时按设计变更通知单执行。图纸未经过会审不得施工。

2.技术交底制度

（1）概述：工程施工前必须进行技术交底，交底记录作为施工管理的原始技术资料。交底内容：承包合同有关条款、设计图、设计文件规定的技术标准施工技术规范和质量要求、施工进度和总工期、拟采用的施工工艺方法和材质要求、技术安全措施等。对于重点工程、重点部位特殊工程、新结构、新工艺、新材料的工程，更要作详细的技术交底。技术交底一般分三级进行。

（2）技术交底的要求：技术交底工作应分级进行，分级管理。凡技术复杂（包括推行新技术）的重点工程、重点部位，应由总工程师向主任工程师、技术队长及有关职能部门负责人交底，明确关键性的施工技术问题，主要项目的施工方法和特殊工程的技术、材料要求，提出试验项目、安全注意事项等内容。普通工程应由主任工程师参照上述内容进行。施工队一级的技术交底，由施工技术队长负责向技术员、施工员、质量检查员、安全员以及班组长交代所承担的工程数量、要求期限、图纸内容、测量放样、施工方法、质量标准、技术措施、操作要求和安全措施等方面技术交底工作。

施工员向班组的交底工作，这是各级技术交底的关键。施工员向班组交底时，要结合具体操作部位，贯彻落实上级技术领导的要求，明确关键部位的质量要求操作要求及注意事项，制定保证质量、安全的技术措施，对关键性项目、部位、新技术的推行项目应反复、细致地向操作组进行交底，必要时应作文字交底或示范操作。

（3）技术交底主要内容：承包合同中有关施工技术管理和监理办法，合同条款规定的法律、经济责任和工期；设计文件、施工图及说明要点等内容；分部、分项工程的施工特点，质量要求；施工技术方案；工程合同技术规范、使用的工法或工艺操作规程；材料的特性、技术要求及节约措施；季节性施工措施；安全、环保方案；各单位在施工中的协调配合、机械设备组合、交叉作业及注意事项；试验工程项目的技术标准和采用的规程；适应工程内容的科研项目、"四新"项目等先进技术推广应用的技术要求。

3.测量管理制度

（1）测量工作必须严格执行测量复核签认制：保证测量工作质量，防止错误，提高测量工作效率。在测量工作的各个程序中实行双检制；各工点、工序范围内的测量工作，测量组应自检复核签认，分工衔接的测量工作，由测量队或测量组进行互检复核和签认；项目测量队组织对控制网点和测量组设置的施工用桩及重大工程的放样进行复核测量经项目技术部门主管现场进行检查签认，总工程师审核签认合格后，报驻地监理工程师审批认可。

（2）检查与记录：项目经理部总工程师和技术部门负责人要对测量队、组执行测量复核签认制的情况进行检查，并做好检查记录。测量队对测量组执行测量复核签认制的情况进行检查，并做好检查记录。

（3）测量记录与资料必须分类整理、妥善保管，作为竣工文件的组成部分归档：交接桩资料，监理工程师提供的有关测量控制网点，放样数据变更文件；各工点、各工序测量原始记录，观测方案布置图、放样数据计算书；测量内业计算书，测量成果数据图表；测量器具周期检定文件。

（4）控制测量、每项单位工程施工测量必须分别使用单项测量记录本：测量记录统一使用水平仪簿和经纬仪簿。一切原始观测值和记录项目在现场记录清楚，不得涂改，不得凭记忆补记、补绘。记录中不准连环更改，不合格时应重测。手簿必须填列页次，注明观测者、观测日期、起始时间终止时间、气象条件、使用的仪器和觇标类型及编号，并详细记载观测时的特殊情况。凡划去的观测记录，应注明原因，予以保存，不得撕毁。

（5）内业计算前应复查外业资料，核对起算数据：计算书要书面整洁，计算清楚，格式统一。计算者、复核者要签认。采用计算机应用程序计算时，应使用正版软件。

（6）测量队、组应设专人管理原始记录和资料：建立台账，及时收集，按控制测量、单位工程分项整理立卷，因人事变动所涉及的测量记录和资料，应由测量队、组长主持办理交接手续。工点工程竣工测量完成后，测量组应将全部测量记录资料整理上交测量队，经测量队检查合格后，经理部方可验收工程。项目工程完工，线路贯通竣工测量完成之后，测量队应将项目全部测量记录和资料档案，分类整理装订成册，上交项目经理部技术部门，经验收合格后，双方办理交接手续。项目经理部按交工验收的要求将测量记录资料编入竣工文件。

（7）测量仪器工具的使用和保管：公路工程施工常用测量仪器主要有：水准仪、经纬仪、光电测距仪、全站仪（包括觇标、水准尺等附属工具），测量工具主要指量距尺、温度计、气压计。测量队、组对所配置的仪器工具具有使用权和负有保管责任；测量仪器工具的使用，应当符合要求。

（8）项目经理部的测量队应建立仪器总台账、仪器使用及检定台账，测量组也应建立相应的分账：仪器档案由项目技术部门保存原件，测量队、组长保存复印件，复印件随仪器装箱。仪器使用者负责使用期间的仪器保管，应防止受潮和丢失。测量仪器应做到专人使用、专人保管，不得私自外借他人使用。

4.材料、构（配）件试验管理制度

（1）检测机构等级：检测机构等级，是依据检测机构的公路工程试验检测水平、主要试验检测仪器设备及检测人员的配备情况、试验检测环境等基本条件对检测机构进行的能力划分，公路工程专业分为综合类和专项类，公路工程综合类设甲、乙、丙三个等级。公路工程专项类分为交通工程和桥梁隧道工程；检测机构在同一公路工程项目标段中不得同时接受业主、监理、施工等多方的试验检测委托；检测机构依据合同承担公路水运工程试验检测业务，不得转包、违规分包；检测人员分为试验检测工程师和试验检测员。检测机构的技术负责人应当由试验检测工程师担任，试验检测报告应当由试验检测工程师审核、签发。

（2）工地试验室：施工单位应建立工地试验室；应根据现场需要，增设若干个流动试验站；原材料的验证试验；标准试验；工艺试验；构（配）件进场验证试验；试验、检测记录管理。

5.隐蔽工程验收制度

（1）概述：隐蔽工程是指为下道工序施工所隐蔽的工程项目，隐蔽前必须进行质量检查和验收，由施工项目负责人组织施工人员、质检人员，并请监理单位、建设单位代表参加，必要时请设计人员参加，检查意见应具体明确，检查手续应及时办理，不得后补。须复验的要办理复验手续，填写复验日期并由复验人做出结论。

（2）隐蔽工程项目：地基与基础，包括土质情况、基槽几何尺寸、标高、地基处理；主体结构各部位钢筋，内容包括钢筋品种、规格、数量、间距、接头情况及除锈、代用变更情况；梁等结构物预应力筋、预留孔道的直径、位置、坡度、接头处理、孔道绑扎牢固等的情况；焊接，包括焊条牌号（型号）、焊口规格、焊缝长度、高度及外观清渣等；桥梁工程桥面防水层下找平层的平整度坡度、桥头搭板位置尺寸；桥面伸缩缝埋件规格、数量及埋置位置；钢管管道内外绝缘防腐；雨污水管道，混凝土管座、管带及附属构筑物隐蔽部位；设备基础及水泥混凝土的配筋、尺寸、强度、表面标高；光电缆的布放、预留长度、接头的物理、电气性能，电缆沟的开挖与回填及光电缆的接续；接地体的埋设、引接和接地电阻、机电设备支架箱体的防锈防腐处理。

二、工程质量检验

（一）路基工程质量检验

1.路基工程质量检验的主要内容。具体为：路基的宽度和标高（包括边沟）；路基的平面位置；边坡坡度及边坡加固；排水设施的尺寸及底面纵坡；填土压实度、弯沉值；取土坑、弃土堆、护坡道、截水沟、排水沟的位置和形式是否正确；隐蔽工程检查记录。

2.土石方路基实测项目

（1）土方路基实测项目有压实度、弯沉值纵断高程、中线偏位、宽度、平整度、横坡、边坡。

（2）石方路基实测项目有压实度、纵断高程、中线偏位、宽度、平整度、横坡、边坡坡度和平顺度。

（二）路面工程质量检验

1.路面基层、底基层的检验

（1）主要检验内容包括高程、厚度、宽度、横坡度和平整度、基层的压实度和强度。

（2）水泥稳定粒料基层实测项目有压实度、平整度、纵断高程、宽度厚度、横坡、强度。

（3）石灰土基层实测项目有压实度、平整度、纵断高程、宽度、厚度、横坡、强度。

（4）填隙碎石（矿渣）基层和底基层实测项目有压实度、弯沉值、平整度、纵断高程、宽度、厚度、横坡。

2.水泥混凝土路面的检验

（1）主要检验内容包括水泥混凝土面板的弯拉强度、平整度和厚度、水泥混凝土路面的抗滑构造深度、相邻面板间的高差、纵横缝顺直度、水泥混凝土路面中线平面偏位、路面宽度、纵断高程和路面横坡。

（2）水泥混凝土面层实测项目：弯拉强度；板厚度；平整度；抗滑构造深度；相邻板高差；纵、横缝顺直度；中线平面偏位；路面宽度；纵断高程；横坡。

3.沥青混凝土路面的检验

（1）主要检验内容包括厚度、平整度、压实度、弯沉值、渗水系数、摩擦系数、构造深度、中线平面偏位、纵断高程、路面宽度及路面横坡。

（2）沥青混凝土面层和沥青碎（砾）石面层实测项目：压实度；平整度；弯沉值；渗水系数；抗滑；厚度；中线平面偏位；纵断高程；宽度；横坡。

（三）桥梁工程质量检验

1.桥梁总体的主要检验内容。如下：桥梁的净空；桥面中心偏位、桥面宽度和桥长；引道中心线与桥梁中心线的衔接以及桥头高程衔接。

2.钻孔灌注桩施工的主要检验内容。如下：终孔和清孔后应对成孔的孔位、孔深、孔形、孔径、倾斜度、泥浆相对密度、孔底沉淀厚度、钢筋骨架底面高程等检查；钻孔灌注桩混凝土的强度；凿除桩头混凝土；需嵌入承台内的混凝土桩头及锚固钢筋长度：应符合要求；钢筋骨架底面高程：查灌注前记录。

3.沉井施工的主要检验内容。如下：沉井混凝土的强度；沉井刃脚底面标高；沉井的平面尺寸（长、宽或半径）；沉井的最大纵、横向倾斜度和平面扭转；平面扭转角。上述各项必须满足规定值或允许偏差。

4.明挖地基的主要检验内容。如下：基底平面位置、尺寸大小和基底标高；基底地质情况和承载力；地基所用材料。

第三节 公路工程安全管理

一、公路工程安全管理范围及要求

（一）公路工程安全管理范围

1.依据公路工程的专业特点的管理。依据公路工程的专业特点，安全管理分为：路基工程的安全管理、路面工程的安全管理、桥梁工程的安全管理、隧道工程的安全管理、水上工程的安全管理陆地工程的安全管理、高空工程的安全管理、爆破工程的安全管理、电气作业的安全管理。

2.依据施工安全隐患和事故征兆的特点的管理

（1）安全隐患的类别

1）按安全隐患可能引发的事故种类划分有：用电事故安全隐患；火灾事故安全隐患；爆炸事故安全隐患；坍塌事故安全隐患。施工机械和设备倾翻、倾倒事故安全隐患；施工机械和施工设施局部损坏（折断、垮塌等）事故安全隐患；自升（滑升、提升、爬升、倒升）式整体施工装置（模板、脚手架、工作台等）坠落和失控事故安全隐患；窒息和中毒事故安全隐患（包括危险或不良施工场所与作业环境、毒气和有毒物品的存在等）；高处作业和交叉作业伤害事故的安全隐患；安全防护设施、防护品的配置与使用不到位的安全隐患；违章指挥和违章作业事故安全隐患；预防灾害措施不到位事故的安全隐患。

2）按安全隐患涉及的安全工作方面划分：安全作业环境和条件缺陷隐患；安全施工措施缺陷隐患；安全工作制度缺陷隐患；安全岗位责任不落实隐患；现场安全监控管理工作不到位隐患。

（2）施工安全事故的征兆：按征兆出现的顺序划分，可分为早期、中期和晚期三类；按征兆所示的事故划分，一般都有某种征兆提前出现的事故有基坑（槽）坍方（塌）、脚手架和多层转运平台倾倒、脚手架局部垮架、脚手架垂直坍塌、支撑架垮架和倒塌、机械设备倾翻、自升式施工设施的坠落、火灾等。

（二）公路工程安全管理原则

1.公路工程安全管理的基本原则。具体为：管生产必须管安全的原则；谁主管谁负责的原则；预防为主的原则；动态管理的原则；计划性、系统性原则；奖励和惩罚相结合的原则；以人为本、关爱生命的原则；坚持"五同时"原则；"一票否决"的原则。

2.坚持"三同时"制度的原则。"三同时"制度的实施要求从项目论证到设计、施工、竣工验收都应按"三同时"的规定进行审查验收。施工单位必须按照审查批准的设计文件进行施工，不得擅自更改职业安全卫生设施的设计，并对施工质量负责。

3.事故处理"四不放过"的原则。具体为：事故原因没有查清不放过；事故责任者没有严肃处理不放过；广大群众没有受到教育不放过；防范措施没有落实不放过。

（三）公路工程安全隐患排查与治理

安全生产事故隐患（简称事故隐患），是施工单位违反安全生产法律、法规、规章、标准、规程和安全生产管理制度的规定或者因其他因素在生产经营活动中存在可能导致事故发生的物的危险状态、人的不安全行为和管理上的缺陷。事故隐患分为一般事故隐患和重大事故隐患。一般事故隐患，是指危害和整改难度较小，发现后能够立即整改排除的隐患。重大事故隐患，是指危害和整改难度较大，应当全部或者局部停产停业，并经过一定时间整改治理方能排除的隐患或者因外部因素影响致使施工单位自身难以排除的隐患。

1.安全隐患排查

（1）对施工单位的要求

1）施工单位应当建立健全事故隐患排查治理制度。生产经营单位主要负责人对本单位事故隐患排查治理工作全面负责。

2）施工单位应当建立健全事故隐患排查治理和建档监控等制度，逐级建立并落实从主要负责人到每个从业人员的隐患排查治理和监控责任制。

3）施工单位应当保证事故隐患排查治理所需的资金，建立资金使用专项制度。

4）施工单位应当定期组织安全生产管理人员、工程技术人员和其他相关人员排查本单位的事故隐患。对排查出的事故隐患，应当按照事故隐患的等级进行登记，建立事故隐患信息档案，并按照职责分工实施监控治理。

5）施工单位应当建立事故隐患报告和举报奖励制度，鼓励、发动职工发现和排除事故隐患，鼓励社会公众举报。对发现、排除和举报事故隐患的有功人员，应当给予物质奖励和表彰。

6）总包单位应当与分包单位签订安全生产管理协议，并在协议中明确各方对事故隐患排查、治理和防控的管理职责。总包单位对分包单位的事故隐患排查治理负有统一协调和监督管理的职责。

7）施工单位应当每季、每年对本单位事故隐患排查治理情况进行统计分析，并分别于下一季度15日前和下一年1月31日前向安全监管监察部门和有关部门报送书面统计分析表。统计分析表应当由生产经营单位主要负责人签字。

（2）对人的不安全行为的排查：在公路工程施工中存在的不安全行为，是指在施工作业中存在的违章指挥、违章作业以及其他可能引发和招致发生安全事故的行为。不安全行为可以分为以下四类：违章指挥、违章作业、其他主动性不安全行为、其他被动性不安全行为。

（3）对事故的起因物、致害物和伤害方式的排查：直接引发生产安全事故的物体

（品），称为"起因物"；在生产安全事故中直接招致（造成）伤害发生的物体（品），称为"致害物"；致害物作用于被伤害者（人和物）的方式，称为"伤害方式"。

在某一特定的生产安全事故中，起因物可能是唯一的或者为多个。当有多个起因物存在时，按其作用情况会有主次和前后（序次）之分、组合和单独作用之分。在某一特定的伤害事故中，致害物也可能是一个或多个。在同一安全事故中，起因物和致害物可能是不同的物体（品）或同一物体（品）。

起因物和致害物的存在构成了不安全状态和安全（事故）隐患，不及时发现并消除时，就有可能引起或发展成为事故。而一旦发生安全事故，对起因物和致害物的分析确定工作，又是判定事故性质和确定事故责任的重要依据。

2.重大事故隐患的报告与治理

（1）重大事故隐患报告的内容：隐患的现状及其产生原因；隐患的危害程度和整改难易程度分析；隐患的治理方案。

（2）重大事故隐患治理方案包括以下内容：治理的目标和任务；采取的方法和措施；经费和物资的落实；负责治理的机构和人员；治理的时限和要求；安全措施和应急预案。

（3）施工单位在事故隐患治理过程中，应当采取相应的安全防范措施，防止事故发生：事故隐患排除前或者排除过程中无法保证安全的，应当从危险区域内撤出作业人员，并疏散可能危及的其他人员，设置警戒标志，暂时停产停业或者停止使用；对暂时难以停产或者停止使用的相关生产储存装置、设施、设备，应当加强维护和保养，防止事故发生。

（4）施工单位应当加强对自然灾害的预防：对于因自然灾害可能导致事故灾难的隐患，应当按照有关法律、法规标准和有关规定的要求排查治理，采取可靠的预防措施，制订应急预案。施工单位在接到有关自然灾害预报时，应当及时向下属单位发出预警通知；发生自然灾害可能危及施工单位和人员安全情况时，应当采取撤离人员、停止作业、加强监测等安全措施，并及时向当地人民政府及其有关部门报告。

（四）危险性较大工程专项施工方案编制

1.危险性较大工程的范围

（1）应当编制专项施工方案，并附安全验算结果的工程：不良地质条件下有潜在危险性的土方、石方开挖；滑坡和高边坡处理；桩基础、挡墙基础、深水基础及围堰工程；桥梁工程中的梁、拱、柱等构件施工等；隧道工程中的不良地质隧道、高瓦斯隧道、水底海底隧道等；水上工程中的打桩船作业施工船作业、外海孤岛作业边通航边施工作业等；水下工程中的水下焊接、混凝土浇筑、爆破工程等；爆破工程；大型临时工程中的大型支架模板、便桥的架设与拆除，桥梁、码头的加固与拆除；其他危险性较大的工程。

（2）必要时还应当组织专家进行论证、审查：建设单位项目或技术负责人；监理单位项目总监理工程师、相关专业监理人员及安全监理人员；施工单位技术负责人及其安全管理机构负责人；施工单位项目负责人、项目技术负责人及专项施工方案编制人员；专家组成员。专家组成员应当从专家库中选取，由5名以上符合相关专业要求的专家组成，与本项目相关的建设、施工、监理单位的专家不得参加。

勘察、设计单位技术负责人及相关专业技术人员应当参加专家论证审查会。实行施工总承包的，施工总承包单位及相关专业承包单位技术负责人及相关人员应当参加专家论证审查会。

2.专项施工方案编制的内容

（1）工程概况：危险性较大的工程概况、施工平面布置、施工要求和技术保证条件。

（2）编制依据：相关法律、法规、规范性文件标准、规范及图纸（国标图集）、施工组织设计等。

（3）施工计划：包括施工进度计划材料与设备计划。

（4）施工工艺技术：技术参数、工艺流程施工方法等。

（5）施工安全保障措施：组织保障技术措施、应急预案等。

（6）劳动力计划：专职安全生产管理人员、特种作业人员等。

（7）计算书及附图。

3.专项施工方案的实施。具体内容：施工单位应当严格按照专项施工方案组织施工，不得擅自修改、调整专项施工方案。如因设计结构、外部环境等因素发生变化确需修改的，施工单位、监理单位应当重新组织审核；专项施工方案实施前，编制人员或项目技术负责人应当向项目施工、技术、安全、质量管理人员和作业人员进行安全技术交底；施工单位应当指定专职安全生产管理人员对专项施工方案实施情况进行现场监督，发现不按照专项施工方案施工的，应当要求其立即整改。整改合格的，方可进行下一道工序；施工单位技术负责人应当定期巡查专项施工方案实施情况；施工单位应当指定专人对危险性较大工程的实施过程进行监测发现有危及人身安全紧急情况的应当立即组织作业人员撤离危险区域。

（五）公路工程安全生产故应急预案编制

1.编制准备。编制应急预案应做好以下准备工作：全面分析本单位危险因素可能发生的事故类型及事故的危害程度；排查事故隐患的种类、数量和分布情况，并在隐患治理的基础上，预测可能发生的事故类型及其危害程度；确定事故危险源进行风险评估；针对事故危险源和存在的问题，确定相应的防范措施；客观评价本单位应急能力；充分借鉴国内外同行业事故教训及应急工作经验。

2.编制程序。步骤为：成立应急预案编制工作组；资料收集；危险源与风险分析；应急能力评估；应急预案编制；应急预案评审与发布。

3.应急预案种类

（1）综合应急预案：综合应急预案是从总体上阐述处理事故的应急方针、政策应急组织结构及相关应急职责应急行动、措施和保障等的基本要求和程序，是应对各类事故的综合性文件。

（2）专项应急预案：专项应急预案是针对具体的事故类别、危险源和应急保障而制订的计划或方案，是综合应急预案的组成部分，应按照综合应急预案的程序和要求组织制订，并作为综合应急预案的附件。专项应急预案应制订明确的救援程序和具体的应急救援措施。

（3）现场处置方案：现场处置方案是针对具体的装置场所或设施、岗位所制定的应急处置措施。现场处置方案应具体、简单针对性强。

二、公路工程安全技术要点

（一）公路工程高处作业安全技术点

1. 高处作业的脚踏板应用坚实的钢拉板或木板铺满，不得留有空隙或探头板，脚踏板上的油污、泥沙等应及时清除，防止滑倒。

2. 在有坠落可能的部位作业时，必须把安全带挂在牢固的结构上，安全带应高挂低用不可随意缠在腰上，安全带长度不应超过 3m。

3. 高处作业应按规定挂设安全网（立网和平网），安全网内不许有杂物堆积，破损的安全网应该及时予以更换。

4. 作业平台的承重必须满足施工荷载的要求不得多人集中在作业平台的某一部位进行作业，以防发生突然断裂坠落伤人。

5. 高处作业操作平台的临边应设置防护栏杆，防护栏杆的高度不应低于 1~2m，水平横档的间距不大于 0.35m，强度满足安全要求。

6. 高处操作平台必须设置供作业人员上下的安全通道和扶梯，平台严禁超载，平台架体应保持稳固。

7. 操作平台的临边外侧下方是交通通道时，敞口立面必须设置安全立网做全封闭处理，并设置限宽、限高、限速的安全标示牌和防撞设施。

8. 在高处进行预应力张拉作业前，必须搭置可靠的张拉工作平台，若在雨天作业还应架设防雨棚，张拉钢筋的两端要设置安全挡板，并在张拉作业平台上设置明显的安全标识和操作规程，禁止非操作人员在张拉作业时进入张拉施工区。

9. 高处作业所用的物料、机具，均应合理分散堆放平稳，不可放置在临边或升降机口附近，也不许妨碍作业人员通行和装卸。高处作业拆除下的模板及剩余物料应及时清理运走，不得随意乱置，严禁向下丢弃物料，传递物件时不得抛掷。

10. 高处作业场所必须设置完备可靠的安全防护设施和安全警示标识牌，任何人不得擅自移位、拆除和损毁，确因施工需要暂时移位和拆除的，要报经项目负责人审批后方可拆移。工作完成后要即行复原，发现破损，应及时更新。

11.高处作业的挂篮、支架托架、模板及操作平台等应由专业技术人员进行专项设计，其设计图纸、设计计算书、操作规程、技术交底等须上报主管部门审核，批准后实施，经验收合格后方可投入使用。

12.高处作业临时配电线路按规范架（敷）设整齐；架空线必须采用绝缘导线，不得采用塑胶软线：高空作业现场按要求使用标准化配电箱，箱内应安装漏电保护器，下班切断电源，锁好电闸箱并有可靠的防雨设施。

13.桥梁主塔（墩）塔身高于30m时，应在其顶端装设防撞信号灯，主塔还应采取防雷措施设置可靠的防雷电装置。遇雷雨时，作业人员应立即撤离危险区域，任何人员不得接触防雷装置。

14.作业人员在上下交叉作业时，不得在同垂直面上。下层作业人员应处于上层作业人员和物体可能坠落的范围之外。当不能满足要求时，上下之间应设置隔离防护层。

15.在高处进行电焊作业时，作业点下方及火星所及范围内，必须彻底清除易燃、易爆物品，作业现场要备置消防器材，严禁电焊人员将焊条头随手乱扔。

16.高处进行模板安装和拆除作业时，要按设计所确定的顺序进行，作业面及操作平台下方不得有人员逗留、走动和歇息。

17.进行高处拆除作业时，必须对拆除作业人员进行专业安全培训，作业前要进行层层安全技术交底，并做好交底签认记录。

18.拆除工程应自上而下进行，先拆除非承重部分，后拆除承重部分，严禁立体交叉或多层上下进行拆除，严禁疲劳作业，并派专人负责现场的安全监护。

19.在拆除龙门架、托架、钢支架等重物时，应有机械吊机配合进行，并有专人指挥，指挥人员信号明确。吊物要稳吊轻放，不得采取"整体推倒法"。

20.遇有六级（含六级）以上大风、浓雾、雷雨、冰雪等恶劣天气时，不得进行露天高处作业。雷雨、台风、大雪过后，应及时对高处作业安全设施逐一进行检查清扫，发现有变形、松动、脱落、损坏现象时，应立即进行修理、加固，隐患消除后，方可继续作业。

21.高处作业上下应设置联系信号或通信装置，并指定专人负责。

（二）公路工程陆上作业安全技术要点

1.明挖基础施工安全要点。如下：基坑开挖的方法、顺序以及支撑结构的安设，均应按照施工组织设计中的规定进行；开挖基坑时，要指派专人检查邻近建（构）筑物或临时设施的安全，并留有检查记录；开挖基坑时，要根据土壤、水文等情况，按规定的边坡坡度分层下挖，严禁局部深挖，掏洞开挖；基坑、井坑开挖过程中，必须随时检查坑壁边坡有无裂缝和坍塌现象（特别是雨后和解冻时期），如果发现边坡有裂缝、疏松或支撑有折断、走动等危险先兆，应立即采取措施；基坑边缘有表面水时，应采取截流措施，开挖排水沟或排水槽，不得使水流沿基坑边缘流下；在有大量地下水流的情况下进行挖基时，应配足抽水机具，施工，人员应穿胶鞋，并设置出入基坑的安全通道，以防意外；采取挖土机械开挖基坑时，坑内不得有人作业。必须留人在坑内操作时，挖土机械应暂停作业。

2. 挖孔桩基础施工安全控制要点。如下：挖孔灌注桩，应在无水或少水的密实土层或岩层中，按设计挖筑。挖孔较深或有渗水时，必须采取孔壁支护及排水降水等措施严防坍孔；人工挖孔，对孔壁的稳定及吊具设备等，应经常检查。孔顶出土机具应有专人管理，并设置高出地面的围挡。孔口不得堆积土渣及工具。作业人员的出入，应设常备的梯子。夜间作业应悬挂示警红灯。挖孔作业暂停时，孔口应设置罩盖及标志；所用电气设备，必须装设漏电保护装置，孔内照明应使用 36V 电压的灯具。起吊设备必须有限位器、防脱钩器等装置；孔内挖土人员的头顶部应设置护盖。取土吊斗升降时，挖土人员应在护盖下面工作。

相邻两孔中，一孔进行浇筑混凝土作业时，另一孔的挖孔人员应停止作业，撤出井孔；人工挖孔，除应该经常检查孔内的气体情况外，还要遵守一些规定：挖孔人员下孔作业前，应先用鼓风机将孔内空气排出更换；二氧化碳气体含量超过 0.3% 时，应该采取通风措施。对含量没有超过规定，但作业人员有呼吸不适感觉时，也应采取通风或换班作业等措施；空气污染超过三级标准浓度时，若没有安全可掌的措施，不得采取人工挖孔作业；人工挖孔超过 10m 深时，应采用机械通风，并必须有足够保证安全的支护设施及常备的安全梯道。人工挖孔最深不得超过 15m；挖孔桩需要嵌岩或孔内有岩层需要爆破时，应采取浅眼爆破法，严格控制炸药用量，并按爆破安全规程的规定，一丝不苟地组织好爆破作业；人工挖桩孔采用混凝土护壁时，每挖深 1m（土质不好还应适当减小），应立即浇筑护壁，护壁厚度不小于 10 cm；机钻成孔作业完成后，人工清孔、验孔要先放安全防护笼，笼距孔底不得大于 1m；人工挖孔采用混凝土护壁时，应对护壁进行验收，第一圈护壁要做成沿口圈，沿口宽度要大于护壁外径 300mm，口沿处要高出地面 100mm 以上，孔内护壁应满足强度要求，孔底末端护壁应有可靠防滑壁措施；在较好土层，人工挖扩桩孔不采用混凝土护壁时，必须使用工具式的安全防护笼进行施工，防护笼每节长度不超过 2m。防护笼总长度要达到扩孔交界处，孔口必须做沿口混凝土护圈；挖出的土方应随出随运，暂时不能运走的应堆放在孔口边 1m 以外处且堆土高度不得超过 1m。

3. 路基工程土方施工安全要点。如下：开挖土方前，必须了解土质地下水的情况，查清地下埋设的管道、电缆和有毒有害气体等危险物及文物古迹古墓的位置，深度走向，加设标记、设置防护栏杆。现场技术负责人在开工前必须对作业工人进行详细的安全交底；开挖深度超过 2m 时，特别是在街道、居民区行车道附近开挖土方时，无论开挖深浅都应视为高处作业，并设置警告标志和高度不低于 1.2m 的双道防护栏，夜间还要设红色警示灯；在靠近建筑物、电杆、脚手架附近挖土时，必须采取安全防护措施；开挖沟槽坑时，应根据土质情况进行放坡或支撑防护；在开挖的沟槽坑边沿 1m 以内不许堆土或堆放物料，距沟槽坑边沿 1~3m 间堆土高度不得超过 1.5m；距沟槽坑边沿 3~5m

间堆土高度不得超过 2.5m；在沟槽坑边沿停置车辆、起重机械振动机械时距离不少于 4m；人工挖掘土方时，作业人员之间必须保持足够的安全距离，横向间距不小于 2m，纵向间距不小于 3m；高边坡开挖土方时，作业人员要戴安全帽并安排专职人员对上边坡进行监视，防止物体坠落和塌方。边坡开挖中若遇地下水涌出，应先排水，后开挖；开挖工作应与装运作业面相互错开，严禁上、下双重作业；滑坡地段的开挖应从滑坡体两侧向中部自上而下进行，禁止全面拉槽开挖；施工中如遇土质不稳，山体有滑动，发生坍塌危险时，应暂停施工，撤出人员和机具；当工作面出现陷机或不足以保证人员安全时，应立即停工，确保人员安全；机械车辆在危险地段作业时，必须设置明显的安全警告标志，并设专人指挥。

4. 路基工程石方施工安全要点。如下：石方爆破作业必须严格遵守国家爆破安全规程，接受当地公安部门的监管；爆破器材库的选址和搭建应请当地公安部门进行指导和监督，运输爆破器材要用专用运输工具，在公安部门的押运下进行，中途不许停留，并应避开人员密集地方；在保管、运输爆破器材过程中，工作人员严禁穿化纤服装；爆破器材应严格管理，并执行领用和退库制度，各种手续要有严格记录并由专人领取，禁止由一人同时搬运炸药和雷管，电雷管严禁与带电物品起携带运送；爆炸物品禁止乱丢乱放和私藏；爆破作业应有专人指挥，确定的危险边界应有明显标志，警戒区四周必须派出警戒人员，警戒区内的人员、牲畜必须撤离、预告、起爆、解除警戒等信号应有明确的规定；爆破时，应点清爆破数与装炮数量是否相符，确认炮响完并过 5min 后方准爆破人员进入作业区；电力起爆时，在同一爆破网络上必须使用同厂同型号的电雷管；爆破网络主线应绝缘良好，并设中间开关，与其他电源线路应分开敷设；爆破网络的连接必须在全部炮孔装填完毕，无关人员全部撤至安全地点后再进行；在雷雨季节、潮湿场地等情况下，应采用非电起爆法；大型爆破必须按审批的爆破设计书，并征得当地县（市）以上公安部门同意后由专门成立的现场指挥机构组织人员实施；石方地段爆破后，确认已经解除警戒，作业面上的悬岩危石也经处理后，清理石方人员方准进入现场；爆破时应设警戒线，并安排足够的人员防止人、畜或车辆在警戒区内通行。

5. 沥青路面工程施工安全要点。如下：从事沥青作业人员均应进行体检，凡患有皮肤病结膜炎及对沥青过敏反应者，不宜从事沥青作业；沥青加热及混合料拌制，宜在人员较少场地空旷的地段进行；沥青作业人员皮肤外露部分应涂防护药膏；工作服及防护用品应集中存放，严禁穿戴回家和存入集体宿舍；施工现场应配有医务人员；沥青混合料摊铺作业时，摊铺机驾驶台及作业现场要视野开阔，清除一切障碍物，作业时无关人员不得在驾驶台上停留，驾驶员不得擅离岗位；运料车向摊铺机卸料时，应同步进行，动作协调，防止互相碰撞，驾驶摊铺机应平稳，弯道作业时，熨平装置的端头与路缘石的间距不得小于 10 cm，以免发生碰撞；换挡必须在摊铺机完全停止后进行，严禁强行挂挡和在坡道上换挡或空挡滑行；熨平板预热时，应控制热量，防止因局部过热而变形；在沥青摊铺作业中应设置施工标志用柴油清洗摊铺机时，不许接近明火；沥青混合料运输车辆状况应良好，使用前应对刹车、自卸系统进行检查，车斗密封，后挡板牢靠，不许站在运输车后用铣等工具往下捅沥青混合料；沥青拌和楼的各种机电设备，包括使用微电脑控制进料的控制室，在运转前均应由电工、机工、电脑操作人员进行仔细检查，确认各部位正常完好后才能合闸运转；拌和楼机组投入运转后，各岗位人员要随时监视各部位运转情况；料仓卸料时，严禁人员从斗下通过，沥青拌和楼的各部位需经常检查维修，并配备消防器材。

6. 水泥混凝土路面施工安全要点。如下：使用小型翻斗车或手推车装混凝土时，车辆之间应保持一定的安全距离；混凝土运输车运送时要遵守交通规则；当传动系统出现故障、液压油输出中断导致滚筒停转时，要利用紧急排出系统快速排出混凝土拌和料；自卸汽车运送混凝土时，不得超载和超速行驶，车停稳后方可顶升车厢卸料，车厢尚未放下时，操作人员不得上车去清除残料；人工摊铺作业在装卸钢模板时，必须逐片轻抬轻放，不得随意抛掷多人同时操作摊铺时，因工作面小，长把工具多，应互相关照注意安全；使用电动振捣器时，作业人员应佩戴防护用品，配电盘（箱）的接线宜用电缆线，绝缘良好；采用轨模摊铺机进行混凝土摊铺作业时，布料机和振平机之间应保持5~8m的安全距离，作业中要认真检查布料机传动钢丝的松紧是否适度，不得将刮板置于运行方向垂直的位置，也不得借助整机的惯性冲击料堆；摊铺中严禁驾驶人员擅离岗位，无关人员不得上下摊铺机，在弯道上作业时，要防止摊铺机脱轨；混凝土摊铺施工现场必须做好交通安全工作。

（三）公路工程水上作业安全技术点

1. 水上进行吊装，混凝土浇筑，振桩等各项作业时，必须严格按照施工工艺和程序，要有专人指挥。由于天气变化或其他原因造成停工停产时，应对有可能造成倾倒滑动移位的设施和构造物采取临时加固措施。

2. 水上作业施工前，应了解江河海域铺设的各种电缆光缆、管道的走向，按规定采取有效措施予以保护，防止电缆光缆及水下管道遭到损坏。

3. 项目要制定水上作业各分项工程安全实施方案和细则，对参加水上施工作业人员必须进行水上作业的安全知识教育和专项技术培训，并做好安全交底工作。

4. 水上施工必须在作业人员必经的栈桥浮箱、交通船水上工作平台临时码头上配备安全防护装置和救生设施。

5. 进行水上夜间施工时，要有充足的灯光照明，尽量避免单人操作，特别是电焊作业时，最少安排人相互监护。

6. 要与地方气象部门海事部门建立工作联系，及时了解和掌握施工水域的气候、涌潮、浪况、潮汐、台风等气象信息，正确指导安全施工。

7. 作业人员进入水上作业时，必须穿好救生衣，戴好安全帽，乘坐交通船上下班时，必须等船停稳后，方可从指定的通道上下船。严禁从船上往下跳跃，防止拥挤、推拉、碰撞、摔伤或滑落水中。

8.在浮箱上作业时，要注意来往船只航行时引起的涌浪造成浮箱颠簸，致作业人员摔伤或被移位物体碰撞、打击，造成伤害。

9.遇有六级以上大风、大浪等恶劣天气时，应停止水上作业。

（四）公路工程地下作业安全技术要点

1.隧道施工一般安全技术要点。如下：隧道施工应做好施工前期的准备工作，制订隧道施工安全技术方案，对危险源和重大危险源进行辨识和全过程的跟踪、监督检查；必须制订发生紧急情况时的应急救援预案，建立完整的应急救援小组，配备应急救援人员和必要的应急救援器材，并定期进行救援演练；必须实行隧道工程安全目标管理，项目经理为安全生产第一责任人，对隧道施工安全生产全面负责，建立相应的安全保证体系和管理网络，健全安全机构，责任到人；进入隧道施工现场的各类人员必须经过专门的安全知识教育，接受安全技术交底，在采用新工艺、新技术新材料、新设备时，应对相关人员进行安全技术培训；隧道施工各班组间，应建立完善的交接班制度。交班人应将本班组的施工情况、有关安全事宜和措施向接班负责人详细交代，并记录于交接班笔记本上，项目负责人和现场技术人员应认真检查交接班执行情况；隧道施工现场按规定配备必需的安全装置和设施。

所有进入隧道施工现场人员必须佩戴好安全防护用品，并接受现场管理人员的指挥；隧道施工现场应做详细的安置和部署、出渣、运输、材料堆放场地布置妥当，弃渣场地应设置在地质稳定，不堵塞河流，不污染环境，不毁坏农田的地段。对水电、路、通风等设施进行统一安排，并在正式掘进前完成；掘进前应先做好隧道洞口工程，做好洞口边坡、仰坡及天沟、边沟等排水设施，确保地表水不危及隧道施工安全；在软弱围岩地段施工时，应按照"短进尺、弱爆破、早喷锚、勤量测、紧封闭"的原则稳步前进，若遇不良地质情况，必须进行超前地质预报，提前采取预防措施；机械凿岩时，必须采用湿式凿岩机或带有捕尘器的干式凿岩机。作业人员站在渣堆上作业时，应注意渣堆的稳定，防止滑塌伤人；钻孔台车进洞时要有专人指挥，其行走速度不得超过 25m/min。并应认真检查道路状况和安全界限，台车在行走或暂停时，应将钻架和机具收拢到放置位置，就位后不得倾斜，并应制动车轮，放下支柱，防止移动。

2.隧道施工爆破作业安全技术要点。如下：洞内爆破必须统一指挥，并由经过专业培训且持有爆破操作合格证的专业人员进行作业。爆破作业和爆破器材管理人员必须穿防静电服装；洞内每天放炮次数应有明确规定，装药与放炮时间不得过久；爆破加工房应设在洞口 50m 以外的安全地点。严禁在加工房以外的地点改制和加工爆破器材；进行爆破时，所有人员应撤离现场；装药前应检查爆破工作面附近的支护是否牢固；炮眼内的泥浆、石粉应冲洗干净；刚打好的炮眼，不得立即装药，如果遇有照明不足，流沙、流泥未经妥善处理或可能有大量溶洞洒水时，严禁装药爆破；装炮时，应使用木质炮棍装药，严禁火种。

为防止点炮时发生照明中断，爆破工应随身携带手电筒，禁止用明火照明；点炮前，无关人员与机具均应撤至安全地点。爆破员实行"一爆三检"制度，放炮员最后离场，班组长清点人数发出警告 5s 后方可引爆；爆破后必须经过 15min 通风排烟后，检查人员方可进入工作面，检查有关"盲炮"及可疑现象；当发现有"盲炮"时，必须由原爆破人员按规定处理，确保安全；采用电雷管爆破时，应加强洞内电源的管理，防止漏电引爆。两工作面接近贯通时，两端应加强联系与统一指挥，岩石隧道两个工作面距离接近 15m（软岩为 20m），一端装药放炮时，另一端人员应撤离到安全地点；土质或岩石破碎隧道接近贯通时，应根据岩性适当加大预留贯通的安全距离届时只许一端掘进，另一端的人员和机具应撤离到安全地点，贯通后的导坑应设专人看管，严禁非施工人员通行；在任何情况下，炸药和雷管必须放置在带盖的容器内分别运送；人力运送爆破器材时应有专人护送，并直接送到工地，中途不得停留；严禁用翻斗车、自卸车、拖车、拖拉机、机动三轮车人力三轮车、自行车、摩托车和皮带运输机运送爆破器材；在上下班或人员集中的时间内，禁止运输爆破器材。

3. 隧道内运输的安全技术要点。如下：各类进洞车辆必须处于完好状态，安全防护装置齐全，制动有效，运输时严禁人料混装；进洞的各类机械与车辆，宜选用带净化装置的柴油机动力；燃烧汽油的车辆和机械不得进洞；所有运输车辆均不准超载、超宽、超高运输，装运大体积或超长料具时，应有专人指挥，并设置警示界限的红灯，物件应捆扎牢固；进出隧道人员应走人行道，不得与机械或车辆抢道，严禁扒车追车或强行搭车；人工装渣时，应将车辆停稳并制动；机械装渣时，隧道断面应能满足装载机械的安全运转，装渣机操作时，其回转范围内不得有人通过；卸渣时，应将车辆停稳并制动，严禁站在斗内扒渣；凡停放在接近车辆运行界限处的施工设备与机械应在其外缘设置低压红色闪光灯，组成显示界限，以防止车辆碰撞；运输线路应有专人维修养护，线路两侧的废渣和余料应随时清理；洞外卸渣场地应保持一段上坡段，并在堆渣边缘内 0.8m 处设置挡木，防止运输车滑翻。

4. 隧道施工支护的安全技术要点。如下：洞口地段和洞内水平坑道与辅助坑道（横洞、平行导坑等）的连接处，应加强支护或及早进行永久衬砌；洞口地段的支撑宜向洞外多架 5~8m 明箱，并在其顶部压土以稳定支撑，待洞口建筑全部完工后方可拆除；洞内支护，宜随挖随支护，支护至开挖面的距离：一般不得超过 4m；如遇石质碎破，风化严重和土质隧道时，应尽量缩小支护工作面，当短期停工时，应将支撑直抵工作面；钢支护安装时要严格按设计或者变更设计施工钢支护构件要绑扎牢固，以防整体构件或连接构件滑落伤人，损伤机械；喷锚支护时，危石应清除，脚手架应牢固可靠，喷射手应佩戴防护用品，机械各部位应完好正常；在处理管路堵塞时，喷头应有专人看护，防止消除堵塞后，喷头摆动伤人。注浆管喷嘴严禁对人放置；当发现量测数据有不正常变化或突变，洞内或地表位移大于允许位移值，洞内或地面出现裂缝以及喷层出现异常裂缝时，均应视为危险信号，人员必须立即撤离现场，经处理达到安全作业条件后方可继续施工。

5.隧道施工衬砌的安全技术要点。如下：根据隧道开挖的设计要求及时进行衬砌或压浆，特别是洞口的衬砌必须尽早施工，不良地质地段的洞口必须首先完成；衬砌使用的脚手架、工作平台、跳板、梯子等应安装牢固，不利用露头的钉子和突出的尖角，靠近通道的一侧应有足够的净空，以保证车辆行人的安全通过；脚手架及工作平台上脚手板应铺满，木板的端头必须搭于支点上，高于2m的工作平台四周应设置不低于1.2m的护栏，跳板应钉防滑条；脚手架及工作平台上，所站人数及堆放的建筑材料，不得超过其载重量；压浆机在使用前应进行检查并试运转，管路连接完好，压力要正常，操纵压浆喷嘴人员应佩戴护目镜及胶皮手套。喷浆嘴应支撑牢固，压浆时，掌握喷嘴的人员必须注意喷嘴，一旦脱落要设法躲避。拔取喷嘴必须在拆除压力后进行；检修和清洗压浆机时，应在停止运行，切断电源，关闭风门后进行；采用模板台车进行全断面衬砌时，台车距开挖面的距离不得小于260m，台车下的净空应能保证运输车车辆的顺利通行混凝土浇筑时，必须两侧对称进行，台车上不得堆放物料工具，工作台应满铺底板，并设安全防护栏杆，拆除混凝土输送软管时，必须停止混凝土泵的运转。

（五）公路工程电气作业安全技术点

1.公路工程施工现场临时用电的三项基本原则。必须采用TN-S接地、接零保护系统；必须采用三级配电系统；必须采用两级漏电保护和两道防线。

2.配电室的安全技术要点。如下：施工现场配电室位置应靠近电源，周边道路畅通，进、出线方便，周围环境灰尘少潮气少、震动小，无腐蚀介质，无易燃易爆物品；不要设在容易积水的场所或其正下方，并避开污染源的下风侧。尽量靠近负荷中心，以减少线路的长度和导线的截面积，提高配电质量，便于维护；配电室和控制室应能自然通风，并应采取措施防止雨雪和小动物出入；成列的配电屏（盘）和控制屏（台）两端应与重复接地线及保护零线作电气连接。

3.施工现场配电线路的安全技术要点。施工现场的配电线路包括室外线路和室内线路。室内线路通常有绝缘导线和电缆的明敷设和暗敷设，室外线路主要有绝缘导线架空敷设和绝缘电缆埋地敷设两种，也有电缆线架空明敷设的。

（1）室外线路的安全技术要点：室外架空线路必须采用绝缘铜线或绝缘铝线，铝线的截面积大于16mm²，铜线的截面积大于10mm²；架空线路严禁架设在树木、脚手架及其他非专用电杆上且严禁成束架设；架空线路的档距不得大于35m，线间距离不得小于0.3m，架空线的最大弧垂处与施工现场地面最小距离一般为4m，与机动车道一般为6m，与铁路轨道一般为7m；敷设电缆的方式和地点，应以方便、安全经济、可靠为依据：电缆直埋方式，施工简单投资省，散热好，应首先考虑；敷设地点应保证电缆不受机械损伤或其他热辐射，同时应尽量避开建筑物和交通设施；电缆直接埋地的深度不小于0.6m，并在电缆上下均匀铺设不小于50mm厚的细沙。再覆盖砖等硬质保护层，并插上标志牌；电缆穿过建筑物、构筑物时须设置套管；室外电缆线架空敷设时，应沿墙壁或电杆设置，严禁用金属裸线作绑线，电缆的最大弧垂距地面不小于 2.5m。

（2）室内线路的安全技术要点

1）室内线路必须采用绝缘导线，距地面高度不得小于 2.5m；接户线在档距内不得有接头，进线处离地高度不得小于 2.5m，过墙应穿管保护，并采取防雨措施，室外端应采用绝缘子固定；室内导线的线路应减少弯曲，采用磁夹固定导线时，导线间距应不小于 35mm，磁夹间距应不大于 800mm，采用瓷瓶固定导线时，导线间距应不小于 100mm，瓷瓶间距应不大于 1.5m；钢索配线的吊架间距不宜大于 12m，采用护套绝缘导线时，允许直接敷设于钢索上。

2）导线的额定电压应符合线路的工作电压；导线的截面积要满足供电容量要求和机械强度要求，但铝线截面应不小于 2.5mm²，铜线的截面应不小于 1.5mm²，导线应尽量减少分支，不受机械作用；室内线路布置尽可能避开热源，应便于线路检查。

4. 施工现场配电箱与开关箱设置的安全技术要点。如下：施工现场的配电系统实行分级配电，应设总配电箱（或配电室），总配电箱以下设置分配电箱，分配电箱以下设置开关箱，开关箱以下是用电设备；总配电箱应设在靠近电源的地区；分配电箱应装设在用电设备或负荷相对集中的地区；分配电箱与开关箱的距离不得超过 30m；开关箱应由末级分配电箱配电，开关箱与其控制的固定式用电设备的水平距离不宜超过 3m；配电箱与开关箱应装设在通风、干燥及常温场所。严禁装设在有严重损伤作用的瓦斯、烟气、蒸气、液体及其他有害介质中，不得装设在易受撞击、振动、液体侵溅以及热源烘烤的场所；配电箱与开关箱周围应有足够两人同时工作的空间和通道，不得堆放任何妨碍操作、维修的物品，不得有杂草、灌木等；动力配电箱与照明配电箱宜分别设置，如合置在同一配电箱内，动力和照明线应分路设置；配电箱、开关箱中的导线进线口和出线口应设在箱体的下底面，严禁设在箱体的上面、侧面、后面或箱门处；进线和出线应加护套分路成束并做防水弯；导线束不得与箱体进、出口直接接触；进入开关箱的电源线，严禁用插座连接；移动式配电箱、开关箱的进口线出口线必须采用橡皮绝缘电缆。

5. 配电箱，开关箱内的电器装置安全技术要点。如下：配电箱，开关箱内的电器装置必须可靠完好，严禁使用破损、不合格电器，各种开关电器的额定值应与其所控制的用电设备的额定值相适应；每台用电设备应有各自专用的开关箱，必须实行"一机一闸"制，严禁用同一个开关电器直接控制两台及两台以上的用电设备（含插座）；总配电箱、分配电箱应装设总隔离开关和分路隔离开关，总熔断器和分路熔断器（或总自动开关和分路自动开关）。总开关电器的额定值，动作整定值应与分路开关电器的额定值、动作整定值相适应；总配电箱还必须安装漏电保护器、电压表、总电流表、总电度表和其他仪器。开关箱内的开关电器必须在任何情况下都可以使用电设备实行电源分离；开关箱内也必须安装漏电保护器，用于潮湿和有腐蚀介质场所的漏电保护器应采用防溅型产品，总配电箱和开关箱中的漏电保护器应合理选用使之具有分级分段保护的功能，漏电保护器至少每月检查一次确保完好有效。

6. 配电箱开关箱使用与维护的安全技术要点。如下：施工现场所有配电箱开关箱都要有专人负责（专业电工），所有配电箱、开关箱应配锁，并标明其名称用途做出分路标记；所有配电箱开关箱在使用过程中必须按照由总配电箱—分配电箱—开关箱的顺序送电和由开关箱—分配电箱—总配电箱的顺序停电（出现电气故障时的紧急情况除外）；开关箱操作人员应熟悉开关电器的正确操作方法；施工现场停业作业 1h 以上时，应将动力开关箱断电上锁；配电箱开关箱内不得放置任何杂物，不得挂接其他临时用电设备；使用和更换熔断器时，要符合规范要求，严禁用铜丝等代替保险丝；所有配电箱和开关箱每月必须由专业电工检查维修一次，电工必须穿戴绝缘防护用品使用电工绝缘工具；非电工人员不许私自乱拉、乱接电器和动用施工现场的用电设备；配电箱的进线和出线不得受外力，严禁与金属尖锐断口和强腐蚀介质接触。

7. 自备发电机组的安全技术要点。如下：大型桥梁施工现场、隧道和预制场地，应有自备电源，以免因电网停电造成工程损失和出现事故；施工现场临时用自备发电机组的供配电系统应采用三相四线制中性点直接接地系统，并须独立设置，与外电线路隔离，不得有电气连接；自备发电机组电源应与外电线路电源联锁，严禁并列运行；发电机组应设置短路保护和过负荷保护；发电机控制屏宜装设交流电压表，交流电流表，有功率表电度表功率因素表、频率表和直流电流表；发电机组的排烟管道必须伸出室外，发电机组及其控制配电室内严禁存放储油桶；在非三相四线制供电系统中，电气设备的金属外壳应做接地保护，其接地电阻不大于 4Ω，并不得在同一供电系统上有的接地，有的接零。

8. 电动机械设备的安全技术要点。如下：塔式起重机拌和设备、室外电梯滑升模板、物料提升机以及需要设置避雷装置的井字架等，除应做好保护接零外，还必须按照规范规定做重复接地，设备的金属结构之间保证电气连接；电动施工机械的电源线，必须按其容量选用无接头的多股铜芯橡皮护套软电缆，其中绿/黄色线在任何情况下只能用作保护零线或重复接地；每一台电动机械的开关箱内，除应装设过负荷短路、漏电保护装置外，还必须装设隔离开关；大型桥梁外用电梯，属于载人、载物的客货两用电梯，要设置单独的开关箱，特别要有可靠的限位控制及通信联络；塔式起重机运行时要注意与外电架空线路或其他防护设施保持安全距离。

9. 电动工具使用的安全技术要点。如下：施工现场使用的电动工具一般都是手持式的如电钻冲击钻电锤射钉枪、电刨、切割机、砂轮、手持式电锯等，按其绝缘和防触电性能由弱到强可分为三类，即 I 类工具、II 类工具、III 类工具；一般场所（空气湿度小于75%）可选用 I 类或 II 类手持式电动工具。其金属外壳与PE线的连接点不应少于两处；在潮湿场所或金属构架上操作时，必须选用 II 类或由安全隔离变压器供电的 III 类手持式电动工具，严禁使用 I 类手持式电动工具。使用金属外光 II 类手持式电动工具时，其金属外壳可与PE线相连接，并设漏电保护；狭窄场所（锅炉内、金属容器、地沟、管道内等）作业时必须选用由安全隔离变压器供电的 III 类手持式电动工具；手持式电动工具的电源线应采用耐气候型橡皮护套铜芯软电缆，并且不得有接头，手持式电动工具的外壳、手柄、插头、电源线开关等必须完好无损，在使用前必须做空载检查，运转正常后方可使用。

10.施工现场照明电器的安全技术要点。如下：一般场所选用额定电压为 220V 的照明器，特殊场所必须使用安全电压照明器，如隧道工程、有高温、导电灰尘或灯具距地高度低于 2.4m 等场所，电源电压应不大于 36V；在潮湿和易触及带电体场所的照明电源电压不得大于 24V；特别潮湿场所，导电良好地面、锅炉或金属容器、管道内工作的照明电源电压不得大于 12V；在坑洞内作业，夜间施工或作业工棚、料具堆放场仓库办公室、食堂、宿舍及自然采光差的场所，应设一般照明局部照明或混合照明。

在一个工作场所内，不得只设局部照明；停电后作业人员需及时撤离现场的特殊工程，如夜间高处作业工程、隧道工程等，还必须装设由独立自备电源供电的应急照明；对于夜间可能影响飞机及其他飞行器安全通行的主塔及高大机械设备或设施，如塔式起重机、外用电梯等，应在其顶端设置醒目的红色警戒照明；正常湿度（≤75%）的一般场所，可选用普通开启式照明器；潮湿或特别潮湿（相对湿度 >75%）的场所，属于触电危险场所必须选用密闭性防水照明器或配有防水灯头的开启式照明器；含有大量尘埃但无爆炸和火灾危险的场所，属于触电一般场所，必须选用防尘型照明器，以防灰尘影响照明器安全发光；有爆炸和火灾危险的场所，亦属触电危险场所，应按危险场所等级选用防爆型照明器；存在较强振动的场所，必须选用防振型照明器。有酸碱等强腐蚀介质的场所，必须选用耐酸碱型照明器；一般 220V 灯具室外高度不低于 3m，室内不低于 2.4m；碘钨灯及其他金属卤化物灯安装高度宜在 3m 以上；任何灯具必须经照明开关箱配电与控制应配置完整的电源隔离过载与短路保护及漏电保护电器；路灯还应逐灯另设熔断器保护；灯具的相线开关必须经开关控制，不得直接引入灯具；暂设工程的照明灯具宜用拉线开关控制，其安装高度为距地面 2~3m，职工宿舍区禁止设置床头开关。

11.施工现场安全用电技术档案八个要点。如下：施工现场用电组织设计的全部资料；修改施工现场用电组织设计资料；用电技术交底资料；施工现场用电工程检查验收表；电气设备试、检验凭单和调试记录；接地电阻，绝缘电阻，漏电保护器漏电动作参数测定记录表；定期检（复）查表；电工安装巡检维修拆除工作记录。

第四节　公路工程项目施工成本管理及合同管理

一、公路工程项目施工成本管理原则与方法

（一）公路工程项目施工成本管理的原则

1.成本最低化原则。施工项目成本管理的根本目的，在于通过成本管理的各种手段

促进不断降低施工项目成本，以达到可能实现最低的目标成本的要求。但是，在实行成本最低化原则时，应注意研究降低成本的可能性和合理的成本最低化。一方面要挖掘各种降低成本的潜力，使可能性变成现实；另一方面要从实际出发，制定通过主观努力可能达到合理的最低成本水平，并据此进行分析考核评比。

2. 全面成本管理原则。全面成本管理是全企业全员和全过程的管理，亦称"三全"管理。长期以来，在施工项目成本管理中，存在"三重三轻"问题，即重实际成本的计算和分析，轻全过程的成本管理和对其影响因素的控制；重施工成本的计算分析，轻采购成本工艺成本和质量成本；重财会人员的管理，轻群众性的日常管理。因此，为了确保不断降低施工项目成本，达到成本最低化的目的，必须实行全面成本管理。

3. 成本责任制原则。为了实行全面成本管理，必须对施工项目成本进行层层分解，以分级分工、分人的成本责任制作保证。施工项目经理部应对企业下达的成本指标负责，班组和个人对项目经理部的成本目标负责，以做到层层保证，定期考核评定。成本责任制的关键是划清责任，并要与奖惩制度挂钩，使各部门、各班组和个人都来关心施工项目成本。

4. 成本管理有效化原则。所谓成本管理有效化，主要有两层意思：一是促使施工项目经理部以最少的投入，获得最大的产出；二是以最少的人力和财力，完成较多的管理工作，提高工作效率。提高成本管理的有效性：一是可以采取行政方法，通过行政隶属关系，下达指标，制定实施措施，定期检查监督；二是采用经济方法，利用经济杠杆经济手段实行管理；三是用法制手段，根据国家的政策方针和规定，制定具体的规章制度，使人人照章办事，用法律手段进行成本管理。

5. 成本管理科学化原则。成本管理是企业管理学中一个重要内容，企业管理要实行科学化，必须把有关自然科学和社会科学中的理论、技术和方法运用于成本管理。在施工项目成本管理中，可以运用预测与决策方法、目标管理方法、量本利分析方法和价值工程方法等。

6. 工期、质量与成本均衡原则。在整个工程施工过程中，成本、质量、工期三者的关系是辩证统一的。适当加快施工进度，可以减少间接费的支出，对降低成本起到了一定的作用，但是，如果盲目追求高速度，必然会增加直接费用，而且会损害工程质量，质量成本也会增加，从而使总成本开支加大。同理如果不考虑工程建设项目的合理寿命，过分片面追求高质量，同样也会导致成本的增加。因此，加强公路施工项目成本管理必须遵循工期、质量、成本均衡的原则，正确处理三者的关系，寻找最佳质量成本与最佳工期成本，在合理的工期内，达到质量高的要求，并努力提高资源的利用率，始终把总成本目标控制在最低点。

（二）公路工程项目施工成本控制方法

公路施工项目成本控制的方法很多，一般在工程实践中只要在满足质量、工期、安全的前提下，能够实现成本控制目的的方法都认为是可行的。下面重点介绍四种成本控制方法。

1. 以目标成本控制成本支出。在公路工程施工项目的成本控制中，可根据项目经理部制定的目标成本控制成本支出，这是最有效的方法之一。该方法主要从以下几方面加以控制：人工费的控制、材料费的控制、周转工具使用费的控制、施工机械使用费的控制、现场管理费的控制。

2. 以施工方案控制资源消耗。施工项目中资源消耗是成本费用的重要组成因素。因此，减少资源消耗就等于减少成本费用；控制了资源消耗，也等于控制了资源费用。

3. 用净值法进行工期成本的同步控制。成本控制与施工计划管理成本与进度之间必然存在着同步关系。因为成本是伴随着施工的进行而发生的，施工到什么阶段应该有什么样的费用，应用成本与进度同步跟踪的方法控制部分项目工程成本。如果成本与进度不对应，则必然会出现虚盈或虚亏的不正常现象，那么就要对此进行分析，找出原因，并加以纠正。

4. 运用目标管理控制工程成本。运用目标管理控制工程成本，应从组织经济、合同等多方面采取措施。要有明确的组织机构，有专人负责和明确管理职能分工；技术上要对多种施工方案进行选择；经济上要对成本进行动态管理，严格审核各项费用支出，采取对节约成本的奖励措施等；合同措施主要是收集、整理设计变更、工程签证、费用索赔决算书发文等。总之，综合各种有效的成本控制方法是实现施工项目成本控制的要求，是降低额外消耗、实现目标成本，实现项目盈利的关键。

二、公路工程项目施工成本目标考核

（一）公路工程项目施工成本构成

1. 概述。公路工程建筑安装费由直接费间接费、利润和税金四部分组成，项目施工成本仅包括直接费和间接费两部分。直接费中其他工程费和间接费需依据不同的工程类别分别确定计算费率进行计算。公路工程项目工程类别划分如下：人工土方、机械土方、汽车运输、人工石方、机械石方、高级路面、其他路面、构造物Ⅰ、构造物Ⅱ、构造物Ⅲ、技术复杂大桥、隧道、钢材及钢结构。购买路基填料的费用不作为其他工程费和间接费的计算基数。

2. 直接费。直接费由直接工程费和其他工程费组成。

3. 间接费。间接费由规费和企业管理费组成。

（二）公路工程项目施工成本目标考核内容

施工项目成本考核，就是在施工过程中和施工项目竣工时通过定期对成本指标和成本效益指标的对比分析，对目标成本和成本计划以及成本效益指标的完成结果进行全面审核、评价和奖罚。考核经济责任是手段，实现成本控制是目的，而实现奖惩又是考核经济责任的有效措施，因此施工项目考核的过程也是成本控制的过程。

1.施工项目成本考核的依据。如下：以国家的方针政策、法规和成本管理制度为考核前提；以施工项目成本计划为考核依据；以真实可靠的施工项目成本核算资料为考核的基础；以项目成本岗位责任为评价标准。

2.施工项目成本考核的内容。包括：施工项目成本考核，一般可以分为两个层次，一是企业对项目经理部完成各项经济指标情况的考核；二是项目经理对所属各职能部门、作业队和班组的考核。通过以上考核，可以督促项目经理、责任部门和责任者更好地完成责任成本，从而形成实现项目成本目标的保证体系。

三、公路工程合同管理

（一）公路工程施工有关合同

1.承包商的主要合同关系。承包商是工程施工的具体实施者，是工程承包合同的履行者。承包商通过投标接受业主的委托，签订工程承包合同。工程承包合同和承包商是任何建筑工程中都不可缺少的。承包商要完成承包合同中约定的责任，包括由工程量清单中所确定的工程范围的施工竣工和缺陷责任及保修，并为完成这些工程提供劳动力、施工设备、材料，有时也包括技术设计。任何承包商都不可能也不必具备所有的专业工程的施工能力、材料和设备的生产和供应能力，因此，其必须将一些专业施工或工作委托出去。这样，除了与业主签订的承包合同之外，还形成了承包商复杂的合同关系。

2.工程分包合同及合同管理

（1）分包合同的分类和概念

1）一般分包合同是指在执行工程承包合同过程中，承包商由于某些原因，将自己承担的一部分工程，在经业主或监理工程师批准后，交给另外的承包商施工，承包商和分包商双方签订工程分包合同。一般分包合同的特点：分包合同由承包商制定，即由承包人挑选分包人；分包合同必须事先征得业主的同意和监理工程师的书面批准；对合同总的执行没有影响。强调承包商不能将全部工程分包出去，自己一定要执行主体工程合同；承包商并不因搞了部分工程分包，从而减少其对分包工程在承包合同中应承担的责任和义务。

2)指定分包合同是业主或监理工程师指定或选择的分包工程施工、供货或劳务人员，在承包商同意后，与承包商签订的分包合同。指定分包合同的特点：指定的分包合同直接涉及业主和监理工程师；在标书中，应明确写出指定分包的项目或指定分包商的名单；指定分包合同所用的暂定金额应包括在合同的工程量清单之内；指定分包商应当向承包商承担如同承包商向业主所承担的同样的义务和责任，以保证承包商对指定分包商满意并合作共事。

（2）分包合同的主要内容

1）工程范围和内容。分包合同应十分明确地划分工程范围，工作内容要详细说明，另外应附工程量清单。

2）工程变更。合同中应注明工程变更的确认程序和变更价款的分配办法。

3）支付条件。包括预付款的支付比例和扣还的方式、进度款的支付方法和时间、支付货币的种类和汇率等。

4）保留金和缺陷责任期。包括保留金的扣除比例和返还时间、缺陷责任期的时间等。

5）拖延工期违约损失赔偿金。

6）双方的责任、权利和义务。总承包商在分包合同中可以转移责任义务和风险给分包商，但应注意业主和监理并不因此而解除承包商的任何责任和义务。

7）其他方面。诸如合同的变更、中止、解除、纠纷解决等条款，可以参照总承包合同订立。

3. 材料采购合同及合同管理。建筑材料是公路工程施工必不可少的物质资源，涉及面广，品种多，数量大。材料费用在工程总投资中占有很大比例，一般都在40%以上。

建筑材料按时、按质、按量供应是工程施工按计划进行的前提。材料的供应必须经过订货、生产（加工）、运输、存储使用（安装）等各个环节经历一个非常复杂的过程。建筑材料采购合同是连接建筑生产、流通和使用的纽带是公路工程建设一系列合同中的重要组成部分之一。

（1）建筑材料的采购方式：建筑材料按批量、货源的不同，应采用不同的采购方式和供应方式。具体：公开招标、"询价—报价"方式、直接采购方式。

（2）建筑材料采购合同的主要内容：标的、数量、包装、材料的交付方式、价格、结算、违约责任、特殊条款。

（3）建筑材料采购合同的管理：材料采购合同签订以后，供需双方应严格按照合同约定全面履行各自的义务。材料采购合同管理主要应包括以下内容：按约定的标的履行、加强对材料的验收、按时支付材料款。

（二）公路工程变更、索赔及价格调整

1. 公路工程变更。合同变更是指合同成立以后和履行完毕以前，合同当事人依法对合同的内容所进行的修改，包括合同价款、工程内容工程的数量、质量要求和标准、实施程序等的一切改变都属于合同变更。

公路工程变更一般是指在公路工程施工过程中，根据合同约定对施工的程序、工程的内容数量、质量要求及标准等做出的变更。工程变更属于合同变更。

（1）公路工程变更的范围和内容：取消合同中任何一项工作，但被取消的工作不能转由发包人或其他人实施；改变合同中任何一项工作的质量或其他特性；改变合同工程的基线、标高、位置或尺寸；改变合同中任何一项工作的施工时间或改变已批准的施工工艺或顺序；为完成工程需要追加的额外工作。

（2）公路工程变更的程序：工程变更的程序包括意向通知、资料搜集、费用评估、协商价格、签发变更令等。

2.公路工程施工索赔。施工合同索赔是指在施工合同履行过程中，合同一方因对方不履行或不适当履行合同义务而遭受损失时向对方提出的价款与工期补偿的要求。其既包括承包商向业主提出的索赔也包括业主向承包商提出的反索赔。承包商的索赔一般是关于工期、质量和价款的争议，业主向承包商的索赔般是因承包商承建项目未达到规定质量标准、工程拖期等原因引起。

由于公路工程施工现场条件、社会和自然环境、地质水文等的变化，招标文件和合同条款难免出现与实际不符的错误等因素，因此，索赔在工程施工中是难免的，引起索赔的原因也是多方面的。在分析引起索赔的众多因素中，比较普遍的因素是开工受阻、赶工、气候影响、工程量的增减、合同条款中与索赔密切相关的工程变更、增加工程及工程进度变化引起的工期与费用的索赔。

3.公路工程中价格调整。公路施工过程中，由于市场物价的变化具有很强的不确定性和不可预见性，造成施工成本因物价的变化上涨或降低。价格调整在国际竞争性招标项目中是一种惯例，其使招、投标工作处于公平竞争的水平上，即使业主承受合理的价格风险；同时减少承包人在施工期间因价格波动带来的风险。在比较稳定的经济环境下，合同价格容易控制。但是，当出现急剧的通货膨胀，人工、材料、设备使用大幅上涨的情况下，合同价格调整尤有必要。一些发展中国家尚无条件提供物价指数。难以用公式法进行调价；采用文件证据法调价时弊端又较多。因此，一些国家的业主愿意采取固定总价合同的发包形式，而不进行价格调整。这对规模小、工期短的工程项目是可行的，但对工期长的大型项目，不做价格调整，往往是行不通的；或者承包人普遍提高投标报价，将不合理的价格风险转嫁给业主。

（三）公路工程施工投标文件的编制

1.投标文件的内容。包括：投标函及投标函附录；法定代表人身份证明或附有法定代表人身份证明的授权委托书；联合体协议书；投标保证金；已标价工程量清单；施工组织设计；项目管理机构；拟分包项目情况表；资格审查资料。

投标人须知前附表规定的其他材料。投标人须知的附表规定不接受联合体投标的或投标人没有组成联合体的，投标文件不包括上述第三条所指的联合体协议书。

2.投标文件的编制要求。如下：投标函附录在满足招标文件实质性要求的基础上，可以提出比招标文件要求更有利于招标人的承诺；投标文件应当对招标文件有关工期、投标有效期、质量要求技术标准和要求招标范围等实质性内容做出响应；投标文件应用不褪色的材料书写或打印，并由投标人的法定代表人或其委托代理人签字或盖单位章。委托代理人签字的，投标文件应附法定代表人签署的授权委托书。投标文件应尽量避免涂改、行间插字或删除。如果出现上述情况，改动之处应加盖单位章或由投标人的法定代表人或其授权的代理人签字确认。签字或盖章的具体要求见投标人须知前附表；投标文件正本一份,副本份数见投标人须知前附表。正本和副本的封面上应清楚地标记"正本"或"副本"的字样。当副本和正本不一致时,以正本为准;投标文件的正本与副本应分别装订成册,并编制目录,具体装订要求见投标人须知前附表规定。

四、公路工程施工信息管理

（一）概述

1. 信息及信息管理

信息是指用口头、书面或电子的方式传输（传达、传递）的知识、新闻以及可靠的或不可靠的情报。在管理学领域,信息通常被认为是一种已被加工或处理成特定形式的对组织的管理决策和管理目标有参考价值的数据。

（1）表现形式

信息的表现形式多种多样,主要可归纳为四种:一是书面材料,包括信件及其复印件、谈话记录、工作条例、进展情况报告等;二是个别谈话,包括给工作人员分析任务、检验工作、向个人提出的建议和帮助等:三是集体口头形式,包括会议、工作人员集体讨论、培训班等:四是技术形式,包括录音、电话、广播等。

（2）信息种类的特性

1）真实性和准确性。信息是对事物或现象的本质及其内在联系的客观反映,真实性和准确性是信息的价值所在,只有真实准确的信息才能为项目决策服务。

2）时效性和系统性。信息随着时间的流逝与系统的改变而不断变化,项目管理实践中不能片面地处理和使用信息;而反映管理对象当前状态的信息如果不能及时传递到相关控制部门,造成目标控制失灵,信息就失去了其在管理上的价值。

3）可共享性。信息可以被不同的使用者加以利用,而信息本身并没有损耗。项目利益相关方或项目组内成员可以共同使用某些信息以实现其管理职能,同时项目信息共享也促进了各方的协作。

4）可替代性。信息包括技术情报、专利、非专利技术、新工艺、新材料、新设备等,获取和使用后可以节约或代替一些物质资源。

5）可存储性和可传递性。信息可以通过大脑、文字、音像、数字文档等载体进行存储;通过广播、网络、电视、电报、传真、电话、短信等媒介进行传递和传播。

6）可加工性。信息可以进行形式上的转换,可以由文字信息转换成语言信息,由一类语言信息转换成另一类语言信息,由一种信息载体转换成另一种信息载体,也可以用数学统计的方法加工处理得出新的有用信息。

信息管理是指对人类社会信息活动的各种相关因素（主要是人、信息、技术和机构）进行科学地计划、组织、控制和协调,以实现信息资源的合理开发与有效利用的过程。它既包括微观上对信息内容的管理—信息的组织、检索、加工、服务等,又包括宏观上对信息机构和信息系统的管理。

2. 项目信息及其分类

项目信息是指计划、报告、数据、安排、技术文件、会议等与项目决策、实施和运行有关联的各类信息，这些信息是否准确，能否及时传递给项目利害关系者，决定着项目的成败。信息分类见表8-1。

表8-1　项目信息分类表

依据	信息分类	主要内容
管理目标	质量控制信息	与质量控制直接相关的信息：国家、地方政府或行业部门等颁布的有关质量政策、法令法规和标准等，质量目标的分解图表、质量控制的工作流程和工作制度、质量管理体系构成、质量抽样检查数据、各种材料和设备的合格证、质量证书、检测报告等
	进度控制信息	与进度控制直接相关的信息：项目进度计划、施工定额、进度目标分解图表、进度控制工作流程和工作制度、材料和设备到货计划、各分部分项工程进度计划、进度记录等
	成本控制信息	与成本控制直接相关的信息：项目成本计划、施工任务单、限额领料单、施工定额、成本统计报表、对外分包经济合同、原材料价格、机械设备台班费、人工费、运杂费等
	安全控制信息	与安全控制直接相关的信息：项目安全目标、安全控制体系、安全控制组织和技术措施、安全教育制度、安全检查制度、伤亡事故统计、伤亡事故调查与分析处理等
生产要素	劳动力管理信息	劳动力需用量计划、劳动力流动、劳动力调配等
	材料管理信息	材料供应计划、材料库存、存储与消耗、材料定额、材料领发及回收台账等
	技术管理信息	各项技术管理组织体系、制度和技术交底、技术复核、已完工程的检查验收记录等
	资金管理信息	资金收入与支出金额及其对比分析、资金来源渠道和筹措方式等
管理工作流程	计划信息	各项计划指标、工程实施预测指标等
	执行信息	项目实施过程中下达的各项计划、指示、命令等
	检查信息	工程的实际进度、成本、质量的实施状况等
	反馈信息	各项调整措施、意见、改进的办法和方案等
信息来源	内部信息	来自项目的信息：如工程概况、项目的成本目标、质量目标、进度目标、施工方案、施工进度、完成的各项技术经济指标、项目经理部组织、管理制度等
	外部信息	来自外部环境的信息：如监理通知、设计变更、国家有关的政策及法规、国内外市场的有关价格信息、竞争对手信息等
信息稳定程度	固定信息	在较长时期内，相对稳定，变化不大，可以查询得到的信息，包括各种定额、规范、标准、条例、制度等，如施工定额、材料消耗定额、工程质量验收统一标准、工程质量验收规范、生产作业计划标准、施工现场管理制度、政府部门颁布的技术标准、不变价格等
	流动信息	是指随生产和管理活动不断变化的信息，如工程项目的质量、成本、进度的统计信息、计划完成情况、原材料消耗量、库存量、人工工日数、机械台班数等
信息性质	生产信息	有关生产的信息，如工程进度计划、材料消耗等
	技术信息	技术部门提供的信息，如技术规范、施工方案、技术交底等
	经济信息	如施工项目成本计划、成本统计报表、资金耗用等
	资源信息	如资金来源、劳动力供应、材料供应等
信息层次	战略信息	提供给上级领导的重大决策信息
	策略信息	提供给中层领导部门的管理信息
	业务信息	基层部门例行性工作产生或需用的日常信息

3. 项目信息表现形式与流动形式

（1）项目信息表现形式

项目信息的主要表现形式见表 8-2。

8-2　项目信息的主要表现形式

表现形式	示例
书目材料	设计图纸、说明书、任务书、施工组织设计、合同文件、概预算书、会计、统计等各类报表、工作条例、规章、制度等
个别谈话	个别谈话记录：如监理工程师口头提出、电话提出的工程变更要求，在事后应及时追补的工程变更文件记录、电话记录等
集体口头形式	会议纪要、谈判记录、技术交底记录、工作研讨记录等
技术形式	由电报、录像、录音、磁盘、光盘、图片、照片、e-mail、网络等记载存储的信息

（2）项目信息流动

信息的传播与流动称为信息流，明确的信息流路线可以确定信息的传递关系，保证信息沟通渠道的正确、通畅，避免信息漏传或误传。

项目信息流动形式按照信息不同流向可分为以下几种。

1）自上而下流动。信息源在上，信息接收者为其下属，信息流逐级向下，决策层—管理层—作业层。

即项目信息由项目经理部流向项目各管理部门最终流向施工队及班组工人。信息内容包括项目的控制目标、指令、工作条例、办法、规章制度、业务指导意见、通知、奖励和处罚等。

2）自下而上流动。信息源在下，信息接收者为其上级，信息流逐级向上，作业层—管理层—决策层。即项目信息由施工队班组流向项目各管理部门最终流向项目经理部。信息内容包括项目实施过程中完成的工程量、进度、成本、质量、安全、消耗、效率等原始数据或报表，工作人员的工作情况以及为上级管理与决策需要提供的资料、情报及合理化建议等。

3）横向流动。信息源与信息接收者为同一级。项目实施过程中，各管理部门因分工不同形成了各专业信息源，为了共同的目标，各部门之间应根据彼此需要相互沟通、提供、接收并补充信息。例如，项目财务部门进行成本核算时需要其他部门提供工程进度、人工工时、材料与能源消耗、设备租赁及使用等信息。

4）内外交流。项目经理部与外部环境单位互为信息源和信息接收者进行内外信息交流。主要的外部环境单位包括公司领导及相关职能部门、建设单位（业主）、设计单位、监理单位、物资供应单位、银行、保险公司、质量监督部门、相关政府管理部门、工程所在街道居委会、新闻机构以及城市交通、消防、环保、供水、供电、通信、公安等部门。信息内容主要包括：满足项目自身管理需要的信息；满足与外部环境单位协作要求的信息；按国家有关规定相互提供的信息；项目经理部为自我宣传，提高信誉、竞争力，向外界发布的信息。

5）信息中心辐射流动。鉴于项目专业信息多，信息流动路线交错复杂、环节多，项目经理部应设立项目信息管理中心，以辐射状流动路线集散信息。信息中心的作用：行使收集、汇总信息，分析、加工信息，提供、分发信息的集散中心职能及管理信息职能；既是项目内、外部所有信息的接收者，又是负责向需求者提供信息的信息源；可将一种信息提供给多位需求者，起不同作用，又可为一项决策提供多种渠道来源信息，减少信息传递障碍，提高信息流速，实现信息共享与综合利用。

4. 项目信息管理

（1）概念

项目信息管理是指项目经理部以项目管理为目标，以项目信息为管理对象，通过对各个系统、各项工作和各种数据的管理，实现各类各专业信息的收集、处理、储存、传递和应用。

上述"各个系统"可视为与项目决策、实施和运行有关的各个系统，例如，项目决策阶段管理子系统、实施阶段管理子系统和运行阶段管理子系统，其中实施阶段管理子系统又可分为业主方管理子系统、设计方管理子系统、施工方管理子系统和供货方管理子系统等。"各项工作"可视为与项目决策、实施和运行有关的各项工作，例如，施工方管理子系统中的各项工作包括成本管理、进度管理、质量管理、合同管理、安全管理、信息管理、施工现场管理等。而"数据"不仅指数字，还包括文字、图像和声音等，例如在施工方信息管理中，设计图纸、各种报表、来往的文件与信函、指令，成本分析、进度分析、质量分析的有关数字，施工摄影、摄像和录音资料等都属于信息管理"数据"的范畴。项目信息管理的根本作用在于为项目各级管理人员及决策者提供所需的各类信息。为了充分利用和发挥信息资源的价值，提高信息管理的效率，全面提高项目管理水平，项目经理部应建立项目管理信息系统，优化信息结构，实现高质量，动态、高效的信息处理和信息流通，实现项目管理信息化。而以计算机为基础的现代信息处理技术在项目管理中的应用，为大型项目管理信息系统的规划、设计和实施提供了全新的信息管理理念、技术支撑平台和全面解决方案。

（2）项目管理信息系统

项目管理信息系统（Projectmanagement information system，PMIS）是基于计算机辅助项目管理的信息系统，包括信息、信息流动和信息处理等各方面。

项目管理信息系统是由人、计算机等组成的能进行项目信息的收集、加工、整理、存储、检索、传递、维护和使用的计算机辅助管理系统，为项目管理人员进行工程项目管理和目标控制提供了可靠的信息支持，以实现项目信息的全面管理、系统管理、规范管理和科学管理。

项目管理信息系统一般由进度管理、质量管理、投资与成本管理及合同管理等若干个子系统构成，各子系统涉及的各类数据按一定的方式组织并存储为公用数据库（项目信息门户——Project information portal，PIP），支持各子系统之间的数据共享并实现信息系统的各项功能。此外，项目管理信息系统不是一个孤立的系统，必须建立与外界的通信联系，例如，与"中国经济信息网"联网收集国内各个部门、各个地区的工程信息、国际工程招标信息、物资信息等，从而为项目管理人员进行管理决策提供必需的外部环境信息。

1）功能及作用

项目管理信息系统是把输入系统的各种形式的原始数据进行分类、整理和存储，以供查询和检索之用并能提供各种统一格式的信息，简化各种统计和综合工作，以提高工作效率和工作质量。主要功能包括数据处理功能、计划功能、预测功能、控制功能、辅助决策功能等。

项目管理信息系统的主要作用包括：有利于项目管理数据的集中存储、检索和查询，提高数据处理的效率与准确性；为项目各层次、各岗位的管理人员收集、处理、传递、存储和分发各类数据与信息；为项目高层管理人员提供预测、决策所需要的数据、数学分析模型和必要的手段，为科学决策提供可靠支持；提供人、财、设备等生产要素综合性数据及必要的调控手段，便于项目管理人员对工程的动态控制；提供各种项目管理报表，实现办公自动化。

此外，项目管理信息系统在项目管理中的具体作用还表现为：加快资金周转，提高资金使用效率；加强工程监控，实时调整计划，降低生产成本；库存信息实时查询，减少积压，合理调整库存；通过实际与计划比较，合理调整工期；方便各类人员不同的查询要求，同时保证数据准确性，提高工作效率和管理水平；扩展外部环境信息渠道，加快市场反应。

2）项目管理信息系统的构成

项目管理信息系统由硬件、软件、数据库、操作规程和操作人员等构成。

①硬件：指计算机及其有关的各种设备，具备输入、输出、通信、存储数据和程序、进行数据处理等功能。

②软件：分为系统软件与应用软件，系统软件用于计算机管理、维护、控制及程序安装和翻译工作，应用软件是指挥计算机进行数据处理的程序。

③数据库：是系统中数据文件的逻辑组合，它包含了所有应用软件使用的数据。

④操作规程：向用户详细介绍系统的功能和使用方法。

另外，项目管理信息系统一般还包括：组织件，即明确的项目信息管理部门、信息管理工作流程及信息管理制度；教育件，对企业领导、项目管理人员、计算机操作人员的培训等。

（二）公路工程施工信息管理软件

1.项目管理信息系统的信息流通模式

（1）项目参与者之间的信息流通

信息系统中，每个参与者作为系统网络中的一个节点，负责具体信息的收集（输入）、处理和传递（输出）等工作。项目管理者要具体设计这些信息的内容、结构、传递时间、精确程度和其他要求。

　　例如，在公路工程项目实施过程中，业主需要的信息包括：项目实施情况报告，包括工程质量、成本、进度等方面；项目成本和支出报表；供审批用的各种设计方案、计划、施工方案、施工图纸、建筑模型等；决策所需的信息和建议等；各种法律、法规、规范以及其他与项目实施有关的资料等。业主输出的信息包括：各种指令，如变更工程、修改设计、变更施工顺序、选择分包商等；审批各种计划、设计方案、施工方案等；向上级主管提交工程建设项目实施情况报告。

　　项目经理需要的信息包括：各项目管理职能人员的工作情况报表、汇报、报告、工程问题请示；业主的各种书面和口头指令，各种批准文件；项目环境的各种信息；工程各承包商、监理人员的各种工程情况报告、汇报、工程问题的请示。项目经理输出的信息包括：向业主提交各种工程报表、报告；向业主提出决策用的信息和建议；向政府其他部门提交工程文件，通常是按法律要求必须提供的，或是审批用的；向项目管理职能人员和专业承包商下达各种指令，答复各种请示，落实项目计划，协调各方面工作等。

　　（2）项目管理职能之间的信息流通

　　项目管理信息系统是由质量管理信息系统、成本管理信息系统、进度管理信息系统等许多子系统共同构建的，这些子系统是为专门的职能工作服务的，用来解决专门信息的流通问题，对各种信息的结构、内容、负责人、载体、完成时间等都要进行专门的设计和规定。

　　（3）项目实施过程的信息流通

　　项目实施过程的信息流设计应包括各工作阶段的信息输入、输出和处理过程及信息的内容、结构、要求、负责人等。例如，按照项目实施程序，可分为可行性研究信息子系统、计划管理信息子系统、工程控制管理信息子系统等。

　　2.项目管理信息系统的设计开发

　　公路工程项目管理信息系统的开发研制周期长、耗资巨大、复杂程度高，而且它以公路工程项目实施为背景，涉及专业多，专业知识需求程度高。项目管理信息系统的设计与建立，也是对项目管理思想、组织、方法和手段的一种提升，它能深化项目管理的基本理论，强化项目管理的基础工作，改进管理组织与管理方法。项目管理信息系统的开发由系统规划、系统分析、系统设计、系统实施与系统评价等阶段来完成。

　　（1）系统规划

　　项目管理信息系统的开发是一项系统工程，需要进行周密细致的策划。系统规划是要确定系统的目标与主体结构，提出系统开发的要求，制订系统开发的计划，以全面指导系统开发研制的实施工作。

　　（2）系统分析

　　首先，对项目现状进行调查，确定系统开发的可行性。其次，调查系统的信息量和信息流，确定各部门存储文件、输出数据的格式；分析用户的需求，确定纳入信息系统的数据流程图。最后，确定系统计算机硬件和软件的要求并充分考虑未来数据量的扩展，制订最优的系统开发方案。

（3）系统设计

根据系统分析结果进行系统设计，包括系统总体结构设计、子系统模块设计、输入输出文件格式设计、代码设计、信息分类与文件设计等，确定系统流程图，提出程序编写的详细技术资料，为程序设计做准备。

（4）系统实施

内容包括程序设计与调试，系统转换、运行和维护，项目管理，系统评价等。

1）程序设计。根据系统设计明确程序设计要求，即选择相应的语言，进行文件组织、数据处理等；绘制程序框图；编写程序，检查并编制操作说明书。

2）程序调试与系统调试。程序调试是对单个程序进行语法和逻辑检查，以消除程序和文件中的错误。系统调试分两步进行，首先对各模块进行调试，确保其正确性；然后进行总调试，即将主程序和功能模块联结起来调试，以检查系统是否存在逻辑错误和缺陷。

3）系统转换、运行和维护。为了使程序和数据能够实现开发后系统与原系统间的转换，运行中适应项目环境和业务的变化，需要对系统进行维护。包括系统运行状况监测、改写程序、更新数据、增减代码、维修设备等。

4）项目管理。按照项目管理方法，结合项目信息管理系统特点，组织系统管理人员，拟订实施计划，加强系统检查、控制与信息沟通，将系统作为一个项目进行管理。

5）系统评价。为了检验系统运行结果能否达到规划的预期目标，需要对系统管理效果进行评价，包括工作效率、管理和业务质量、工作精度、信息完整性和正确性等评价。

还要对系统经济性进行评价，包括系统的一次性投资额、经营费用、成本和生产费用的节约额等。

3.项目管理信息系统的结构与功能

项目管理信息系统的性能、效率和作用首先取决于系统的外部接口结构与环境，这是项目管理信息系统区别于企业管理信息系统的特点与规律。公路工程项目信息管理范围涵盖了项目业主、规划设计单位、勘察设计单位、技经设计单位、主管部门（规划、建设、土地、计划、环保、质监、金融、工商等）、施工单位、设备制造与供应商、材料供应商、调试单位、监理单位等众多项目参与方（信息源）。每个项目参与方既是项目信息的供方（源头），也是项目信息的需方（用户），每个项目参与方由于其在项目生命周期中所处的阶段与工作不同，相应的项目管理信息系统的结构和功能会有所不同。

（1）结构

公路工程项目管理信息系统内部结构一般包括进度管理、质量管理、投资与成本管理、合同管理、咨询（监理）管理、物料管理、安全管理、环境管理、财务管理、图纸文档管理等子系统。处于项目不同生命周期阶段的管理信息系统，其目标和核心功能不同。例如，对于规划阶段的项目设计管理信息系统，其核心功能是图纸文档管理；对于实施阶段的业主方项目管理信息系统，其主要目标是实现项目进度、质量、成本三大控制目标的集成管理；对于实施阶段的项目监理信息系统，其核心功能是对质量与进度信息的实时采集与监控。

（2）功能

公路工程项目管理信息系统主要运用动态控制原理进行项目管理，通过项目实施过程中进度、质量和成本等方面的实际值与计划值相比较，找出偏差，分析原因，采取措施，以达到管理和控制效果。下面以进度管理、质量管理、投资与成本管理、合同管理四大子系统为例，介绍一下公路工程项目管理信息系统的具体功能。

1）进度管理子系统。功能包括：编制项目进度计划，如双代号网络计划、单代号搭接网络计划、多平面群体网络计划等，绘制进度计划网络图和横道图；工程实际进度的统计分析；计划/实际进度比较分析；工程进度变化趋势预测；计划进度的调整；工程进度各类数据查询；多种（不同管理层面）工程进度报表的生成等。

2）质量管理子系统。功能包括：工程建设质量要求和标准的制定与数据处理；分项工程、分部工程和单位工程的验收记录和统计分析；工程材料验收记录与查询；机电设备检验记录与查询（如机电设备的设计质量、监造质量、开箱检验质量、资料质量、安装调试质量、试运行质量、验收及索赔情况等）；工程质量检验验收记录与查询；质量统计分析与评定的数据处理；质量事故处理记录；质量报告、报表生成。

3）投资与成本管理子系统。功能包括：投资分配分析；项目概算与预算编制；投资分配与项目概算的对比分析；项目概算与预算的对比分析；合同价与投资分配、概算、预算的对比分析；实际成本与投资分配、概算、预算的对比分析；项目投资变化趋势预测；项目结算与预算、合同价的对比分析；项目投资与成本的各类数据查询；多种（不同管理平面）项目投资与成本报表生成等。

4）合同管理子系统。功能包括：各类标准合同文本的提供和选择；合同文件、资料的登录、修改、查询和统计；合同执行情况跟踪和处理过程的管理；涉外合同的外汇折算；建筑法规、经济法规查询；合同实施报告、报表生成。

4.公路工程常用的其他工程项目管理软件

（1）智邦国际项目管理系统

智邦国际项目管理系统是由北京智邦国际软件技术有限公司开发的一套项目管理系列软件，此外，该公司还推出了ERP、CRM、进销存等系列软件。智邦国际项目管理系统以项目实施环节为核心，以时间进度控制为出发点，通过对立项、成本、进度、合同、团队的全面跟进和高效管控，跨领域解决复杂问题。企业可以随时掌握项目计划和实际的差异，合理配置资源及资金，节约成本，降低风险，确保战略目标如期实现。智邦国际项目管理系统基于"7C管理"先进设计理念，不仅可以实现项目全过程全要素的集成管理，还支持与企业其他管理平台的全程一体化管理。智邦国际项目管理系统将企业信息有效共享，流程操作标准化，避免衔接不当。另外，与传统设置不同，智邦国际通过开放式内置工具和模板，根据动态需求，简化、定义或调整工作流，模拟对所有或某些项目的变动，了解人员和安排变化造成的影响，体现项目管理敏捷性和先进性，方便企业日常管理。

（2）三峡工程管理系统

三峡工程管理系统是中国长江三峡工程开发总公司通过引进西方管理理念、方法、模型，结合三峡工程建设实情及我国工程项目管理实践经验，对西方成熟的工程管理系统软件进行再造与开发而形成的一套大型集成化工程项目管理系统。TGPMS 的开发、应用和实施，综合运用 BPR 方法、信息资源规划方法和软件工程方法，建立了工程管理模型、软件功能模块和数据体系三位一体的大型工程管理综合控制系统，创造积累了一套适用于我国工程管理特点的业务模型、编码标准、数据资源加工体系（报表、KPI 等）和实施方法论。TGPMS 是为设计、承包商、监理、业主共同完成一个项目目标而搭建的集成的协同工作平台，在该平台上实现了以合同、财务为中心的数据加工、处理、传递及信息共享，以控制工程成本、确保工程质量，按期完成工程目标。TGPMS 包含 13 个功能子系统：编码结构管理、岗位管理、工程设计管理、资金与成本控制、计划与进度、合同与施工管理、物资管理、设备管理、工程财务与会计、文档管理、质量管理、安全管理、施工区与公共设施管理。

（3）邦永 P㎡ 项目管理系统

P㎡ 项目管理系统是北京邦永科技有限公司开发的一套基于国际先进项目管理思想，结合国内习惯与标准的管理集成系统，该系统既适用于单个的大型工程项目管理，又可用于企业的多项目管理。P㎡ 项目管理系统可以对整个项目周期进行全过程管理，涉及投资分析、征地拆迁、设计报建、建设管理等各个阶段，可以从投资、进度、成本、质量、合同、楼盘的销售与客户管理等各个角度动态反馈、分析和控制工程项目的进展状态。

P㎡ 项目管理系统嵌入了计划管理、进度管理、人力资源、材料管理、供应商管理、设备管理、采购管理、成本管理、投资管理、合同管理、招标管理等 20 多个功能模块，对项目进行全方位的数据收集、整理、汇总，对进度安排、物资采购及多项目资源进行协调分配；通过项目报告、风险分析、项目评估、项目跟踪、领导总览、管理驾驶舱等 10 多个分析、建议模块，对项目的整体进展情况进行跟踪、分析并提出合理化的建议，使管理者能了解项目每个环节的进展情况并能进行有效的评估。

（4）广联达梦龙综合项目管理系统

广联达梦龙综合项目管理系统（GEPS）是由北京广联达梦龙软件有限公司推出的一套面向建筑施工企业、以辅助企业经营决策为目的，以工程项目管理为核心的企业级项目管理信息系统。GEPS 是原北京梦龙软件有限公司开发的梦龙 Link Project 项目管理平台与广联达施工项目成本管理系统（G cm）等软件的融合升级。GEPS 的目标是实现管理专业化、业务专业化和技术专业化。通过管理专业化，有效支撑企业战略管理；通过业务专业化形成对企业业务架构和管控模式进行支撑，实现打造企业的高执行力和业务四通的需求；通过技术专业化来实现对企业发展的不同阶段建设不同信息化系统进行支撑并实现数据"共享"。

（5）易建工程项目管理软件

易建工程项目管理软件是由易建科技有限公司开发的一套适用于建设领域的综合型工程项目管理软件系统，不仅适用于单，多项目组合管理，而且可以融合企业管理，并延伸至集团化管理。易建工程项目管理软件既可以供建设单位与施工企业使用，又可以扩展成协同作业平台，融合设计单位、监理单位、设备供应商等产业链中不同企业的业务协同流程作业。易建工程项目管理软件以成本管理为核心、以进度计划为主线、以合同管理为载体，完成成本、进度、质量，安全、合同、信息、沟通协调、工程资料等工程业务处理，实现项目全周期、全方位管理，以及资金、人力、材料、库存、机械设备各方面的生产资源统一管理。该软件提供数据交换、工作流、办公自动化、协同门户、市场经营管理、项目组合管理、集中采购管理、人力资源管理、电子商务、知识管理、商业智能等企业综合管理功能。通过数据交换与工作流技术实现与其他软件系统的应用集成，形成一个完整的信息系统；通过建立办公自动化平台与协同门户实现全员协作与沟通；通过市场经营管理与电子商务实现产业链与供应链整合：通过项目组合管理与集中采购管理实现集约化管理；通过知识管理与商业智能技术实现科学决策与创新，形成一个围绕工程项目投资与建设的全方位、完整周期、整合型的信息化管理体系。

（三）建设项目后评估

可行性研究和项目前评价都是在项目建设前进行的，其判断、预测是否正确，项目的实际效益如何，需要在项目竣工运营后根据实际数据资料进行再评估来检验，这种再评估就是项目后评估。项目后评估是整个项目管理的一种延伸，通过项目后评估可以全面总结项目投资管理中的经验教训并为以后改进项目管理和制订科学的投资计划与政策反馈信息、提供依据，这对于提高建设项目的管理水平将起到重要作用。

1. 后评估的作用

项目后评估是在项目建成投产或投入使用后的一定时刻，对项目的运行全面评价，即对投资项目的实际费用效益进行系统审计，将项目初期的预期效果与项目实施后的终期实际结果进行全面对比考核，对建设项目投资产生的财务、经济、社会和环境等方面的效益与影响进行全面科学的评估。

开展项目后评估，对投资决策的科学化和项目投资控制，有极其重要的作用。

（1）系统地对项目进行后评估，有利于投资项目的最优控制

建设项目是一个投资多、耗时长的生产过程并具有一次性的特点，在这一过程中，可能遇到许多风险和干扰，从而影响项目目标的实现。开展项目后评估，能在项目实施

过程中通过实际预测的对比分析及时发现问题、分析原因、提出对策、调整目标，实现项目投资目标的最优控制。

（2）开展项目后评估，有利于提高项目投资决策的科学性

通过项目后评估，对项目的实施结果进行全面评价，可以检验项目前评估的理论和方法是否合理，决策是否科学，从中总结成功的经验，吸取失误教训，及时反馈到新的决策中，为今后同类项目的评估和决策提供参照和分析的依据，防止或减少可靠性研究和项目决策的随意性。

总之，开展项目后评估，既可评价投资决策的成功和失误，以检验其决策水平；又可评价项目实施管理中的经验和教训，以提高其管理水平；还可对项目实施结果的未来前景做出进一步预测，以促进项目投资效益的提高。

2.后评估的程序

项目后评估程序一般包括提出问题、确定范围、选择专家、收集资料、分析研究、编写报告6个既有联系又有区别的阶段，具体可概括为以下几个步骤。

（1）提出问题

明确项目后评估的具体对象、评估目的及具体要求。

（2）确定范围

由于后评估的范围很广，因此项目后评估的内容可限定在一定范围内。在后评估实施前必须明确评估的范围和深度，按评估要求的范围进行后评估。

（3）选择专家

要根据所评估项目的特点、后评估要求和专家的专业特长及经验来选择项目后评估咨询专家。评估专家组一般由委托评估机构内部专家和项目后评估执行机构以外的独立咨询专家组成，前者熟悉项目后评估过程和程序，了解后评估的目的和任务，可以保证顺利完成项目后评估工作，后者则能公正、客观地进行项目评估。

（4）收集资料

本阶段的主要任务是制定深入详细的调查提纲、确定调查对象和调查方法并开展实际调查工作，收集后评估所需要项目的有关资料、项目所在地区的资料、评估方法的有关规定和原则等各种资料和数据：其次要进行后评估现场调查，主要包括项目的基本情况、项目目标的实现程度、项目的影响和作用等。

（5）分析研究

围绕项目后评估内容，采用定量分析和定性分析方法，发现问题，提出改进措施。最后应做出分析和结论。要回答：总体结果如何、项目的可持续性如何、是否有更好的方案来实现这些成果、取得的经验和教训是什么等一系列问题。

（6）编写报告

项目后评估报告是将分析研究的成果进行评估总结，应真实反映情况，客观分析问题，认真总结经验和教训。后评估报告根据不同需要分为项目业主编制的自我评估报告

和后评估的综合报告两种形式。编制出项目后评估报告，应提交委托单位和被评估单位。后评估报告的内容主要包括以下方面。

1）简述

包括项目的简介、项目将来的运行计划、项目实施经验及总结、汲取的教训和建议等。

2）主体

主要包括项目背景和立项、项目的经济效益评估、项目的影响评估、项目的持续能力评估、项目的实施过程评估、项目后评估的结论和经验教训等。

3）附件

主要包括后评估任务书、后评估单位名称、主要评估者介绍、地方和部门的评审意见等。

3.后评估的内容

建设项目的类型不同，后评估所要求的内容在深度和广度上也会有所不同。归纳起来，项目后评估的内容可分为以下五方面。

（1）项目目标评估

通过对项目立项审批决策时所确定的目标，与项目实际运作所产生的一些经济、技术指标进行比较，检查项目是否达到了预期目标或达到目标的程度，分析实际发生变化的原因。如原定的目标不明确，或不符合实际情况，或在项目实施过程中发生了重大变化等，后评估都要给予重新分析和评估，从而判断项目是否成功。

（2）执行过程评估

项目在执行过程中，对工程项目的立项决策、设计施工、资金使用、设备采购、竣工验收、生产运营和生产准备等的全过程进行评估，找出项目后评估与原预期效益之间的差异及其产生的原因并提出对策建议，以不断提高项目的建设水平。

（3）经济效益评估

经济效益是衡量项目成功与否的关键因素。通过项目竣工投产后所产生的实际经济效益与可行性研究时所预测的经济效益相比较，对项目进行评估。对生产性建设项目要运用投产运营后的实际资料计算财务内部收益率、财务净现值、财务净现值率、投资利润率、投资利税率、贷款偿还期、国民经济内部收益率、经济净现值、经济净现值率等一系列后评估指标，然后与可行性研究阶段预测的相应指标进行对比，从经济上分析项目投运营后是否达到了预期效果。没有达到预期效果的，应分析原因，采取措施，提高其经济效益。项目建成后，通过分析成本构成，进行财务评价和国民经济评价并通过一些主要经济指标进行衡量，如经济内部收益率等。

（4）影响评估

通过项目竣工投产后对社会经济发展、文化教育、技术和生态环境所产生的实际影响所进行决策的正确性评估，判断项目的决策宗旨是否实现。如果项目建成后达到了原来预期的效果，对国民经济发展、产业结构调整、生产力布局、人民生活水平的提高、环境保护等方面都带来有益的影响，说明项目决策是正确的；如果背离了既定的决策目标，就应具体分析，找出原因，引以为戒。项目影响评估，一般都是有选择地进行的，而且评估时间一般都是在项目交付使用 7 至 8 年后进行。

（5）持续性评估

在项目建设、投入运行以后，对项目在未来运营中实现既定目标、项目是否可以持续保持既定的产出效益、接受投资的项目业主是否愿意并可以依靠自己的能力继续实现项目的既定目标，是否可在未来以同样的方式建设同类项目以及持续发挥效益的可能性进行预测分析。

项目效益的持续发挥是要受到一定因素制约的，政府政策因素、管理组织、财务、技术、社会文化、生态环境及经济等因素都可能影响到项目的持续性。因此，仅从项目的实施情况做出评估结论是不全面的，还应进行项目的持续性评估，即对项目未来发展趋势进行科学地分析和预测。

以上五方面的内容是对项目后评估的整体而言的，在进行具体项目后评估时，评估内容应针对项目具体情况而有所选择。

参考文献

[1] 张琳洁. 公路工程施工技术要素及公路工程质量控制 [J]. 建材发展导向, 2023, 21 (24): 33-35.

[2] 赵维杰. 公路工程装配式预制箱形通道施工技术分析 [J]. 交通科技与管理, 2023, 4 (23): 154-156.

[3] 裴巧巧, 申铁军. 公路工程防护网施工技术方案比较与施工组织分析 [J]. 交通科技与管理, 2023, 4 (23): 142-144.

[4] 徐亮. 公路工程中关键部位施工关键技术探讨 [J]. 中国储运, 2023(12): 95-96.

[5] 周志远. 公路工程沥青混合料面层施工技术要点 [J]. 中国储运, 2023(12): 194-195.

[6] 卢洪全. 探析公路工程中路面垫层施工技术关键 [J]. 中国储运, 2023(12): 199-200.

[7] 刘勇. 基于公路工程施工安全管理及施工技术研究 [J]. 中国储运, 2023(12): 166-167.

[8] 傅川. 公路路面工程基层施工技术问题及优化策略 [J]. 工程建设与设计, 2023(22): 182-184.

[9] 冯博. 公路工程施工安全管理实践 [J]. 交通世界, 2023(33): 170-172.

[10] 马武. 公路工程沥青路面摊铺施工技术应用分析 [J]. 工程技术研究, 2023, 8 (22): 86-88.

[11] 吴洁. 普通公路养护中的超薄磨耗层施工技术 [J]. 交通科技与管理, 2023, 4 (22): 49-52.

[12] 裴巧巧, 申铁军. 公路工程静态爆破预裂试验与施工技术分析 [J]. 交通科技与管理, 2023, 4 (22): 113-115.

[13] 王腾仪. 基于回弹模量法的农村公路工程中路基沉降施工质量控制技术应用 [J]. 交通科技与管理, 2023, 4 (22): 38-40+44.

[14] 高毅. 论CFG桩加固高速路桥软弱地基的技术 [J]. 交通科技与管理, 2023, 4 (22): 95-97.

[15] 周伏先. 重载混凝土路面施工技术研究 [J]. 交通科技与管理, 2023, 4 (22): 101-103.

[16] 李先哲. 塌方治理技术在公路工程隧道施工中的应用 [J]. 交通世界, 2023, (32): 5-7.

[17] 郭萌. 公路工程中填石路基施工技术的应用 [J]. 交通世界, 2023(32): 71-73.

[18] 徐周朝. 公路路基工程挡土墙施工技术研究 [J]. 交通世界, 2023(32): 127-129.

[19] 冯先梅. 公路路基路面施工中的常见问题及优化措施 [J]. 四川建材, 2023, 49 (11): 150-152.

[20] 杨鲜明. 公路工程施工技术控制与管理研究 [J]. 工程建设与设计, 2023(21): 239-241.

[21] 陈秋霞. 基于 BIM 技术的高速公路工程施工进度管理优化研究 [D]. 重庆大学, 2021.

[22] 吴鸿. 公路工程施工废弃泥浆的无机固化处理与资源化利用技术研究 [D]. 重庆交通大学, 2021.

[23] 曾雪梅, 何文红. 公路工程施工技术与管理探究 [M]. Viser Technology Pte. Ltd.: 2021.

[24] 马世雄. 道路交通与路基路面工程 [M]. 重庆大学出版社: 2020.

[25] 杜杰贵, 白银, 曹志伟, 陈波. 滇东北地区混凝土质量控制及强度原位测试技术 [M]. 南京东南大学出版社: 2020.

[26] 杨小磊. 基于 BIM 技术的公路工程施工安全管理研究 [D]. 天津工业大学, 2019.

[27] 柴贺军, 李晓, 唐胜传, 童第科. 山区公路工程地质勘察 [M]. 重庆大学出版社: 2019.

[28] 伊冕. 基于 BIM+GIS 的公路工程施工预算管理系统开发 [D]. 石家庄铁道大学, 2019.

[29] 蔡延喜. 公路工程软基处理绿色施工技术应用研究 [D]. 清华大学, 2017.

[30] 董永亮. 东新高速公路工程软土路基施工技术研究 [D]. 西安工业大学, 2014.

[31] 李甜. 公路工程项目施工 3D 可视化动态管理技术研究 [D]. 石家庄铁道大学, 2014.

[32] 陈胜博. 公路工程施工质量信息化控制技术研究 [D]. 长安大学, 2012.